"本科教学工程"全国服装专业规划教材
高等教育"十二五"部委级规划教材

服装电子商务

FUZHUANG
DIANZI
SHANGWU

戴宏钦　主编

化学工业出版社

·北京·

本书吸收并借鉴国内外最新电子商务的研究成果，结合服装行业的特点，全面系统地叙述了服装电子商务的基本原理、模式和实现方法等。全书内容丰富，体例实用，内容上突出了应用和实践，引入了大量的实际案例。全书共分八章，主要阐述了电子商务的发生与发展、电子商务的特点和影响、电子商务的框架与模式、电子商务的支撑技术、服装 B2B 电子商务、服装 B2C 电子商务、服装电子商务的构建与管理、服装电子商务物流管理及服装网络市场调研等内容。

本书既适合高等院校服装专业的师生教学使用，又可供服装电子商务相关从业人员参考使用。

图书在版编目（CIP）数据

服装电子商务/戴宏钦主编. —北京：化学工业出版社，2014.8（2017.5重印）
"本科教学工程"全国服装专业规划教材
高等教育"十二五"部委级规划教材
ISBN 978-7-122-20936-8

Ⅰ.①服… Ⅱ.①戴… Ⅲ.①服装工业-电子商务-高等学校-教材 Ⅳ.①F407.865-39

中国版本图书馆 CIP 数据核字（2014）第 127786 号

责任编辑：李彦芳　　　　　　　　　装帧设计：史利平
责任校对：蒋　宇

出版发行：化学工业出版社（北京市东城区青年湖南街 13 号　邮政编码 100011）
印　　装：大厂聚鑫印刷有限责任公司
787mm×1092mm　1/16　印张 11¼　字数 272 千字　2017 年 5 月北京第 1 版第 2 次印刷

购书咨询：010-64518888（传真：010-64519686）　　售后服务：010-64518899
网　　址：http://www.cip.com.cn
凡购买本书，如有缺损质量问题，本社销售中心负责调换。

定　价：35.00 元　　　　　　　　　　　　　　　　　版权所有　违者必究

"本科教学工程"全国纺织服装专业规划教材

编审委员会

主任委员	姚 穆						
副主任委员							
【纺织专业】	李 津	潘志娟	邱夷平	沈兰萍	汪建华	王鸿博	于永玲
	张尚勇	祝成炎					
【服装专业】	刘静伟	李运河	刘炳勇	谢 红	熊兆飞	邹奉元	赵 平
【轻化专业】	兰建武	宋欣荣	阎克路	杨 庆	郑今欢	朱 平	

委　员（按姓名汉语拼音排列）

白 燕	本德萍	毕松梅	蔡光明	陈桂林	陈建伟	陈明艳	陈 思
陈 添	陈 廷	陈晓鹏	陈学军	陈衍夏	陈益人	陈 莹	程德山
储长流	崔 莉	崔荣荣	戴宏钦	邓中民	丁志荣	杜 莹	段亚峰
范福军	范学军	冯 岑	冯 洁	高 琳	龚小舟	巩继贤	关晋平
管永华	郭建生	郭 敏	郭 嫣	何建新	侯东昱	胡洛燕	胡 毅
黄 晨	黄立新	黄小华	贾永堂	江南方	姜凤琴	姜会钰	瞿银球
兰建武	李超德	李春晓	李德俊	李 虹	李建强	李 明	李 强
李士焕	李素英	李 伟	李晓久	李晓鲁	李晓蓉	李艳梅	李 莹
李营建	李 政	梁 军	梁列峰	梁亚林	林俊雄	林晓新	林子务
凌文漪	刘常威	刘今强	刘让同	刘 陶	刘小红	刘晓刚	刘 越
吕立斌	罗以喜	罗 莹	罗云平	孟长明	孟春丽	倪武帆	牛建设
潘福奎	潘勇军	钱晓明	乔 南	权 衡	任家智	尚新柱	邵建中
沈 雷	沈一峰	沈 勇	石锦志	宋嘉朴	眭建华	孙恩乐	孙妍妍
孙玉钗	汤爱青	陶 辉	田孟超	庹 武	万忠瑜	汪建华	汪 澜
王春霞	王 浩	王家俊	王 健	王 蕾	王利平	王琪明	王士林
王祥荣	王 鑫	王 旭	王燕萍	韦 炜	魏春霞	魏玉娟	邬红芳
吴 洪	吴济宏	吴建川	吴明华	吴赞敏	武继松	奚柏君	肖 丰
谢光银	谢 琴	谢志敏	刑明杰	邢建伟	熊 伟	徐 东	徐 静
徐开元	徐山青	许瑞琪	许云辉	薛瑰一	薛 元	闫承花	闫红芹
杨 莉	杨庆斌	杨瑞华	杨雪梅	杨佑国	叶汶祥	翼艳波	尹志红
尤 奇	余志成	袁惠芬	袁金龙	翟亚丽	张广知	张龙琳	张 明
张启译	张如全	张瑞萍	张小良	张一心	张 翼	张永芳	张 瑜
张增强	赵 慧	钟安华	周衡书	周 静	周 蓉	周文常	周文杰
周义德	朱宏达	朱洪峰	朱焕良	朱进忠	朱正峰	宗亚宁	邹专勇

序 *Preface*

  教育是推动经济发展和社会进步的重要力量，高等教育更是提高国民素质和国家综合竞争力的重要支撑。近年来，我国高等教育在数量和规模方面迅速扩张，实现了高等教育由"精英化"向"大众化"的转变，满足了人民群众接受高等教育的愿望。我国是纺织服装教育大国，纺织本科院校47所，服装本科院校126所，每年两万余人通过纺织服装高等教育。现在是纺织服装产业转型升级的关键期，纺织服装高等教育更是承担了培养专业人才、提升专业素质的重任。

  化学工业出版社作为国家一级综合出版社，是国家规划教材的重要出版基地，为我国高等教育的发展做出了积极贡献，被新闻出版总署评价为"导向正确、管理规范、特色鲜明、效益良好的模范出版社"。依照《教育部关于实施卓越工程师教育培养计划的若干意见》(教高［2011］1号文件)和《教育部财政部关于"十二五"期间实施"高等学校本科教学质量与教学改革工程"的意见》(教高［2011］6号文件)两个文件精神，2012年10月，化学工业出版社邀请开设纺织服装类专业的26所骨干院校和纺织服装相关行业企业作为教材建设单位，共同研讨开发纺织服装"本科教学工程"规划教材，成立了"纺织服装'本科教学工程'规划教材编审委员会"，拟在"十二五"期间组织相关院校一线教师和相关企业技术人员，在深入调研、整体规划的基础上，编写出版一套纺织服装类相关专业基础课、专业课教材，该批教材将涵盖本科院校的纺织工程、服装设计与工程、非织造材料与工程、轻化工程(染整方向)等专业开设的课程。该套教材的首批编写计划已顺利实施，首批60余本教材将于2013-2014年陆续出版。

  该套教材的建设贯彻了卓越工程师的培养要求，以工程教育改革和创新为目标，以素质教育、创新教育为基础，以行业指导、校企合作为方法，以学生能力培养为本位的教育理念；教材编写中突出了理论知识精简、适用，加强实践内容的原则；强调增加一定比例的高新奇特内容；推进多媒体和数字化教材；兼顾相关交叉学科的融合和基础科学在专业中的应用。整套教材具有较好的系统性和规划性。此套教材汇集众多纺织服装本科院校教师的教学经验和教改成果，又得到了相关行业企业专家的指导和积极参与，相信它的出版不仅能较好地满足本科院校纺织服装类专业的教学需求，而且对促进本科教学建设与改革、提高教学质量也将起到积极的推动作用。希望每一位与纺织服装本科教育相关的教师和行业技术人员，都能关注、参与此套教材的建设，并提出宝贵的意见和建议。

姚　穆
2013.3

前言

作为一种新的贸易形式，电子商务已深入人心。电子商务给消费者带来了全新的购物体验和过程，给企业带来了新的市场、新的发展机遇、新的生产方式等，为企业发展提供了新的空间和模式。随着互联网的应用与普及，电子商务在世界各地得到快速发展。目前，欧美等发达国家电子商务发展最为成熟，亚太地区是电子商务发展的后起之秀，市场潜力较大。近年来，我国电子商务持续快速增长，在经济社会中的影响力不断增加，已成为中国战略性新兴产业与现代流通方式的重要组成部分。

我国服装电子商务从1994年开始起步，历经孕育期、起步期、发展期、成熟期和爆发期5个阶段的发展。到2012年，服装已成为我国第一大网购品类。具有传奇色彩的PPG横空出世，给传统服装行业带来巨大冲击，尽管PPG昙花一现，但其"轻资产模式"为后来者带来了不少启迪。我国服装电子商务呈现出多样性和快速发展的特点，既有类似凡客诚品这样纯电子商务企业，也有像李宁、红豆、美特斯邦威、报喜鸟等传统品牌服装企业。

服装电子商务的发展离不开电子商务专业方面的人才，电子商务专业人才的匮乏已成为制约我国服装电子商务发展的一个重要因素之一。目前，我国很多高校服装专业都开设电子商务课程，但服装电子商务方面教材很少，通常只能使用通用的电子商务教材，显然这是不适合服装专业教学需求的。因此，结合服装行业特点编写专门的服装电子商务的教材就很必要。

本书吸收并借鉴国内外最新电子商务的研究成果，结合服装行业的特点，全面系统地叙述了服装电子商务的基本原理、模式和实现方法等。全书内容丰富，体例实用，内容上突出了应用和实践，引入了大量的实际案例。本书既适合高等院校服装专业的师生教学使用，又可供服装电子商务相关从业人员参考使用。

全书编写人员及分工情况如下：戴宏钦，苏州大学，负责第一章、第三章、第六章（部分内容）的编写及全书统稿与修改；张玉斌，河北科技大学，负责第二章、第四章、第五章及第七章的编写；江影，北京服装学院，负责第八章的编写；陈国旗，江苏苏龙纺织科技有限公司，负责第六章（第五节）的编写。

本书的编写工作得到了化学工业出版社的大力支持，在此表示感谢。在此书的编写过程中，查阅了大量的有关电子商务、网络营销、服装网络营销等方面的论著、论文等文献资料,这些资料多数来源于国内外知名专家的著作、国际期刊和会议论文集的相关文献,使笔者深受启发,借此机会,谨向直接引用或间接引用的著作和论文的作者表示诚挚的谢意。

由于笔者水平和编写时间有限,书中可能有诸多疏漏和不妥之处,恳请广大专家、读者批评指正。

编者
2014 年 4 月

目录 Contents

第一章　电子商务概述 — 1
引例 — 1
第一节　电子商务的定义及产生 — 2
一、电子商务的定义 — 2
二、电子商务的产生 — 3
第二节　电子商务的优势和特点 — 4
一、电子商务的优势 — 4
二、电子商务的特点 — 6
第三节　电子商务的影响 — 7
一、电子商务对社会经济的影响 — 7
二、电子商务对消费者的影响 — 8
三、电子商务对企业的影响 — 8
第四节　服装电子商务的现状 — 9
一、我国服装市场特点 — 9
二、我国服装电子商务发展的优势与劣势分析 — 10
三、我国服装电子商务的现状与发展 — 11
思考与讨论 — 13
实践 — 14

第二章　电子商务的框架及其商业模式 — 15
引例 — 15
第一节　电子商务的组成 — 15
一、电子商务的概念模型 — 15
二、电子商务的组成要素 — 16
第二节　电子商务的框架 — 17
第三节　商业模式 — 19
一、商业模式的概念 — 19
二、商业模式的构成要素 — 19
第四节　电子商务的商业模式 — 21
一、电子商务的商业模式概念 — 21
二、电子商务商业模式的价值与创新 — 23

三、电子商务商业模式分类 ……………………………………………………… 24
第五节　服装电子商务模式 …………………………………………………………… 28
　　一、典型的服装电子商务模式 …………………………………………………… 28
　　二、新型服装电子商务模式 ……………………………………………………… 28
思考与讨论 ……………………………………………………………………………… 29
实践 ……………………………………………………………………………………… 29

第三章　电子商务的支撑技术　　30

引例 ……………………………………………………………………………………… 30
第一节　计算机网络与 Internet 技术 ………………………………………………… 31
　　一、计算机网络的概念与功能 …………………………………………………… 31
　　二、网络的组成 …………………………………………………………………… 32
　　三、Internet 技术 ………………………………………………………………… 33
第二节　Web 技术及应用 ……………………………………………………………… 36
　　一、Web 工作原理 ………………………………………………………………… 36
　　二、Web 的基本技术 ……………………………………………………………… 36
　　三、页面 …………………………………………………………………………… 38
第三节　电子商务系统中的数据管理技术 …………………………………………… 38
　　一、数据库概述 …………………………………………………………………… 38
　　二、数据库在电子商务中的应用 ………………………………………………… 39
第四节　电子及网络支付技术 ………………………………………………………… 40
　　一、电子支付与网络支付概述 …………………………………………………… 40
　　二、网络支付系统的基本构成和基本流程 ……………………………………… 42
　　三、典型网络支付方式 …………………………………………………………… 43
　　四、网络银行 ……………………………………………………………………… 47
　　五、第三方电子支付工具 ………………………………………………………… 50
第五节　电子商务的安全 ……………………………………………………………… 51
　　一、电子商务的安全问题 ………………………………………………………… 51
　　二、电子商务网络平台的安全 …………………………………………………… 54
　　三、电子商务贸易安全技术 ……………………………………………………… 55
思考与讨论 ……………………………………………………………………………… 60
实践 ……………………………………………………………………………………… 61

第四章　服装 B2B 电子商务　　62

引例 ……………………………………………………………………………………… 62
第一节　B2B 电子商务模式概述 ……………………………………………………… 63
　　一、B2B 电子商务的发展与特征 ………………………………………………… 63
　　二、企业应用 B2B 电子商务的优势 ……………………………………………… 64
　　三、B2B 电子商务模式的类型 …………………………………………………… 65
第二节　服装企业采购与销售业务流程与运营模式 ………………………………… 67
　　一、传统服装企业的采购流程 …………………………………………………… 67
　　二、传统服装企业的销售过程 …………………………………………………… 68
第三节　服装 B2B 电子商务的运营模式 ……………………………………………… 70

一、中小型服装企业的 B2B 电子商务模式 …………………………………… 70
　　二、大型服装企业的 B2B 电子商务模式 ……………………………………… 75
　　三、服装企业 B2B 电子商务应用案例 ………………………………………… 79
思考与讨论 …………………………………………………………………………… 82
实践 …………………………………………………………………………………… 83

第五章　服装 B2C 电子商务 ——————————————————— 84
引例 …………………………………………………………………………………… 84
第一节　B2C 电子商务模式概述 …………………………………………………… 85
　　一、B2C 电子商务的特点 ……………………………………………………… 85
　　二、B2C 电子商务模式的类型 ………………………………………………… 86
　　三、B2C 电子商务的交易过程 ………………………………………………… 87
　　四、B2C 电子商务的组成 ……………………………………………………… 88
第二节　传统服装零售 ……………………………………………………………… 88
　　一、服装流通渠道概述 ………………………………………………………… 88
　　二、传统的服装流通渠道 ……………………………………………………… 89
　　三、垂直营销渠道 ……………………………………………………………… 90
　　四、服装零售商类型及特征 …………………………………………………… 90
第三节　服装 B2C 电子商务的运营模式 …………………………………………… 91
　　一、服装网上商店 ……………………………………………………………… 92
　　二、服装网上直销 ……………………………………………………………… 95
第四节　服装 B2C 电子商务实例分析 ……………………………………………… 98
思考与讨论 …………………………………………………………………………… 100
实践 …………………………………………………………………………………… 100

第六章　服装企业电子商务的构建与管理 ——————————————— 101
引例 …………………………………………………………………………………… 101
第一节　服装企业实施电子商务的准备工作 ……………………………………… 102
　　一、明确创建电子商务的目的 ………………………………………………… 102
　　二、企业实施电子商务可行性分析 …………………………………………… 103
第二节　服装企业电子商务系统建设原则 ………………………………………… 104
第三节　服装企业电子商务系统构建过程 ………………………………………… 105
　　一、系统规划 …………………………………………………………………… 105
　　二、系统分析 …………………………………………………………………… 106
　　三、系统设计 …………………………………………………………………… 107
　　四、系统实施 …………………………………………………………………… 107
　　五、系统运行和维护 …………………………………………………………… 107
第四节　服装企业电子商务系统的规划 …………………………………………… 108
　　一、服装电子商务系统规划的内容 …………………………………………… 108
　　二、服装电子商务的战略规划 ………………………………………………… 109
　　三、服装电子商务的系统规划 ………………………………………………… 111
　　四、服装电子商务系统的规划报告 …………………………………………… 113
第五节　服装企业电子商务的管理 ………………………………………………… 114

一、电子商务企业的组织结构 ·· 115
　　二、网上商店的运营管理 ·· 116
　　三、开展客户关系管理 ·· 116
　　四、物流配送管理 ·· 118
　思考与讨论 ··· 118
　实践 ··· 118

第七章　服装电子商务物流管理　　120

　引例 ··· 120
　第一节　服装电子商务物流管理的基本内容 ····························· 121
　　一、物流与物流系统 ·· 121
　　二、电子商务对物流系统的影响 ······································ 121
　　三、服装电子商务对物流系统的要求 ·································· 123
　　四、服装电子商务的物流实现方法 ···································· 123
　第二节　服装物流管理的信息化建设 ··································· 124
　　一、物流管理信息化建设的意义 ······································ 124
　　二、服装物流管理信息化系统的构建 ·································· 125
　第三节　服装供应链管理 ··· 127
　　一、供应链的概念及分类 ·· 127
　　二、供应链管理的概念 ·· 133
　　三、服装供应链管理的内容 ·· 136
　第四节　服装供应链物流管理的应用举例 ······························· 145
　　一、ZARA的极速供应链分析 ·· 145
　　二、美特斯邦威供应链分析 ·· 148
　思考与讨论 ··· 152
　实践 ··· 152

第八章　服装网络市场调研与消费者分析　　153

　引例 ··· 153
　第一节　服装网络市场调研 ··· 154
　　一、服装网络市场调研概述 ·· 154
　　二、服装网络调研的步骤 ·· 155
　　三、网络市场调研的方法 ·· 156
　第二节　服装网络消费者分析 ··· 159
　　一、服装网络消费者的现状分析 ······································ 159
　　二、服装网络消费者的需求特性 ······································ 161
　　三、服装网络消费者的购买决策过程 ·································· 162
　思考与讨论 ··· 163
　实践 ··· 164

参考文献　　165

第一章
电子商务概述

学习目标
- 理解并掌握电子商务的定义。
- 了解电子商务的产生背景与发展。
- 掌握电子商务的特点与优势。
- 理解电子商务对社会、企业及消费者的影响。
- 了解我国服装电子商务的现状与发展。

引例

纺织服装电子商务发展迅猛

在中国纺织工业联合会流通分会和中国纺织工业联合会信息统计部联合发布的《2012~2013中国纺织服装电子商务发展报告》中指出，2012年，纺织服装行业电子商务交易总额为1.85万亿元，同比增长32.14%，占全国电子商务交易总额的23.08%，继续保持领先地位；2013年上半年，纺织服装行业电子商务交易额为1.10万亿元，预计全年将达2.55万亿元。在纺织服装专业市场电子商务应用方面，2012年纺织服装专业市场电子商务交易总额为2900亿元，同比增长67.44%，占纺织服装行业电子商务交易总额的15.68%，占纺织服装专业市场实体交易额（1.79万亿元）的16.2%，较2011年增长5.8个百分点；2013年上半年，纺织服装专业市场电子商务交易额为1880亿元，预计2013年全年的电子商务交易额将达4666亿元，同比增长60.90%。

纺织服装电子商务交易产品的种类覆盖全产业链，产品品类多样，使得纺织服装行业电子商务成为电子商务交易中最活跃的部分。（资料来源：中国纺织工业联合会流通分会）

纵观人类生产和贸易史，人们总是在不断探索和利用新出现的工具和技术，以实现商业利润的增长。例如，新型交通工具、印刷术、电话等技术的发展都显著地改变了经济发展模式和交易方式。而过去的几十年中，随着计算机、通信、互联网技术的快速发展，人们之间的交往突破了时空的界限，改变了人们之间的交流方式，人们可以快速地交换信息，通过网络面对整个世界，也使人们发展了一种全新的商业交易模式——电子商务。电子商务将世界经济融为一体，在全球范围内，基于网络（Internet）的电子商务正以前所未有的速度迅猛发展，不仅改变着传统的社会生产方式，而且对经济结构的调整也产生了极为深刻的影响，成为世界经济新的增长点。

第一节　电子商务的定义及产生

自 20 世纪 90 年代中期兴起的电子商务浪潮，已经开始引起世界各国的高度重视，从发达国家到发展中国家、从各国政府到国际经济组织、从企业到普通消费者，无一不被卷入电子商务的浪潮中。企业利用网络销售其产品及服务，产品可以是实体的电视机、服装等，也可以是软件、音像等数字化的商品，甚至是在线教育等服务。消费者通过网络可以实现在线购买产品或服务。

那么，电子商务到底是什么？

一、电子商务的定义

电子商务是信息技术和全球经济一体化相融合的必然结果，是信息技术应用于贸易等领域而形成的一种新型贸易方式。电子商务就其本质而言仍然是商务，其核心是商品的交换，与传统商务主要差别体现在商务活动的形式和手段上。现代商务活动是一个复杂、多样的过程，在这一过程当中，信息流贯穿于整个交易过程，并且表现为不同的形式或手段。随着技术的发展，商务活动中的信息流趋于多样化，这种多样化反映在信息流载体的变化，纸介质契约、商务合同文本及其流动逐渐转变为电子介质和电子传输，其格式也趋于统一以便于交换。另外，信息流的环节日益复杂。原先只在买卖双方发生的信息流，随着商品流动环节的增多逐渐转变为在产、供、销之间，甚至中介机构之间流动。也正是如此，致使对电子商务的理解或者定义多种多样。不同的专家学者、政府组织以及信息技术（Information Technology，缩写为 IT）企业对此给出了不同的理解。

联合国经济合作和发展组织（OECD）是较早对电子商务进行系统研究的机构，它对电子商务的定义是：电子商务是利用电子化手段从事的商业活动，它基于电子数据处理和信息技术，如文本、声音和图像等数据传输。

世界贸易组织电子商务专题报告中对电子商务的定义是：电子商务就是通过电信网络进行的生产、营销、销售和流通活动，它不仅指基于网络（Internet）交易，而且指所有利用电子信息技术来解决问题、降低成本、增加价值和创造商机的商务活动，包括通过网络实现从原材料查询、采购、产品展示、订购到出品、储运以及电子支付等一系列的贸易活动。

全球信息基础设施委员会（GIIC）电子商务工作委员会的报告草案中对电子商务的定义是：电子商务是运用电子通信作为手段的经济活动，通过这种方式人们可以对带有经济价值的产品和服务进行宣传、购买和结算。这种交易的方式不受地理位置、资金多少或零售渠道所有权的影响。公有或私有企业、公司、政府组织、各种社会团体、一般公民、企业家都能自由地参加广泛的经济活动，其中包括农业、林业、渔业、工业、私营和政府的服务业。

欧洲议会对电子商务的定义是：电子商务是通过电子方式进行的商务活动，主要通过电子方式处理和传递数据，包括文本、声音和图像。电子商务涉及许多方面的活动，包括货物电子贸易和服务、在线数据传递、电子资金划拨、电子证券交易、电子货运单证、商业拍卖、合作设计和工程、在线资料、公共产品获得等。电子商务包括产品（如消费品、专门设备）和服务（如信息服务、金融和法律服务），传统活动（如健身、教育）和新型活动（如虚拟购物、虚拟训练）。

美国政府在《全球电子商务纲要》中对电子商务的定义是：电子商务是指通过 Internet 进行的各项商务活动，包括广告、交易、支付、服务等活动，全球电子商务将会涉及全球各国。

IBM 公司对电子商务的定义是：电子商务是指采用数字化电子方式进行商务数据交换和开展商务业务的活动，是在 Internet 的广阔联系与传统信息技术系统的丰富资源相互结合的背景下应运而生的一种相互关联的动态商务活动。从本质上说，电子商务＝Web（网络）＋企业业务。

以上这些对电子商务的理解都有其合理性，只不过是从不同角度来看问题，所以说法上略有差异，但也有共同点，简单地说，电子商务就是利用电子网络环境进行各种各样的商务活动。为了更好地理解电子商务的概念，可以从以下方面着手。

① 电子商务是整个贸易活动的自动化和电子化。

② 电子商务是利用各种电子工具和电子技术从事各种商务活动的过程。

③ 电子商务是指通过信息网络以电子数据信息流通的方式在全世界范围内进行并完成的各种商务活动、交易活动、金融活动和相关的综合服务活动。

④ 电子商务渗透到贸易活动的各个阶段，因而内容广泛，包括信息交换、售前售后服务、销售、电子支付、运输、组建虚拟企业、共享资源等。

⑤ 电子商务的参与者包括消费者、销售商、供货商、企业雇员、银行或金融机构以及政府等各种机构或个人。

⑥ 电子商务的目的就是要实现企业乃至全社会的高效率、低成本的贸易活动。

另外，针对电子商务对企业的作用范围，专家把电子商务分为广义和狭义两种。广义电子商务是指以电子技术为手段的商务活动，一般泛指利用企业电子手段实现的商务及运作管理的整个过程。而狭义电子商务是指通过 Internet（包括企业内部网）或 EDI（Electronic Data Interchange，电子数据交换的缩写）等方式进行的交易活动。目前，我国企业界通常指的电子商务就是指狭义的电子商务，即电子商务中应用的电子手段不包括电话、"电报"、传真等电子工具，特指 Internet，这比较符合我国当前的电子商务现状，对于服装企业来说更是如此。

二、电子商务的产生

广义的电子商务可以追溯到 19 世纪 40 年代，商人为了加速贸易信息传递，采用莫尔斯码点和线的形式在电线中传输贸易信息，这标志着运用电子手段进行商务活动的开始，后来使用电话、传真等电子工具传递商贸信息的活动推动着电子商务活动的电子化。

随着计算机和网络技术的发展，商务活动与电子计算机及网络的结合日益紧密，电子商务逐步发展并完善。其中，电子数据交换（Electronic Date Interchange，缩写为 EDI）的出现是电子商务发展中的另一个重要标志，EDI 通过计算机通信网络将贸易、运输、保险、银行和海关等行业信息，用一种国际公认的标准格式，实现各有关部门或公司与企业之间的数据交换与处理，完成以贸易为中心的全部过程。通过 EDI，电子商务实现了商业数据的无纸化处理。到 20 世纪 80 年代，一些专门的数据交换系统逐渐建成并投入运行。特别是当电信部门推出增值网络服务后，专用信息交换系统得到了大发展，如海关报关系统、民航订票系统等。早期的电子商务解决方式很大程度上依赖于大量功能单一的专用软硬件设施，因此使用成本太高，无法进行大规模的商业应用。

现代意义上的电子商务是随着 Internet 发展而产生的，Internet 具有三个显著特点：信息交流的双向性、开放式信息传输标准和范围广泛。这些特点使得信息提供者可以采用多种方式发布信息，信息接收者可以通过方便快捷的方式收集信息；各种系统之间互联简单；使交易突破时空界限，无限扩大。1990 年，Internet 进入以资源共享为中心的实用服务阶段；

经过几年的发展，1995 年，Internet 上的商业信息量首次超过了科教信息量，这是电子商务从此大规模起步发展的标志。

电子商务的产生与发展是社会发展的客观要求，同时又有着深刻的商业和技术背景。概括起来主要有以下几点：

1. 政府和国际组织的支持

1997 年 4 月 15 日，欧盟提出了"欧盟电子商务行动方案"，对信息基础设施、管理框架和商务环境等方面的行动原则进行了规定。同年 7 月 1 日，美国政府发表了"全球电子商务框架"文件，提出了开展电子商务的基本原则、方法和措施。该文件第一次将网络的影响与 2000 年前的工业革命相提并论，极大地推动了美国和世界电子商务的发展。这一年，通过网络形成的电子商务交易额达到 26 亿美元。2002 年 1 月 24 日，联合国第 56 届会议通过了《联合国国际贸易法委员会电子签字示范法》（以下简称《电子签字示范法》），这是联合国继推出《电子商务示范法》后通过的又一部涉及电子商务的重要法律。该法律试图通过规范电子商务活动中的签字行为，建立一种安全机制，促进电子商务在世界贸易活动中的全面推广。2004 年底，中华人民共和国国务院办公厅下发《关于加快电子商务发展的若干意见》，要求有关部门本着积极稳妥的原则，加快研究制定电子商务税费优惠措施，加强电子商务税费管理，支持企业面向国际市场在线销售和采购，鼓励企业参与国际市场竞争。

2. 电子商务是商务应用需求的必然结果

经济全球化、市场国际化、社会分工国际化及产业结构在全球范围的调整，推动了国际贸易的发展，国际贸易的迅速增长造成了传统的以纸为载体的贸易单证和文件的数量激增。市场的激烈竞争使生产方式由大规模的批量生产向灵活的小批量、多品种生产转变，以适应迅速变化市场的各种各样需求。组织形式则由大型、纵向、集中式向横向、分散式、网络化发展。制造商、供货商和消费者之间，集团公司与各分公司之间迫切要求提高商业文件、单证的传递和处理速度、空间跨度和准确度。这些变化迫切需要实现商业贸易的"无纸化"，以取代传统的处理方式。

3. 电子商务环境的发展起了重要的推动作用

首先，计算机、通信及网络技术的发展为电子商务的产生和发展奠定了坚实的技术基础，并且推动着电子商务应用的蓬勃发展。特别是 Internet 的快速发展，为电子商务提供了全球范围的市场。其次，电子商务离不开电子支付、安全及相关法律的支撑，以电子支付技术为基础的信用卡和电子货币的普及应用，为电子商务提供了金融基础。以 SET 和 SSL 协议等安全技术的出现，使得在一个安全的网络环境下购物和支付成为可能，对电子商务的发展起到至关重要的作用。

第二节　电子商务的优势和特点

一、电子商务的优势

电子商务与传统商务相比较，在交易对象、时间等方面都不相同，具体见下表。总体来说，电子商务最主要的优势体现在以下几点。

电子商务与传统商务的比较

比较项目	传统商务	电子商务
交易对象	部分地区	全球

续表

比较项目	传统商务	电子商务
交易时间	规定的营业时间	24小时
营销活动	销售方的单方营销	双向通信，一对一
顾客方便度	受时间和地点限制	顾客按自己的方式自由购物
顾客需求	需要很长时间掌握顾客需求	能够迅速捕捉顾客需求，及时应对
销售地点	需要营销空间	虚拟空间
盈利空间	竞争激烈，盈利空间逐渐萎缩	模式新，空间广阔

1. 市场优势

电子商务的应用扩大了企业的市场范围，网上的业务可以开展到传统营销人员销售和广告促销所达不到的市场范围，可以使企业直接参与到全球化的电子市场中。

2. 时空优势

传统的商务活动受到时空的限制，只能在固定时间和地点进行商品或服务的销售活动。企业应用电子商务时，其市场是 Internet 网络空间，随着网络体系的延伸而延伸，没有任何地理障碍。它的零售时间是由消费者自己决定的，可以随时进行购物。因此，Internet 上的销售相对于传统销售模式具有全新的时空优势。

3. 速度优势

电子商务的速度优势主要体现在以下两个方面。首先，电子商务可以加快生产流通速度。通过电子商务可以将过去的信息封闭的分阶段合作方式改造为信息共享的协同工作，从而最大限度减少因信息封闭而出现的等待时间。其次，电子商务提供了更快捷的服务，通过浏览网页，就可以获得产品信息，接受企业提供的服务，快速实现商品的购买、支付及物流工作。

4. 成本优势

传统商务中，商品的销售渠道过多，需要有实体店铺作为销售地点，这些都增加了商务运营成本。在电子商务环境下，可避开传统商务渠道中许多中间环节，商品或服务可以直接面向消费者，降低流通费用、交易费用和管理成本，并加快了信息流动的速度。

5. 个性化优势

由于 Internet 具有实时互动式沟通的特点，并且不受任何外界因素干扰，消费者更容易表达出自己对产品及服务的评价，这些评价使网上的零售商们可以更深入了解用户的内在需求，更好地提供产品和服务。这种特点也使得为用户提供个性化商品或服务成为可能。例如，可以利用电子商务实现个性化服装的定制。个性化的服务和产品将成为新一代电子商务的重要特点，并成为电子商务普及发展的内部推动力。

6. 信息优势

传统商务中，消费者可以看到真实的物品，但对一般消费者而言，对所购商品的认识往往是表面的，也无法了解商品的内在质量，往往容易被商品的外观、包装等外在因素所困惑。利用电子商务技术，可以全方位展示产品及服务功能的内部结构，从而有助于消费者完全地认识商品及服务。另外，电子商务整合和优化了企业内外部信息，加快信息流动，为企业的生产和决策提供更快、更好的数据，这种信息优势是传统商务无法比拟的。

7. 便捷优势

电子商务所能提供的便利性将与日俱增，消费者只需在网站上搜寻相关产品信息，进行质量和价格的比较之后，就可以方便地在家中完成交易。

二、电子商务的特点

1. 电子商务的高效性

高效性是电子商务最基本的特性，它提供给买、卖双方一种高效的交易方式。电子商务的高效性主要有如下几个方面。

① 网上购物为消费者提供了一种方便、迅捷的购物途径；

② 为商家提供了一个遍布世界各地的、广阔的、有巨大潜力的消费者群，扩展了市场。商家在利用电子商务进行交易时，可以很方便地记录下客户每次访问、购买的情况和购货动态以及客户对产品的偏好，从而可以很好地了解消费者的真实需求，为企业产品的生产、开发提供有效的信息；

③ 通过电子商务，企业可以节省大量的开销，如无需实体店铺，甚至有的网店顾客可以自助下单，无需营业人员，并可以提供全天候服务，提高销售量，提高客户满意度和企业知名度等；

④ 通过电子商务，企业与企业之间的交易同样也变得十分高效。企业间订单信息通过 Internet 可以快速传递，甚至是实时传递。企业可以通过 Internet 寻求合作伙伴，进行招标采购，检索商品信息，这些较之于传统的贸易方式都大大地提高了效率。

2. 电子商务的方便性

传统交易方式不可避免地受时间和空间距离的限制，但基于 Internet 的电子商务克服了时空对于社会经济活动的限制，使贸易双方可以快捷方便地进行商务活动。

在电子商务环境中，客户不再像以往那样因受地域的限制而只能在一定区域内、有限的几个商家中选择交易对象，寻找所需的商品。他们不仅可以在更大的范围内，甚至在全球范围内寻求贸易伙伴、选择商品。利用 Internet，人们足不出户就可以达成交易、支付款项，完成各种业务手续，同城交易与异地甚至跨国交易所需时间相差无几。随着全球信息高速公路的发展和宽带的普及，电子商务打破空间限制的优越性会进一步展现。

基于 Internet 的电子商务没有节假日，没有就餐时间，也没有人员离岗的问题，每天 24 小时提供服务，随时办理各种业务。从而可以克服传统商务形式中的每天工作 8 小时，办事时错过工作时间就要再等一天甚至几天的尴尬与烦扰。

3. 电子商务的互动性

通过电子商务，商家之间可以直接交流、谈判、签合同，消费者也可以把自己的反馈建议反映到企业或商家的网站，而企业或者商家可以根据消费者的反馈及时调查产品种类及服务品质，做到良性互动。

4. 电子商务的社会性

Internet 和电子商务加速了经济全球化的进程。电子商务构筑了一个电子化的市场，而市场又是人们从事交易的场所，是一切交换关系的总和，这就决定了电子商务的产生是体现交换关系的产物，是协调人们之间利益关系的一种方式。从某种意义上讲，电子商务的社会性是电子商务的关键特性。

商务活动是一种协调运作的过程，它需要雇员和客户、生产方与供货方、销售方与商务伙伴之间的相互协调。电子商务要应用各种相关技术和系统的协同处理来保证交易过程的顺利完成。同时，电子商务还涉及许多社会性的问题，例如，商品和资金的流转方式变革、政府部门的支持和统一管理、公众对网上购物的热情和认可度等。

电子商务目前仍是自由度相对较高、约束较少的一个经营活动领域，这一特点是把"双刃剑"。一方面企业可以利用这一特点探索新的经营方式，降低经营成本，但与此同时，一些不良分子也会利用这一特点从事欺骗消费者、侵犯他人知识产权等行为。因此，有必要针对网上交易活动制定和执行一些基本规范，通过国际协调，以法律形式来保障网络用户的合法权益。

电子商务的社会性特点的另一个表现就是，电子商务改变了商务运作模式，改变了商务流程，带动了经济结构的变革。

5. 电子商务的技术性

电子商务离开了计算机技术、通信及网络等技术后，就不能称之为电子商务。电子商务实施过程中需要采用大量计算机技术和网络通信技术等新技术手段，且越来越多的新技术不断改变着电子商务的形式和模式，由此可见，电子商务具有较强的技术依赖性。

除了计算机和网络等技术外，电子商务还涉及新的管理思想、管理方法、安全技术、自动识别技术、标准化技术、自动化和智能化等，这些也是电子商务实现过程中不可缺少的。

第三节　电子商务的影响

一、电子商务对社会经济的影响

1. 电子商务改变经济增长方式

电子商务改变了经济增长方式。经济增长不再单纯依靠资本投入而更依靠信息技术和科学知识，从以物质生产为主的产业经济发展模式向以信息和知识生产为主的经济发展模式转变。电子商务推动着经济全球化与网络化，迅速改变着传统的经贸交易方式和整个经济的面貌，加快了世界经济结构的调整与重组。电子商务能够把市场和资源协调起来，把生产者和消费者贯通起来，是现代企业开发新产品、拓展新市场、扩大对外交流、提高生产效率的最有利的手段。

在电子商务条件下，原来的业务模型发生了变化，许多不同类型的业务过程由原来的集中管理变为分散管理，社会分工逐步变细，因而产生了大量新兴行业，以配合电子商务的顺利运转。新的以服务为主的行业不断产生。一些头脑聪明的企业家纷纷将眼光投到电子商务上来，纷纷成立以电子商务服务为主的企业或公司，例如，网络交易中心、电子商场、电子商务咨询服务公司、电子商务应用软件开发公司等。

2. 电子商务改变商务活动的方式

电子商务改变着商务活动的方式。人们足不出户，通过鼠标就可以进行各项商务活动了。传统商务活动中的"推销员满天飞""采购员遍地跑"和"消费者在商场中精疲力竭地寻找自己所需要的商品"的典型情景在电子商务环境中不存在了。人们可以进入网上商场浏览、采购各类产品，而且还能得到在线服务；商家们可以在网上与客户联系，利用网络进行货款结算等服务；政府还可以方便地进行电子招标、政府采购等。

电子商务系统的创立，使得大规模的跨地区、跨国界的商业活动成为可能。一些著名的零售业纷纷扩大营业范围和规模，组织跨地区、跨国界的商业活动，以降低成本和抢占市场份额。

3. 电子商务将转变政府的行为

政府承担着大量的社会、经济、文化的管理和服务功能，尤其在调节市场经济运行和防止市场失灵方面有着很大的作用。在电子商务时代，企业应用电子商务进行生产经营，消费者进行网上消费,将对政府管理行为提出新的要求。电子政府或称网上政府,将随着电子商务的发展而成为一个重要的社会角色。

二、电子商务对消费者的影响

1. 电子商务改变了人们获取信息的方式

在传统商务形式下,消费者购买商品前,对于商品的有关信息的获取是困难的,消费者处于明显弱势地位。而通过Internet,消费者可以更快、更直观、更经济、更有效地获得大量的信息,且获取的信息具有实时性。由于采用电子商务,买卖双方进行贸易时并不见面,为了引起消费者对商品的关注,商家就必须对商品做详细、周到的说明,采用文本、图片甚至视频等多媒体手段充分展示商品的细节。另外,通过实时交流工具,如QQ等,消费者可以立刻得到想知道的问题答案。

2. 电子商务使消费者成为信息的发布者

随着Internet技术的发展,消费者不仅可以容易地获得信息,而且还可以发布信息。他们可以对产品发表评论,可以对企业提出产品需求。消费者对商品的评价会影响到商家的信誉和商品的销量,因此,现在电子商务商家很重视消费者的评价,这使得传统商家的优势地位减弱,而消费者的地位得到提高。

3. 电子商务改变了人们的消费方式

电子商务时代,消费者主导性可以在网络购物中充分体现出来,购物意愿掌握在消费者手中。消费者通过Internet的搜索功能,比较各商家提供的商品,轻而易举地完成购物前的地"货比三家"的工作。利用电子商务,消费者能以一种轻松自由的自我服务的方式来完成交易,现在电子商务平台提供了商品选择、在线支付、物流等服务,消费者通过鼠标就可以完成商品的选购,然后就可以在家中等待物流送货上门,改变了过去消费者跑商场、进银行、排队、交涉、办手续等繁琐的程序。

三、电子商务对企业的影响

企业实施电子商务将会对企业核心竞争力、组织结构以及商业模式的实现方式,产生不同程度的影响。

1. 电子商务对企业核心竞争力的影响

电子商务给企业提供了一个提高核心竞争力的机会。电子商务能够帮助企业实现内部信息的沟通与知识的共享,完成外部信息的收集,使得企业能够以此为依托,建立和完善具有学习能力的组织结构,并不断地将获取的信息加以分析和总结,使其具有快速适应环境的能力,从而使企业能够实现持续性发展,建立竞争优势。《财富》杂志曾经指出"网络时代最成功的公司将是那些基于学习型组织,并利用网络建立的公司"。

开展电子商务可以有效缩短企业的供应链,并为企业的供应链管理提供强大的工具和手段。从企业价值链的各个组成部分来看,电子商务使企业的采购成本和销售成本降低,并且在总成本降低的情况下增加了顾客可获取的价值,提高了企业的核心竞争力。如果一个企业不能在知识产权或技术专利方面获得核心竞争力,也不是从事垄断行业经营,则所生产的产品与竞争对手很难差异化,那么企业就应当考虑通过电子商务优化其价值链,获得超越其同行业管理者的管理技能和方法,以降低成本、提高服务水平等作为企业的核心竞争力。

如果一个企业已具备了核心竞争力,通过电子商务的实施也可以强化其核心竞争力,表现在知识创新能力、市场营销能力、组织管理能力、生产能力、人力资源等方面。如通过电子商务加快知识的产生和传播速度，提高企业的知识创新能力；通过电子商务，企业拓宽了营销渠道，丰富了营销手段，扩大市场范围。

2. 电子商务对企业组织结构的影响

传统企业通常采用垂直、多层次的职能化组织结构。这种组织结构内部信息交流是纵向、链状传递的，具有耗时长、信息易失真、易产生断层的特点。随着企业规模的增大，多层次的职能化组织结构的等级增多，势必造成管理效率低、决策过程官僚化。

在网络时代，消费者可以在若干可供选择的网上虚拟企业和各种各样的商品之间转换，消费决策可以在瞬间改变，这就对企业的响应速度提出了更高的要求，信息采集和处理的质量、速度、准确性要求都非常高，从而可以及时将消费者的需求、偏好反馈到决策层，因此，企业中间管理层不宜过多，企业的组织结构应趋向于扁平化。另外，决策层走向分权化，即分级决策，中层管理人员享有一定范围的决策权，以适应瞬息万变的市场需求。

3. 电子商务对企业商业模式实现方式的影响

企业商业模式的实现方式包括收入实现方式、生产经营方式和资源获取方式3种。

收入实现方式是指企业获得收入的手段和方法。传统企业经营过程中，企业向客户提供产品和服务，从客户处获得收入。但随着电子商务的应用，在某些情况下，产品和服务的用户并不是向企业提供收入的人，即不是客户，企业需通过其他途径或从另外的客户处获得收入。

电子商务作为一种新的贸易方式，同时也是一种新的管理方法和工具，将对企业的生产经营活动产生深远影响，具体体现在生产方式、运营流程和运营体系的改变。

电子商务的应用将改变企业的资源组合，对物质资源的需求相对减少，对知识和人力资源要求增大。通过电子商务，企业的资源供应渠道更加多样化，优化了供应链，企业可以在更广的范围，甚至是全球范围里进行采购，从而可以得到价廉物美的原料。

第四节　服装电子商务的现状

一、我国服装市场特点

我国服装市场与其他市场相比较，具有产品需求量大、消费需求个性化突出、产品生命周期短及产品具有高附加值高利润的特点。

1. 产品需求量大

我国是世界上最大的服装生产国，也是最大的服装消费国。服装作为人们日常生活中必不可少的生活用品，其市场需求量巨大。另外，服装不同于其他商品，根据其所选用的材料、款式、产品品牌等不同都会造成其价格的巨大差异，消费者的购买能力和偏好的差异决定了不同档次的产品有其特定的客户群体，如价格昂贵的奢侈品牌如路易·威登、范思哲等，在国内都有着广大的消费群体。

2. 消费需求个性化突出

现代消费者着装讲究个性化，追求自我风格和完美个性，服装已成为表达自我个性及自我追求的外在显示，穿着自己喜欢的衣服将是一种主流时尚。随着服装商品的个性化发展，不同个性化服务将更多地出现，个性化服务将进一步深入，满足不同层次的消费需要。除量体裁衣、量身定做以外，专门设计等深层次的个性化服务业不断涌现。服装的消费需求越来越趋于个性化，既给服装行业带来了较大的机遇，使服装行业有了更大的发展空间，又向服装行业提出了挑战，要求服装生产商不断地进行创新，以满足消费者个性化需求。另外对于市场调研和分析工作也提出了更高要求，要求能够准确地把握消费者的个性化需求，从而开发适销对路的服装产品。

3. 产品生命周期短

服装不同于其他商品，其产品生命周期短。以一般的时装来讲，业内有个价值定律，即自上市之日起，时装每天贬值约0.7%。大多数季节性时装的生命周期为批发1个月、零售半个季节。在一年四季中，春秋装的生命周期最短，夏冬装相对较长。

4. 产品具有高附加值、高利润

与其他产品相比，服装产品的价值受流行性、品牌、款式、设计师、面料的独特性等因素影响很大，这些因素决定了服装产品具有较高的附加值。消费者在购买服装时，挑选的不是服装本身的价值，而是能满足其感性追求的软性商品价值，这种软性的价值为商家带来了巨大的利润空间，特别是知名服装品牌其新产品的毛利润率相当可观。

二、我国服装电子商务发展的优势与劣势分析

电子商务作为一种新型贸易方式在世界范围内得到快速发展，我国服装行业开展电子商务是大势所趋。那么，在进入电子商务之前，有必要分析一下服装行业开展电子商务的优势和劣势，从而可以制定相应的对策。下面采用经典的态势分析（Strengths Weakness Opportunity Threats，缩写为SWOT）法来分析电子商务环境下服装行业的优势、劣势、机会和威胁。

1. 行业优势

经过多年的发展，我国已成为世界服装制造大国，服装业占世界市场的份额越来越大，已经形成了一定的竞争优势，主要表现有如下几点。

（1）产品竞争力增强

近年来，我国服装从以量取胜逐渐向以质量取胜发展。现在许多企业成套引进先进的服装生产设备，如吊挂流水生产线，以提高服装产品质量。企业逐步加强信息化建设，引进ERP、SCM等先进管理软件，提高服装生产管理和经营水平。一些企业还高薪聘请国际设计师，极大提升了服装的设计水准。

（2）服装设计与生产周期缩短

当前服装具有"多品种、小批量"的特点，这种模式要求服装设计、生产、销售过程的高度自动化和快速反应（QRS）。目前，我国服装业在使用计算机辅助设计（CAD）与辅助生产和新产品开发等方面已较普遍，微电脑控制的针织刺绣和缝纫机等先进缝纫加工设备的使用，减少了对劳动力的依赖，从而加快服装设计、生产的速度。

（3）企业信息化有一定的基础

在中国纺织工业联合会的大量推动下，服装企业经过自身的努力，企业信息化水平有了长足发展，很多企业都建立局域网用于企业内部管理和信息共享，引进CAD、ERP、SCM和CRM等系统，提升企业信息化管理程度，同时还建立企业网站，对外宣传自己。

2. 行业劣势

随着经济全球化的发展，我国服装业将面临更加严峻的竞争环境，我国服装行业除了有自身的优势外，也存在一些竞争劣势，主要表现在以下几个方面。

（1）成本优势有所弱化

我国服装一直以低成本在国际竞争中取得优势，成本优势是靠劳动力和资源来维持领先优势的。但是，随着我国经济的发展，工人工资、地价、原料价格有所上升，加重了服装业的成本负担，提高了服装的价格。另外，东南亚等发展中国家也大力发展服装行业，和我国

相比较，他们更加具有成本优势，从而进一步弱化了我国服装的成本优势。

（2）服装行业高级人才缺乏

国内服装企业普遍缺乏既懂计算机技术又懂服装设计的人才，从业人员大都缺乏国际营销经验，缺乏适合国际市场竞争的复合型人才、一流的设计大师和优秀的企业家。

（3）行业信息化程度与国外水平相差甚大

我国引进电子服装商务时间不长，电子市场运作和客户反馈信息收集与国外相比都较迟缓。

3. 机会

我国服装业面临的机会集中表现为以下几点。

（1）网民数量和网购人数迅猛增加

电子商务的发展离不开信息技术的发展和网络普及，Internet 的普及造就了一定数量的网民，一定数量网民是实现电子商务的前提和保证。中国互联网络信息中心（CNNIC）在《中国互联网络发展状况统计报告》中显示，截至 2013 年 6 月底，我国网民规模达到 5.91 亿，互联网普及率为 44.1%，其中我国手机网民规模达 4.64 亿。社会生活节奏越来越快，人们整天忙于工作，没有大量的时间到商店去采购服装，更多地选择网购，这为企业提供很多的商机。中国互联网络信息中心（CNNIC）在《2012 年中国网络购物市场研究报告》中显示，截至 2012 年 12 月底，我国网络购物用户规模为 2.42 亿，网民使用网络购物的比例提升至 42.9%。

（2）帮助企业了解客户

一方面，在传统商务形式中，服装企业很难了解消费者的真实需求，从而导致消费者难以购买到满意的服装，出现"买衣难"的现象。另一方面，大量服装出现积压在库现象，使得企业的资金压力增大。通过电子商务可以帮助企业与每位消费者进行信息交流，可以了解消费者的实际需求，从而可以进行准确的市场信息定位，生产适销对路的产品。

（3）进入行业壁垒低

与传统方式相比，服装企业进行电子商务的成本较低，最简单的就是，只要有一台电脑能够上网，就可以在网上销售服装了。曾经是我国服装电子商务轻资产模式的先锋 PPG 公司就是一个很典型的例子。

4. 威胁

服装行业开展电子商务是一把"双刃剑"，它给我国服装业带来历史性机遇的同时，也带来了巨大的冲击和压力。

（1）消费者的消费习惯

消费者对服装电子商务还没有足够的信心，加上服装购买的过程体验目前还很难在网上体现出来，使得很多消费者还不习惯网络消费。虽然现在有虚拟试衣，但效果还不理想，消费者还习惯以直接面对面购买为主。另外，电子商务中的信息、支付等方面的安全和信誉失控问题时有发生，使得消费者选择网购时犹豫不决。

（2）服装企业应变能力差

目前，我国服装企业信息不畅、时效滞后、快速反应能力差。这些都将受到国外厂商、品牌的冲击。

三、我国服装电子商务的现状与发展

1. 我国服装电子商务的发展阶段

近年来，电子商务飞速发展，已成为我国战略性新兴产业与现代流通方式的重要组成部分，在服装行业得到了广泛应用。中国电子商务研究中心的研究报告把我国服装电子商务的发展分为孕育期、起步期、发展期、成熟期和爆发期5个阶段，如图1-1所示。

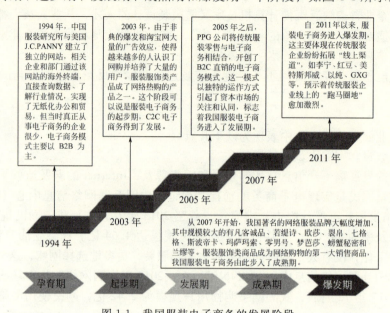

图1-1　我国服装电子商务的发展阶段

（图片来源：中国电子商务研究中心的《2012年度中国服装电子商务运行报告》）

（1）孕育期

1994年，被美国《幸福》杂志评为全世界十大零售商之一的美国J.C.PAnny公司委派了一支由四位副总裁组成的商务考察团赴中国考察。在与中国服装研究设计中心的接触中，双方领导层对开展服装电子商务表现出极大的兴趣，并达成了合作意向。同年，中国服装研究所与美国J.C.PANNY公司建立了独立的网站，相关企业和部门通过该网站的海外终端，直接查询数据、了解行业情况，实现了无纸化办公和贸易。1995年，国家经贸委和中国纺织工业部正式下文批准了开展服装电子贸易的立项申请，拉开了我国服装企业参与电子商务的序幕。但当时真正从事电子商务的企业很少，电子商务模式主要以B2B为主。

（2）起步期

经过近10年的缓慢发展，我国服装电子商务从2003年开始起步。源于2003的非典型性肺炎的爆发改变了人们的消费方式，人们不得不采用当时还很少用的网上购物；同时淘宝网大量广告所产生的效应，使得越来越多的人认识了网购并培养了大量的用户，服装服饰类产品成了网络热购的产品之一。此时电子商务主要以C2C为主。

（3）发展期

2005年，PPG公司将传统服装零售与电子商务相结合，开创了我国服装B to C直销的电子商务模式，PPG模式被誉为我国服装界的"戴尔模式"。这一模式以独特的运作方式引起了资本市场的关注和认同，标志着我国服装电子商务进入了发展期。

（4）成熟期

从2007年开始，除了PPG之外，一些规模较大的网络服装品牌大幅度增加，如凡客诚品、若缇诗、欧莎、玛萨玛索、梦芭莎等。服装服饰类商品成为网络购物的第一大销售商品，我国服装电子商务由此步入了成熟期。

（5）爆发期

自 2011 年以来，传统服装企业纷纷开展电子商务，在保持传统线下渠道的基础上，积极拓展"线上渠道"，如李宁、红豆、美特斯邦威、以纯、GXG 等。这预示着传统服装企业线上的"跑马圈地"愈加激烈，我国服装电子商务进入爆发期。

2. 我国服装电子商务的现状

据中国电子商务研究中心监测数据显示，从 2012 年我国网购商品市场份额来看，服饰鞋帽类占比 28%，位于第一，服装已经成为国内网购的第一大品类。自 2009 年起我国服装网络购物市场交易规模呈逐年增长趋势，如图 1-2 所示。其中 2010 年增长速度迅猛，增长率高达 100.8%。2012 年中国服装网络购物市场交易规模达 3050 亿元，同比增长 49.9%。由此可看出，服装电子商务在我国发展的巨大空间与潜力。

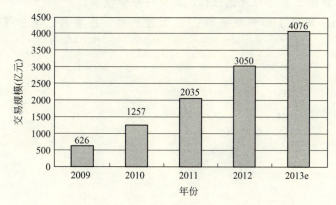

图 1-2　2009～2013 年我国服装电子商务市场规模

（图片来源：中国电子商务研究中心的《2012 年度中国服装电子商务运行报告》）

在服装 B to C 市场中，天猫依然牢牢占据着市场的领先位置，图 1-3 是 2012 年我国服装 B to C 的市场份额。从图中可以看出，B to C 服装网购市场中天猫占整个服装网购市场的 71.2%，排在第二、第三位的分别是京东与凡客，占 5.9% 与 5.4%。从 2012 年的整体情况看，综合类电商在服装网购市场中较为突出，老牌的服装垂直电商除凡客诚品还位于前三之外，其他表现平平。

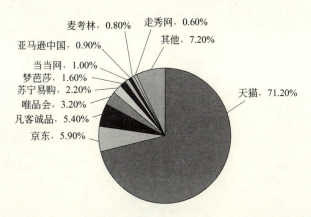

图 1-3　2012 年我国服装 B to C 电子商务市场份额

（图片来源：中国电子商务研究中心的《2012 年度中国服装电子商务运行报告》）

思考与讨论

1. 如何理解电子商务的概念？

2. 电子商务与传统商务相比较，其优势是什么？
3. 电子商务的特点是什么？
4. 电子商务产生的背景和原因有哪些？
5. 电子商务对社会经济的影响主要表现在哪些方面？
6. 根据电子商务的影响，讨论电子商务对服装企业的影响。

实践

1. 浏览天猫、凡客诚品、京东等主要 B2C 服装电子商务网站，从所销售服装种类、价格、物流、网站页面等方面进行对比分析，写一份分析报告。

2. 通过 Internet 网络了解传统服装企业如雅戈尔、报喜鸟、李宁等开展电子商务的情况。

第二章 电子商务的框架及其商业模式

学习目标
- ■ 理解电子商务的框架概念。
- ■ 理解并掌握商业模式的概念及设计要素。
- ■ 理解并掌握电子商务商业模式的相关知识。
- ■ 熟悉电子商务的商业模式的分类。
- ■ 理解并掌握服装电子商务的各种模式。

引例 ▶▶

戴尔模式

1984年，迈克尔·戴尔创立了戴尔公司，戴尔以生产、设计、销售家用以及办公室电脑而闻名，同时也涉足高端电脑市场，生产与销售服务器、数据储存设备、网络设备等。经过多年的发展，戴尔公司成为世界500强企业，是全球最知名的品牌之一，成为全球首选的IT整体解决方案及服务供应商。公司创立基于一个前所未有的理念——直销，也称为戴尔模式，该模式被誉为近几十年中世界上最好的商业模式之一。该模式的核心内容是："取消存货、倾听顾客需要、坚持直销。"戴尔公司依托互联网，将自己所生产的各种零部件及其价格陈列给消费者。消费者根据自己的需要进行组合，然后将订单和定金交给戴尔公司。戴尔公司收到订单和定金后，在几天之内将产品组装好，并送到消费者手中。

第一节 电子商务的组成

一、电子商务的概念模型

电子商务的概念模型是对现实电子商务活动的一种抽象表述，如图2-1所示。概念模型由交易主体、电子市场（Electronic Market，缩写为EM）、交易事务和信息流等基本要素构成。

交易主体是指能够从事电子商务活动的客观对象，包括企业、银行、商店、政府机构、科研教育机构和个人等；电子市场是指交易主体从事商品和服务交换的场所，它是由商务活动参与者利用各种通信装置，通过网络连接成的统一整体；交易事务是指交易主体之间所从

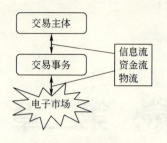

图 2-1 电子商务的概念模型

事的具体的商务活动内容,如询价、报价、转账支付、商品运输等。

电子商务的任何一笔交易,包含以下 3 种基本的"流",即信息流、资金流和物流。

信息流的内容主要如下。

① 商品信息的提供和发布。

② 询价单、报价单、付款通知单、转账通知单等商业贸易凭证的网上传递。

③ 交易方的支付能力、支付信誉、中介信誉等。

④ 企业内部及企业与合作伙伴之间的信息交互。

资金流主要是指资金的转移过程,包括付款、转账、兑换等过程。

物流主要是指商品和服务的配送及传输渠道,对于大多数商品和服务来说,物流可能仍然经由传统的经销渠道,然而对软件、电子出版物等商品和服务来说,可以直接以网络传输的方式进行配送。

二、电子商务的组成要素

电子商务的基本组成要素有客户、商家、认证中心、网上银行等,如图 2-2 所示。电子商务系统中的各个组成部分,都是通过网络链接在一起,并相互通信,网络包括 Internet、Intranet、Extranet。Internet 是电子商务的基础,是商务信息传送的载体;Intranet 是企业内部商务活动的场所;Extranet 是企业与企业、企业与个人进行商务活动的纽带。

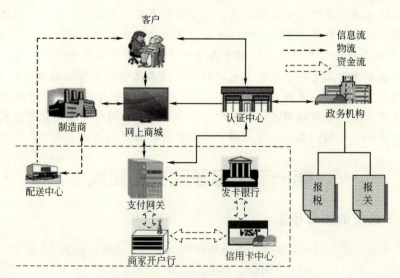

图 2-2 电子商务系统的组成要素

1. 客户

客户是电子商务的起点和终点。电子商务客户包括企业客户和个人客户,客户利用浏览器、电视机、PDA（Personal Digital Assistance）和 Visual TV 等接入 Internet 获取信息、购买商品、进行投标等。

2. 商家

商家建立 Intranet、Extranet 和 ERP 等对人、财、物、产、供、销进行科学管理，通过建立网站发布产品和服务信息，接受订单，并进行营销活动。还要借助于电子报关、电子报税、电子支付系统与海关、税务局、银行进行有关商务、业务处理。

3. 网上银行

网上银行在网上实现为买卖双方结算等传统的银行业务，为商务交易中的客户和商家提供网上支付和资金流转全天的实时服务，是重要的中介机构。

4. 认证中心

认证中心（CA）是交易各方信任的中介机构，亦是法律承认的权威机构，其功能是负责发放和管理数字证书，使网上交易的各方能互相确认身份，并确认交易文件的真实性。

5. 配送中心

物流配送中心按商家的送货要求，组织运送无法从网上直接得到的商品，跟踪产品的流向，将商品送到客户手中。

6. 网上商城

是买方和卖方进行电子交易的平台和接口界面。

7. 网上政务

参与电子商务的政务主要涉及电子政务的电子税务、电子报关、电子招投标、电子审批、政策咨询等领域，包括工商、税务、海关和经贸等商务活动的管理部门。在特殊情况下，政府还是消费者（如政府采购）。

第二节　电子商务的框架

电子商务框架是描述电子商务的组成元素、影响要素、运作机理的总体性结构体系，如图 2-3 所示。从总体上来看，电子商务框架结构由三个层次和两大支柱构成。其中，电子商务框架结构的层次分别是网络层、信息发布与传输层、电子商务服务和应用层，两大支柱是指社会人文性的公共政策和法律规范以及自然科技性的技术标准和网络协议。

1. 网络层

网络层指网络基础设施，是实现电子商务的最底层的基础设施，它是信息的传输系统，也是实现电子商务的基本保证。它包括远程通信网、有线电视网、无线通信网和互联网。因为电子商务的主要业务是基于 Internet 的，所以互联网是网络基础设施中最重要的部分。

2. 信息发布与传输层

网络层决定了电子商务信息传输使用的线路，而信息发布与传输层则解决如何在网络上传输信息和传输何种信息的问题。目前 Internet 上最常用的信息发布方式是在 WWW 上用 HTML 语言的形式发布网页，并将 Web 服务器中发布传输的文本、数据、声音、图像和视频等的多媒体信息发送到接收者手中。从技术角度而言，电子商务系统的整个过程就是围绕信息的发布和传输进行的。

3. 电子商务服务和应用层

电子商务服务层实现标准的网上商务服务活动，如网上广告、网上零售、商品目录服务、电子支付、客户服务、电子认证（CA 认证）、商业信息安全传送等。其真正的核心

图 2-3 电子商务的框架结构模型

是 CA 认证。因为电子商务是在网上进行的商务活动，参与交易的商务活动各方互不见面，所以身份的确认与安全通信变得非常重要。CA 认证中心担当着网上"公安局"和"工商局"的角色，而它给参与交易者签发的数字证书就类似于"网上的身份证"，用来确认电子商务活动中各自的身份，并通过加密和解密的方法实现网上安全的信息交换与安全交易。

在基础通信设施、多媒体信息发布、信息传输以及各种相关服务的基础上，人们就可以进行各种实际应用。例如供应链管理、企业资源计划、客户关系管理等各种实际的信息系统，以及在此基础上开展企业的知识管理、竞争情报活动。而企业的供应商、经销商、合作伙伴以及消费者、政府部门等参与电子互动的主体也是在这个层面上和企业产生各种互动。

4. 公共政策和法律规范

法律维系着商务活动的正常运作，对市场的稳定发展起到了很好的制约和规范作用。进行商务活动，必须遵守国家的法律、法规和相应的政策，同时还要有道德和伦理规范的自我约束和管理，二者相互融合，才能使商务活动有序进行。

随着电子商务的产生，由此引发的问题和纠纷不断增加，原有的法律、法规已经不能适应新的发展环境，制定新的法律、法规并形成一个成熟、统一的法律体系，成为世界各国发展电子商务的必然趋势。

5. 技术标准和网络协议

技术标准定义了用户接口、传输协议、信息发布标准等技术细节。它是信息发布、传递的基础，是网络信息一致性的保证。就整个网络环境来说，标准对于保证兼容性和通用性是十分重要的。

网络协议是计算机网络通信的技术标准，对于处在计算机网络中的两个不同地理位置上的企业来说，要进行通信，必须按照通信双方预先共同约定好的规程进行，这些共同的约定和规程就是网络协议。

第三节 商业模式

一、商业模式的概念

商业模式是一个比较新的名词，又被译为"商务模式"、"业务模式"于 20 世纪 50 年代被提出，尽管它第一次出现在 50 年代，但直到 20 世纪 90 年代才开始被广泛使用和传播。今天，虽然这一名词出现的频度极高，但关于它的定义仍然没有一个权威的版本。大众泛泛而言的商业模式往往指一个公司从事商业的具体方法和途径。本书采用 Alex Osterwalder、C. L Pigneur 和 Tucci 总结的定义，即商业模式是一个包含各组成要素及其关系，用于说明特定公司商业逻辑的概念工具，它描述了公司用以获利和产生可持续赢利的客户价值、内部结构及创造、营销和传递这种价值和关系资本的合作伙伴网络。

成功的商业模式具有三个特征。

1. 成功的商业模式要能提供独特价值

有时候，这个独特的价值可能是新的思想，而更多的时候，它往往是产品和服务独特性的组合。这种组合要么可以向客户提供额外的价值；要么使得客户能用更低的价格获得同样的利益，或者用同样的价格获得更多的利益。

2. 商业模式是难以模仿的

企业通过确立自己的与众不同，如建立完善的售后服务、别具特色的营销策略等，来提高行业的进入门槛，从而保证利润来源不受侵犯。比如，直销模式（仅凭"直销"一点，还不能称其为一个商业模式），人人都知道其如何运作，也都知道戴尔公司是直销的标杆，但很难复制戴尔的模式，原因在于"直销"的背后，是一整套完整的、极难复制的资源和生产流程。

3. 成功的商业模式是循序渐进的

企业要做到量入为出、收支平衡。这个看似不言而喻的道理，要做到始终如一，却并不容易。现代市场中的很多企业，不管是传统企业还是新型企业，大都是因为没有坚持下去，半途而废。

二、商业模式的构成要素

（一）商业模式构成要素解析

商业模式展现了一个公司赖以创造和出售价值的关系和要素，它可以细分为九个要素。

1. 价值主张

价值主张是公司通过其产品和服务以及其所能向消费者提供的价值。价值主张确认了公司对消费者的实用意义。

2. 目标消费者群体

目标消费者群体是公司所瞄准的消费者群体。这些群体具有某些共性，从而使公司能够针对这些共性创造价值。定义消费者群体的过程也被称为市场划分。

3. 分销渠道

分销渠道是公司用来接触消费者的各种途径，涉及公司的市场和分销策略。分销渠道的问题就是公司如何去开拓市场。

4. 客户关系

客户关系表示公司同其消费者群体之间所建立的联系，客户关系管理就与此有关。

5. 价值配置

价值配置就是资源和活动的配置。

6. 核心能力

核心能力是指公司执行其商业模式所需的能力和资格。

7. 合作伙伴网络

合作伙伴网络是指公司同其他公司之间为有效地提供价值并实现其商业化而形成的合作关系网络。

8. 成本结构

成本结构是指产品成本中各项费用（如人力、原料、土地、机器设备、信息、技术、能源、资金等）所占的比例或各成本项目占总成本的比例。

9. 赢利模式

公司通过各种收入流来创造财富的途径。

企业采用某种商业模式的终极目的是创造价值和获取利润。因此，可以从这个角度来理解商业模式，即商业模式描述了企业的商业逻辑，包括企业以创造价值及获取、维持和扩大利润为目的所需的各种内部和外部因素，只是各因素在不同的内外环境中的重要程度不同。某些因素是关键性的，而另一些因素是辅助性的。

（二）沃尔玛商业构成要素解析

下面以沃尔玛为例，我们利用商业模式的 9 项内容解析它的具体做法，看它是如何实现向顾客所承诺的"天天平价、保证满意"的。

1951 年，山姆·沃尔顿以一个小小的杂货店起家。1960 年，他已在小店所在城镇的周边开设了 15 家商店。当时，折扣店连锁经营在美国零售业方兴未艾。沃尔顿经过考察决定从杂货店转向百货业，成立了沃尔玛百货商店。目前，沃尔玛在 14 个国家都有自己的业务，全球商店总数为 7899 个，是全球最大的连锁零售商店，主要有沃尔玛购物广场、山姆会员店、沃尔玛商店和沃尔玛社区店 4 种业务类型。

1. 价值主张

沃尔玛在全美电视台播放的广告用语非常直接："省得更多、过得更好（Save More, Live Better）"。显然，沃尔玛的价值主张是向顾客提供质优价廉的商品和服务。

2. 目标消费者群体

目标消费者群体主要以中低收入人群为主。

3. 分销渠道

（1）沃尔玛平价购物广场主要面向中层和中低层顾客。

（2）山姆会员商店只针对会员提供各项优惠及服务。

（3）沃尔玛综合性百货商店面向上层顾客。

4. 客户关系

（1）客户永远是对的。

（2）店内设立迎宾员。

（3）实行会员制，建立稳定的消费市场。

（4）企业积极参与慈善活动。

5. 价值配置

（1）低成本，节省不必要的开支

① 避开批发商，直接大批量从厂商采购。大批量直接采购不仅降低了成本，而且增加了自身的砍价优势，既保证了自己的赢利空间，又保证了自己能以低于竞争对手的价格出售商品。

② 仓储式经营，在商品销售成本上更充分体现出规模效益。

③ 压低物流成本，如新增卖场一般都设在配送中心周围，以缩短送货时间，降低送货成本。

④ 从进货渠道、分销方式及营销费用、行政开支等各方面节省资金。

（2）全面实现信息化管理，提高工作效率、降低风险

建立了全球第一个物流数据的处理中心。公司内部及公司与厂商之间信息传递顺畅、快捷，实现"无缝"供应链，缩短了市场反应时间，使公司能迅速掌握销售情况、市场需求趋势和库存情况，从而减小存货风险、降低资金积压的额度，加速资金运转速度。

（3）一站式购物

商品结构丰富、经营项目繁多——食品、玩具、新款服装、化妆用品、家用电器、日用百货、肉类果蔬等。

（4）附加服务

① 免费停车、送货上门等附加服务。

② 店内方便的退货服务等。

6. 核心能力

为顾客提供质优价廉的商品和服务的能力。

7. 合作伙伴网络

与供应商（如宝洁等）建立稳固的战略合作伙伴关系，实现双赢。

8. 成本结构

沃尔玛一直以削减开支的方法使自己的成本结构低于竞争对手。员工在水、电、办公用品上的节省，使公司可以在其销售的商品价格上做出更大的让步。

9. 赢利模式

（1）产品的进销差价。

（2）降低供应链管理成本。

第四节 电子商务的商业模式

一、电子商务的商业模式概念

电子商务的商业模式一般有两个层次的解释。第一，从整体上把握，给出一个宏观的定义，内容包括电子商务商业模式在企业中的作用、地位以及关系等；第二，将电子商务的商业模式细分为各个基本组成元素，也称为组件，这些基本元素的有机组合形成电子商务商业模式。在国内外学者给出的定义中，有些只涉及其中一个层次，有些包括上述两部分内容。

米歇尔·罗帕（Michael Rappa）认为，电子商务商业模式是一个企业开展业务并以此获利并且生存下去的方式，同时商业模式还应清楚地说明企业如何在行业价值链中定位并且获利。这个定义突出了电子商务商业模式是企业盈利的手段和在价值链中的定位，尤其前部分也是米歇尔·罗帕讨论电子商务商业模式分类的基本依据，但并没有清楚地说明电子商务

商业模式的内部组成要素。宙斯布让（Chesbroug）等认为，电子商务商业模式提供了一个转型框架，以技术的一些特征为输入，通过市场和客户消费，转化为价值和利润，主要突出在新技术商业化中，电子商务的商业模式能发掘潜在价值并盈利的功能。皮特诺维奇（Petrovic）将电子商务商业模式定义为商业系统的运行逻辑，为企业创造价值并隐于真实的流程之后。同样，林德（Linder）等将电子商务商业模式定义为企业创造价值的核心逻辑，它和前者的区别在于企业的运行逻辑可能不是独有的，但是各个企业的核心逻辑则有很大的区别。

可见，电子商务商业模式与企业战略和流程都非常相关。电子商务商业模式是企业通过电子手段实现企业战略在概念层面和结构层面的概括，并且是企业实施电子商务流程的基础。林德等也提出电子商务商业模式权变的思想。他们认为，在激烈的动态竞争环境下，随着竞争对手紧逼、市场或技术变化，电子商务的商业模式不可能一成不变，必须随着环境的变化而变化。

从上述定义容易看出，价值创造是电子商务商业模式的根本所在。以下的一些定义则相对要具体些。奥费尔（Afuah）等指出，电子商务商业模式是公司运用其资源向客户提供比竞争对手更大的价值并由此获利的方法；奥斯特瓦德（Osterwalder）等提出，电子商务商业模式是创造价值并将相应的价值传送给一个或几个客户群，形成伙伴关系网络，并获得持续性的价值流的过程。他们还认为，电子商务商业模式是战略与流程之间的联系纽带，是公司战略的架构蓝图和流程的实施基础。这比皮特诺维奇把电子商务商业模式隐含于真实的流程之后又进了一步，清晰地定位了电子商务商业模式在公司中的位置。

保罗·蒂默斯（Paul Timmers）、彼得·威尔（Peter Weill）等在对电子商务商业模式的看法中隐含给出了要素构成，认为基于网络和信息技术的电子商务商业模式能够体现企业产品、信息和资金流的体系，能够描述如客户、供应商和合作伙伴等参与者的角色、价值链中的定位、主要获益及收入方式等。进一步说，电子商务商业模式能够利用信息技术的变革，在多个参与者合作的基础上形成高效流畅的物流、信息流和资金流体系结构，最终指导企业如何获得更多的收益，为企业带来竞争优势。

林德、奥斯特瓦德和奥费尔等对电子商务商业模式要素分析则主要集中在以下六个方面：目标客户和市场、客户获得的价值、企业在价值网中的位置和关系、成本收益分析、组织结构、流程。其中，目标客户和市场是指企业应选择哪一块或几块细分市场作为目标市场，涉及市场定位和目标客户群的获得；客户获得的价值，则是企业向客户提供的产品、服务或相关信息；企业在价值网中的位置和关系则关注的是在价值链或价值网中的定位以及与网络中的其他企业的关系；成本收益分析，是说明企业进行市场活动的成本和收益，如何保证获利；组织结构是指内部的部门或机构架构；流程则说明企业如何组织活动，协调内部系统和外部合作伙伴，充分调动内外部的资源，完成预定的战略目标。有关目标客户及市场、客户获得的价值和成本收益分析三个要素，传统的商务模式和电子商务商业模式差别不大，会其余三个要素，即企业在价值网中的位置、组织结构和流程则受到电子信息技术的影响，会产生相应的变化，这也是电子商务商业模式和传统商务模式的区别。

上述关于电子商务商业模式的主要观点可以概括为：电子商务商业模式是企业确定细分市场和目标市场之后，通过企业内部特定的组织结构和在价值网中的定位，运用网络信息技术，与价值网上的各合作成员整合相关的流程，最终满足客户的需要，并给企业带来盈利的方式。其中的关键点是电子商务商业模式应指出价值的创造过程及各参与者在此过程中扮演的角色和收益。

这里对电子商务商业模式定义如下：电子商务商业模式是通过基于网络信息技术的商业关系创新实现客户价值创造和参与主体利益分享的系统化模式。电子商务商业模式是一个系统，在其各个部分、连接环节和动力机制方面充分运用网络技术的特点来创新商业关系和提供新的价值创造和利益分享模式。电子商务商业模式是在互联网环境下，企业商业模式的各个业务组成单元充分利用互联网的特性（包括媒体特性、全球性、网络外部性、消除时空局限、减少信息不对称性、低成本性和创造性破坏等），重组企业内部业务流程，重构企业价值链，参与整个产业价值链的变革，从而更好地满足客户的需求，并为客户提供更多的价值；通过降低成本，增加利润来源等途径获取长期盈利的一个商业系统。

根据上述定义，可从系统层次和结构、系统组成部分的联系和动力机制上来全局性地把握电子商务商业模式。按照系统观点，电子商务商业模式又可以细分为电子商务价值模式、电子商务收入模式、电子商务定价模式以及电子商务运营模式等子模式系统。

二、电子商务商业模式的价值与创新

在互联网时代，电子商务商业模式的创新设计将改变市场竞争规则，企业从过时的商业模式向能够为客户带来更大、更全面价值的电子商务商业模式转移。电子商务商业模式创新设计已成为决定企业赢利能力和未来持久发展的战略问题。世界知名企业都非常重视电子商务商业模式创新设计，并从长远的角度来制订企业的电子商务战略。美国的易贝（eBay）和亚马逊（Amazon）等所取得的成功实质上都是电子商务商业模式的成功。

企业选择的电子商务商业模式可以促进企业战略的实现，等到电子商务无处不在的时候，电子商务商业模式可能会直接决定企业的发展方向和命运。很多企业开展电子商务应用时，往往重电子，轻商务；重模仿，轻创新。从开展电子商务开始就存在急功近利的投机思想，盲从、非理性在一段时间占了上风，缺乏系统的思考和长远的战略规划，这也是 2000 年网络泡沫化危机形成的重要原因。

成功的电子商务商业模式可以使企业获得两种竞争优势。第一，电子商务商业模式改进原业务重要流程或特性进行，从而提高运作效率，并降低成本，如在对客户的管理中引入互联网服务的策略；第二，电子商务商业模式对原业务进行创新性的突破，创造了新的价值，如开拓新市场、改革行业的标准或规则。第一种优势在一定的内外部环境下可能会转化为另一种优势。比如，戴尔将互联网和强大的第三方物流相结合，通过建立全新的网上直销渠道，形成了上述第二种优势。

电子商务商业模式能够提供独特的价值，也很容易招来同行模仿。无论多么适合的电子商务商业模式都会随着客户需求、市场状况和竞争威胁的变化而失去存在性。所以，商业模式创新是永恒的主题。目前出现的企业电子商务应用创新度是不同的，大致有三种类型：第一种是传统商务活动的自动化或在线实现；第二种是在原有商务活动的基础上增加新的功能或网络化商务改进；第三种是 Internet 环境下特有的，是传统商务不可能出现的电子商务形式，即使是同一种类型，不同的企业在具体实施时也会有差别。如易贝的成功，不仅仅是因为它比其他的网络拍卖公司抢跑了几步，更重要的是易贝没有其他拍卖网站头疼的库存问题。

创新的电子商务商业模式对一个企业的意义重大，不仅可以创造新价值，更重要的是能够建立比较长期的竞争优势。因此对电子商务商业模式的保护，尤其是利用专利保护也是势在必行。目前电子商务模式在美国、欧洲和日本都可以申请专利，但是电子商务商业模式专利申请问题却存在着争议：没有专利的保护，电子商务商业模式创新很快会被扩散。比如，八佰拜、8848等网站都出现克隆事件，不仅有损于网站的品牌，而且也有损于消费者对网站的信任度。为了鼓励创新，进行某种程度的电子商务商业模式专利保护是有必要的。但商业模式作为专利来保护，也可能会影响电子商务的发展速度。

在考虑电子商务企业商业模式设计问题时，首先，一定要有电子商务也是商务的理念。好的电子商务商业模式可以促进企业战略的实现，甚至电子商务商业模式直接决定企业的发展方向和命运。其次，一定要注重对企业战略目标以及企业电子商务应用的外部环境以及自身资源与能力的分析。电子商务商业模式的创新设计从根本上服从于企业的战略目标。电子商务商业模式的创新设计是企业电子商务战略的重要方面。电子商务商业模式要能充分利用网络经济环境下的外部机会以及企业内部优势建立企业持久的业务竞争优势。

在进行企业电子商务商业模式具体内容的创新设计时，一般至少应深入思考商业模式中如下几个方面的问题。

1. 对价值模式的思考

根据企业战略分析，如何进行市场定位？如何为客户创造价值，是电子商务商业模式的核心内容。通过价值模式的设计，应明确企业定位于什么市场，为哪些客户创造什么价值，哪些产品或服务可包含这些价值，也就是明确自己的市场定位。价值模式的思考更多的应该从客户角度去思考。企业只有为客户提供有价值的产品和服务，才能拥有足够的客户和潜在客户，企业才能有存在和发展的必要。

2. 对收入模式的思考

如何为企业取得收入，也是电子商务商业模式的核心内容。通过收入模式的设计，应明确企业主要有哪些收入来源？可从哪些产品或服务取得收入，如广告费、订阅费、佣金、服务费、转介费、生产增值、销售增值等。企业必须有收入来源。在这一点上，电子商务与传统商务是一样的。有一定收入来源，企业才有存在和发展的基础。这是2000年很多网络公司失败的教训所在。

3. 对定价模式的思考

在网络环境中如何为所提供的产品或服务定价？比如，可能的定价模式有：免费、固定价格、一对一议价、拍卖、逆向拍卖、实物交换等，到底采取哪一种？这是任何在线交易必须考虑的问题。

4. 对运营模式的思考

企业为客户提供价值输出，必须进行哪些支持这些价值的活动，这些活动如何相关？执行这些活动需要什么样的组织结构和机制，需要企业拥有哪些能力？这些能力的来源和持久性又如何？企业的活动一般都要成本，成本结构又如何？

另外，传统商务与电子商务的结合是近年来人们普遍关注的问题。传统商务和电子商务各有优势，结合两者的优势可能会产生有竞争力的商业模式。电子商务商业模式既可以来自于互联网环境下各种市场资源的再组织，即创新的电子商务商业模式，也可以来自于对传统商业模式的转变，即进化的电子商务商业模式。

三、电子商务商业模式分类

电子商务从不同的角度出发，有不同的分类方法，并且由于电子商务的参与者众多，如企业、消费者、政府、接入服务的提供商（ISP）、在线服务的提供者、配送和支付服务的提供机构等。他们的性质各不相同，可以分为 B（Business）、C（Customer）、G（Government）。由此形成了 B2B、B2C、C2C、B2G、C2G 等电子商务模式。目前应用范围比较广泛的是 B2C、B2B、C2C 三大类。

1. B2C 模式

B2C（Business to Customer）电子商务是指企业与消费者之间以 Internet 为主要服务提供手段进行的商务活动。它是一种电子化零售模式，采用在线销售，以网络手段实现公众消费和提供服务，并保证与其相关的付款方式电子化。它是随着 WWW 的出现而迅速发展起来的，目前在 Internet 上遍布各种类型的网上商店和虚拟商业中心，提供从鲜花、书籍、饮料、食品、玩具到计算机、汽车等各种消费品和服务。WWW 网上有很多这一类型电子商务成功应用的例子，如全球最大的虚拟书店 Amazon.com，为了获得消费者的认同，网上销售商在"网络商店"的布置上往往煞费苦心。网上商品不是摆在货架上，而是做成了电子目录，里面有商品的图片、详细说明书、尺寸和价格信息等。

网上购买引擎和购买指南还不时帮助消费者在众多的商品品牌之间做出选择。消费者对选中的商品只要用鼠标轻轻一点，再把它拖到网络的"购物车"里就可以了。在付款时消费者需要输入自己的姓名、家庭住址以及信用卡号码，点击回车键，一次网上购物就轻松完成。为了消除消费者的不信任感，大多数网上销售商还提供免费电话咨询服务。

亚马逊网上书店（http://www.amazon.com）如图 2-4 所示，是国外较成功的 B2C 网站。亚马逊网上书店的绝大部分顾客都是个人购买者，在书籍和音乐在线销售和零售商间的竞争十分激烈的情况下，由于书籍和音乐都是标准化产品，因此消费者更看重的主要是低价格、能否快速送货、良好的退货政策以及有用的客户服务等。其网上业务主要包括以下几种。

图 2-4 亚马逊网上书店首页

（1）零售

亚马逊书店是世界上最大的在线书店，也是在线书籍市场的领导者。它为超过 150 个国家的 1700 万顾客服务，并出售数百万种商品。为了开拓国际市场，亚马逊网站上建有"International"链接，以方便浏览者访问亚马逊针对非美国消费者的网站（中文版网站是 http://www.joyo.com）。

（2）拍卖

亚马逊在网站上为全球的个人和小企业提供拍卖服务。它采用的是单向拍卖，即只有一个买家或一个卖家，其他人参与竞价。

（3）特色服务

亚马逊的关键特色有方便快捷地浏览和搜索、专家书评、针对个人的购买建议、较低的价格、电子钱包及安全支付系统等。亚马逊网站还提供其他服务以使得在线购物更加有趣。如,随季节而变的礼品创意与服务;向顾客提供免费的电子动画贺卡等。

(4) 客户管理

亚马逊借助其高度自动化的、高效率的后台系统,实现客户关系管理和保持顾客亲密度。当顾客再次访问亚马逊网站时,系统将识别顾客身份,并显示类似"欢迎再次光临,梅里尔"这样的欢迎语,同时根据该顾客以前购买的书籍种类推荐新书。

亚马逊网站跟踪顾客的购物历史,并通过电子邮件寄发购买建议,以吸引回头客。亚马逊还提供详细的产品描述和产品评级以帮助顾客做出购买决定。这些努力带来了令人满意的购物体验,并促使顾客再次访问该网站。

2. B2B 模式

B2B(Business to Business)电子商务是商业对商业,或者说是企业间的电子商务交易模式,即企业与企业之间通过互联网进行产品、服务及信息的交换。目前,世界上 80%的电子商务交易额是在企业之间,而不是企业和消费者之间完成的。

思科是全球路由器、交换机和其他网络互联设备的领导厂商。从 1991 年开始,思科公司使用增值网提供电子化支持,包括软件下载、故障跟踪和技术建议。1994 年春,思科将服务系统放到网上,并把网站命名为"思科连接在线"(Cisco Connection Online,CCO http://www.cisco.com/cn/),CCO 被认为是一种成功的 B2B 电子商务模式。思科从 CCO 获得的好处有以下几方面。

(1) 降低订单处理费用

通过从 1998 年开始的将网上订单处理流程自动化,思科每年节约了 3.63 亿美元。

(2) 提高技术支持和客户服务效率

通过将 85%的技术支持和客户服务放到网上进行,思科的服务效率每年增加 2.5 倍。

(3) 降低费用

1998 年,顾客直接从网站上下载思科最新的软件版本,为公司节约了 1.8 亿美元的复制、包装和发行成本;降低技术支持人员费用约 1.25 亿美元。

(4) 交货周期缩短

交货周期从 4~10 天减少到 2~3 天。

3. C2C 模式

C2C(Customer to Customer)电子商务是消费者对消费者的交易,简单地说就是消费者本身提供服务或产品给消费者。C2C 商务平台就是通过为买卖双方提供一个在线交易平台,使卖方可以主动提供商品上网拍卖,而买方可以自行选择商品进行竞价。淘宝、拍拍等是典型的 C2C 电子商务模式。

C2C 交易平台上交易产品丰富、范围广并且以个人消费品为主。因为 C2C 交易本质上也是网上撮合成交,通过网上或者网下的方式进行交易。以交易者网上竞拍为例,C2C 交易流程如下。

① 交易者登录 C2C 类型网站,注册相关信息。

② 卖方发布拍卖商品的信息,确定起拍价格和竞价幅度、截止日期等信息。

③ 买方查询商品信息,参与网上竞价过程。

④ 双方成交,买方付款,卖方交货,完成交易。

易趣网(http://www.eachnet.com/)是我国著名的电子商务公司,其首页如图 2-5 所示,于 1999 年由邵亦波和谭海音合作创办。创业之初,易趣将 C2C 服务作为发展重点,努力打造成能促进个人物品交易的平台。目前,易趣网上交易活跃,每30秒有新登商品,每10秒有人出价,每60秒有商品成交。其用户可以通过在线交易平台以竞价和定价形式买卖各式各样的物品。该网站特点如下。

图 2-5　易趣网首页

(1) 新品比例增加

易趣不仅是处理闲置物品的平台,网站上出现的新品比例也在不断增加。受消费水平限制,我国二手商品资源缺乏。于是易趣鼓励新品上网交易。随着新品的激增,商品范围也迅速扩张。易趣网站上商品的分类从初期的只有300多个细分类发展到15大分类,150多个二级分类,500多个三级的商品细分类。

(2) 易趣的交易方式随内容而变动

随着商品范围的增加,原有单一的拍卖式交易方式已不能满足需要,易趣推行的定价销售方式受到了用户的欢迎。为满足不同人群的需要,易趣又适时推出了一系列全新的交易方式,包括无底价竞标、有底价竞标、定价出售、一口价成交等五种交易方式。

(3) 易趣的支付方式多种多样

易趣早期采用了邮局汇款、银行卡、手机等支付方式,此后,易趣又推出了"易付通"服务。在卖家和买家交易过程中,买家可以先将钱打入易趣特设的一个账户中,一旦钱到位,易趣会马上通知卖家发货;买家收到货并对货物的数量和质量没有疑义,易趣才会将钱支付给卖家,有效解决了信用风险问题。

(4) 开设企业增值服务

现有增值服务内容包括网上支付、物流配送和短信息服务。其中,网上支付的表现在于易趣与招商银行、广州银联、中国银行、中国农业银行、中国建设银行和中国工商银行等合作,提供网上支付服务。物流配送方面,易趣与5291.com、快马速递、齐讯速递等物流企业等合作,提供面向个人用户的物流解决方案,目前有易付通和易趣推荐速递两种形式。易趣短信息服务有易趣与中国移动合作共建易趣短信息服务系统,通过订阅短消息,用户可以享受交易提醒、成交通知、买家留言传送等即时功能。

第五节　服装电子商务模式

目前我国服装电子商务得到了快速的发展，从 2007 年开始服装电子商务步入了成熟期，服装服饰类产品成了我国网购的第一大商品，出现了数量众多的服装电子商务平台，这些电子商务平台概括起来，可以分为以下几种模式。

一、典型的服装电子商务模式

1. 网上服装市场

网上服装市场类似于阿里巴巴等网站，主要提供给服装企业开展服装批发业务，目前主要有两种类型的网上服装市场，一种是完全虚拟的网上服装市场，如衣联网和中国服装批发网；另一种是基于实体服装市场的网上服装市场，典型代表就是白马服装网。

2. 自有品牌的纯电子商务模式

该模式也称为"贴牌模式"，以 PPG 和凡客诚品（VANCL）为代表，这些服装电子商务企业属于轻资产、重渠道的"轻公司"，企业拥有自己的服装品牌，但生产、物流等过程通过外包来完成。该模式抓住了服装产业链最核心的一端来赚取利润，但需要通过大量广告来提高品牌知名度与美誉度。

3. 网络直销模式

该模式是服装企业通过电子商务直接面对消费者，减少了中间环节，可看成是服装厂商的"衍生模式"，如李宁、报喜鸟等。这类 B2C 公司则依托原有厂商资源，自建电子商务公司，形成立体的网购和实体店相结合的销售渠道，更加便于消费者亲身体验，品牌信任度也较高。

二、新型服装电子商务模式

随着服装电子商务的不断发展，出现了一些新型的服装电子商务模式，如服装 B2B2C、O2O 等模式。

1. 服装 B2B2C 模式

B2B2C 是 B2B 和 B2C 两种电子商务模式的整合，将两个商务流程衔接起来，从而形成一种新的电子商务模式。第一个 B 是生产商或供应商；第二个 B 是电子商务网站（交易平台），平台绝非简单的中介，而是提供高附加值服务的渠道机构，拥有客户管理、信息反馈、数据库管理、决策支持等功能的服务平台；C 是消费者。B2B2C 定义包括了现存的 B2C 和 C2C 平台的商业模式，更加综合化，可以提供更优质的服务。根据 B2B2C 电子商务的概念，服装 B2B2C 电子商务的模型如图 2-6 所示。

目前服装 B2B2C 模式的商务平台主要有天猫商城（www.tmall.com）、衣服网（www.yifu.com）、锦兰服饰平台（www.jinlanfushi.com）等。

2. 服装 O2O 模式

O2O 模式不同于传统电子商务的 B2C 模式，是线上到线下的一种销售模式，即线上与线下相结合的模式，实现了线上与实体店资源的有效互动性，从而提高销售量。

服装企业已经开始尝试 O2O 模式，如美特斯邦威、优衣库、歌莉娅和绫致，这些企业通过不同的方式进行 O2O 的尝试。美特斯邦威采用生活体验店模式，绫致采用私人定制模

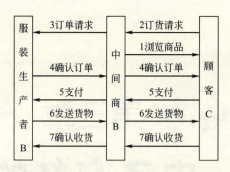

图 2-6　服装 B2B2C 电子商务的模型

式等。

思考与讨论 ▶▶

1. 如何理解电子商务的框架？
2. 什么是商业模式？商业模式的设计要素有哪些？
3. 你对电子商务的商业模式是如何理解的呢？
4. 电子商务商业模式的分类有哪些？
5. 服装电子商务模式有哪些？
6. 讨论 O2O 模式的在服装行业中的应用。

实践 ▶▶

1. 调查国内外知名服装企业（如杉杉、雅戈尔、七匹狼、耐克、阿迪达斯等）在电子商务商业模式方面的运用情况。
2. 了解新型电子商务商业模式的应用及其发展趋势。

第三章
电子商务的支撑技术

学习目标
- 了解电子商务系统中应用到的计算机网络与 Internet 技术。
- 理解数据库技术在电子商务中的应用。
- 掌握网络支付的原理与方法。
- 理解并掌握电子商务中的安全问题及安全体系框架。
- 理解并掌握电子商务中的网络平台的完全技术。
- 理解并掌握电子商务中贸易安全技术。

 引例

社交网络助力企业发展

现在,社交网络已经成为越来越多的企业开展业务的工具。许多公司依靠分布式问题解决方案,利用公司内外部的客户和专家的脑力资源,以获得突破性的思考。搜索信息、阅读和回复电子邮件以及与同事沟通合作,这些事宜占用了一个典型知识型员工大约 60% 的时间,而通过使用社交技术,可以提升 25% 的劳动生产率。全球性 IT 服务供应商源讯(ATOS)承诺到 2014 年实现零电子邮件,通过合作性社交网络平台代替内部邮件,以此来提升员工生产率。

利用社交网络公司也变得更有渗透力,可以迅速跨越不同部门,并利用专业知识武装团队。例如,卡夫食品公司投资建设更为高效的社交技术平台,可以支持微博、标记内容以及创建和维护项目群体(如定价专家)。这一做法的好处包括知识分享的加速、更短的产品开发周期和更快速的竞争回应时间。同时,社交属性可以成为任何数字化沟通或交易的一部分——可以嵌入产品、市场和商业系统中。用户如果"喜欢"某些事物,可能很快就可以得到他们"想要"的东西,由此将商业企业与客户互动的程度提升到新的水平。大型百货商场梅西百货使用 Facebook 的"喜爱"功能决定未来服装设计的颜色。在广播电视业,欧洲的 RTL 集团使用社交媒体针对最受欢迎的节目如 X Factor 等创建观众反馈流程。RTL 根据忠诚粉丝的稳定反馈得以微调每一集的情节。

资料来源:麦肯锡中国(www.mckinseychina.com)

完善的电子商务需要网络、数据库、信息安全等众多技术的支撑，网络提供了世界范围内的信息交流的平台，数据库及相关技术提供了商务过程数据的存储处理方法，信息安全是商务过程得以顺利进行的保障。了解这些技术是开发和管理电子商务所必需的，本章主要对网络、数据库、安全和在线支付进行详细的论述。

第一节 计算机网络与 Internet 技术

网络技术是电子商务所有支持技术中的基础和最底层的，现代电子商务就是基于网络（特别是 Internet）的，我们现在讲的网络主要是指计算机网络。下面我们从网络的组成、作用、通信协议及 Web 技术几个方面介绍计算机网络与 Internet 技术。

一、计算机网络的概念与功能

1. 计算机网络的概念

所谓计算机网络就是把分布在不同地理区域的具有独立功能的计算机与专门的外部设备用通信线路按照网络协议互连成一个规模大、功能强的信息系统，从而使众多的计算机可以方便地互相传递信息，共享硬件、软件、数据信息等资源。

纵观计算机网络的发展可以发现，它与其他事物的发展一样，也经历了从简单到复杂，从低级到高级的发展历程。在这发展过程中，计算机技术与通信技术紧密结合，相互促进，共同发展，最终导致了计算机网络，因此，计算机网络是现代计算机与通信技术相结合的产物。1969 年，世界上第一个数据包交换计算机网络——美国的分组交换网 Arpanet 投入运行，标志着现代通信时代的开始。在随后几十年里，计算机网络得到飞速的发展，计算机网络在现代信息社会中扮演着重要的角色。Arpanet 网络已从最初四个结点的一个广域网发展为横跨全球一百多个国家和地区，连接几万个网络、几百万台计算机、几亿用户的 Internet。Internet 是当前世界上最大的国际性计算机互联网络，而且还在发展之中，它的影响日益扩大。

2. 计算机网络的功能

计算机网络的产生源于资源共享的需求，随着计算机和通信技术的发展，计算机网络的功能也在不断发展，新的功能不断出现，概括起来主要有以下几点。

（1）资源共享

这是计算机网络的基本功能，资源共享包括共享硬件资源、数据和软件资源。

（2）数据通信

数据通信能力是计算机网络最基本的功能。利用计算机网络可实现各计算机之间快速、可靠地互相传送数据，进行信息处理。如电子邮件、BBS、远程登录（telnet）与信息浏览等通信服务。

（3）均衡负载

均衡负载是指工作被均匀地分配给网络上的各台计算机系统，从而避免出现某个计算机的负荷过大。网络控制中心负责检测和分配任务，当某台计算机负荷过重时，系统会自动转移负荷到较轻的计算机系统去处理。通过负载均衡处理扩展计算机系统的功能，提高了系统的可靠性和性价比。

（4）分布处理

对于一些大型任务，可以通过网络分散到多个计算机上进行分布式处理，也可以使各地的计算机通过网络共同协作，进行联合开发、研究等。

二、网络的组成

所谓网络，就是指处于不同地理位置的多台具有独立功能的计算机通过某种通信介质连接起来，并以某种网络硬件和软件（网络协议、网络操作系统等）进行管理并实现网络资源通信和共享的系统。根据上面的定义，可以从两个角度来理解计算机网络的组成，一种是按照计算机技术的标准，将计算机网络分成硬件和软件两个部分另一种按照网络中各部分的功能，将网络分成通信子网和资源子网两部分。

1. 计算机网络的硬件组成

网络硬件是计算机网络系统的物质基础，主要包括各种计算机及其附属设备、连接设备等，随着计算机技术和网络技术的发展，网络硬件日趋多样化、功能更加强大、更加复杂。根据其功能不同，可以把这些硬件分为以下几类。

（1）服务器

服务器是指在网络中提供服务的设备，是整个网络的中心。服务器为网络提供服务，根据服务器所提供的服务不同，服务器可以分为数据库服务器和邮件服务器等。服务器的工作负荷很重，这就要求它具有高性能、高可靠性、高吞吐能力、大存储存量等特点，因此，实际使用时应选那些CPU、存储器等方面性能都很好，并在设计时充分考虑散热等因素的专业服务器，确保网络的效率和可靠性。

（2）工作站

当一台计算机连接到网络时，它就成为网络中的一个节点，成为网络的一个客户，使用网络所提供的服务。工作站为它的操作者服务，不像服务器要为网络中所有的客户提供服务，所以对性能的要求不是很高，一般可用普通的PC机担当，随着技术的发展，现在的智能手机通过无线方式都可以接入网络，充当工作站的角色。

（3）连接设备

网络间的连接设备，种类非常多，但是它们完成的工作大都相似，主要是完成信号的转换和恢复，如网卡、调制解调器等。网络连接设备直接影响网络的传输效率。

（4）传输介质

传输介质是网络中的通信线路，是网络中物理通道的物质基础。在计算机网络中要使不同的计算机能够相互访问对方的资源，必须有一条通路能够将它们连接起来，这条通路就是人们常说的物理通道。传输介质包括有形介质和无形介质两大类，有形介质有双绞线、向轴电缆或光缆等，无形介质包括无线电、微波、卫星通信等，它们具有不同的传输速度和传输距离，分别支持不同的网络类型。

2. 计算机网络的软件组成

要建立一个完整的计算机网络，除了必要的硬件之外，相应的网络软件也是必不可少的。网络软件通常包括网络操作系统和网络协议软件。

（1）网络操作系统

在网络系统中每个用户都可以使用系统中的各种资源，这就有可能造成系统混乱、数据的破坏和丢失等问题，为此，就需要一个软件网络资源进行全面的管理，进行合理的调度和分配，网络操作系统就扮演着这个角色。

网络操作系统是运行在网络硬件基础之上的，为网络用户提供共享资源管理服务、通信服务、网络系统安全服务及其他网络服务的软件系统。网络操作系统是网络的核心软件，系统需要网络操作系统的支持才能运行。

(2) 网络协议软件

网络中的计算机依靠网络协议实现互相通信，网络协议要通过具体的网络协议软件的运行支持才能工作。所有计算机网络中服务器和工作站上都运行着相应的网络协议软件。

3. 通信子网和资源子网

计算机网络中各计算机之间通过通信介质和通信设备进行通信，在此基础上各计算机可以通过网络软件共享网络中的硬件资源、软件资源和数据资源，也就是说网络中各组成部分主要完成通信和资源共享这两个功能。因此，可以把计算机网络中实现网络通信功能的设备及其软件的集合称为通信子网，而把网络中实现资源共享的设备和软件的集合称为资源子网，如图 3-1 所示。

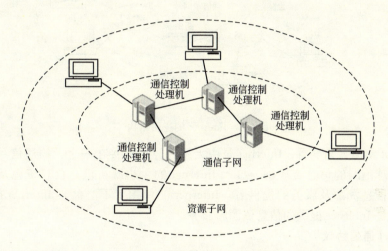

图 3-1 计算机网络的基本结构

(1) 资源子网

资源子网是由各计算机系统、终端控制器和终端设备、软件和可供共享的数据库等组成。资源子网主要负责全网的信息处理，向网络用户提供各种网络资源和网络服务，这些资源原则上可被所有用户共享。

(2) 通信子网

通信子网的主要任务是将各种计算机互联起来，完成数据之间的交换和通信处理。它主要包括通信线路（即传输介质）、网络连接设备（如网络接口设备、通信处理机、网桥、路由器、网关、调制解调器、多路复用器、卫星地面站等）、网络通信协议、通信控制软件等。

三、Internet 技术

Internet 又称为"因特网"，是全球最大的、最具影响力的、开放的、由众多网络和计算机通过电话线、电缆、光纤、卫星及其他远程通信系统互联而成的超大型计算机网络。通过 Internet，用户可以实现全球范围内的电子邮件、WWW 信息查询和浏览、电子新闻、文件传输、语音和图像通信服务等功能。

Internet 联入分布在世界各地的计算机，并按照"全球统一"的命名法则为所访问的计算机命名，通过了"全球统一"的协议来协调计算机之间的通信，TCP/IP 协议为任何一台计算机联入 Internet 提供了技术保障。Internet 让世界变成了一个整体，每个用户都成为这个整体中的一部分。对用户开放和服务提供者开放是 Internet 最显著的特点，也是它取得成功的重要原因，这个特点也是促成基于 Internet 的电子商务发展的动力源泉。

1. Internet 的基本结构

从 Internet 的结构角度看，它是一个使用路由器将分布在世界各地的、数以万计的规模大小不等的计算机网络互联起来的大型互联网络，逻辑结构如图 3-2 所示。

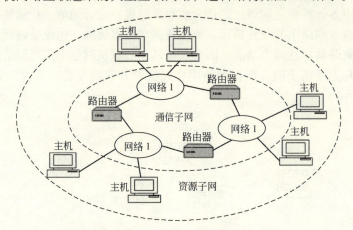

图 3-2　Internet 的逻辑结构

从 Internet 使用者角度看，Internet 是由大量计算机连接在一个大的通信系统平台上而形成的一个全球范围的信息资源网。接入 Internet 的主机既可以是信息资源及服务的使用者，也可以是信息资源及服务的提供者。Internet 的使用者不必关心 Internet 的内部结构，他们面对的只是 Internet 提供的信息资源和服务。

2. Internet 通信协议

世界各地的网络都可以接入 Internet 成为其中的一个子网，且不要求这些子网中的计算机具有相同的类型和操作系统，如使用 WINDOWS、UNIX 和 LINUX 都可以，也就是说 Internet 是一个复杂的异构结合体，那么在这样一个复杂的系统中，如何保障 Internet 正常工作就是一个非常重要的问题。解决问题的方法就是要求所有接入的计算机都使用相同的通信协议。Internet 通信协议主要有 ISO 协议和 TCP/IP 协议，Internet 目前使用的是 TCP/IP 协议。

计算机之间的通信过程与人们之间的交谈过程非常相似，只是前者由计算机来控制，后者由参加交谈的人来控制，交谈相互必须使用同一种语言，否则就得需要翻译来完成信息的转换。TCP/IP 协议是一种计算机之间的通信规则，它规定了计算机之间通信的所有细节。它规定了每台计算机信息表示的格式与含义，计算机之间通信所要使用的控制信息，以及在接到控制信息后应该作出的反应。在众多的网络协议中，TCP/IP 协议能得到广泛的应用，是因为它具有以下几个特点。

① TCP/IP 协议采用电传确认与"窗口"流量控制机制保证了数据传输的可靠性。

② TCP/IP 协议保证了不同计算机系统之间的可操作性。

③ TCP 协议对端到端连接的控制功能，以及 IP 协议对分组的保护，提高了数据传输的稳定性。

④ TCP/IP 协议适用于异型机与异型网的互联，提高了组网的灵活性。

3. IP 地址和域名

网络协议解决了网络中计算机之间信息相互理解的问题，此时还有一个问题需要解决，那就是在数以万计的计算机中，如何唯一地标识某台计算机。这也是计算机之间正确通信的基础，否则就有可能出现给 A 的信息，传递到 B 或 C 那边去的可能，这是绝对不允许的。解决这个问题的方法就是采用 IP 地址或域名。

(1) IP 地址

Internet 中采用 IP 地址来唯一地标识 Internet 上的每台计算机，如果我们把网中的计算机看作是电话的话，那么 IP 地址就像是该电话所对应的电话号码。一台 Internet 计算机至少有一个 IP 地址，而且这个 IP 地址是唯一的。

IP 地址采用分层结构，IP 地址是由网络号与主机号两部分组成的，其中，网络号用来标识逻辑网络，主机号用来标识网络中的一台主机。

IP 地址分为 IPv4 与 IPv6 两大类。IPv4 是目前使用的 IP 协议，IP 地址长度为 32 位，为了方便用户理解与记忆，通常采用 x.x.x.x 的格式来表示，每个 x 为 8 位。例如苏州大学网站的 IP 地址为 202.113.29.119，每个 x 的值为 0-255。

IPv4 采用 32 位地址长度，只有大约 43 亿个地址，地址几乎被分配完毕，地址空间的不足必将妨碍互联网的进一步发展，为了扩大地址空间，提出 IPv6 以重新定义地址空间。IPv6 是下一版本的互联网协议，采用 128 位地址长度，几乎可以不受限制地提供地址。在 IPv6 的设计过程中除解决了地址空间小的问题外，还考虑了在 IPv4 中解决不好的其他一些问题，主要有端到端 IP 连接、服务质量、安全性、多播、移动性、即插即用等。

(2) 域名系统

IP 地址为 Internet 提供了统一的编址方法，直接使用 IP 地址就可以访问 Internet 中的主机。但 IP 地址记忆比较困难且不容易理解，因此，Internet 上专门设计了一种字符型的主机命名机制。Internet 上的主机可有一个域名，也可有多个域名，但每个域名只能对应唯一的 IP 地址，这样访问一台主机即可以使用它的主机名，也可以使用它的 IP 地址。域名与 IP 地址的对应关系通过域名系统（DNS）来管理。

为了有效管理域名，域名系统也采用层次结构命名机制，就是按层次结构依次为主机命名。域名系统将整个 Internet 划分为多个顶级域，并为每个顶级域规定了通用的顶级域名。在域名地址表达式中，最右边的是高层次的域名（顶级域名），最左边的是主机名，自左向右，右边的域是左边域的上一级域，域与域之间用圆点隔开。实际上，主机域名的一般格式是：主机名．单位名．类型名．国家代码。

4. Internet 基本服务功能

随着 Internet 的高速发展，目前 Internet 上的各种服务已多达上万种，其中多数服务是免费提供的。而且随着 Internet 商业化的发展，它所能提供的服务将会进一步增多。Internet 的网络服务基本上可以归为两类：一类是提供通信服务的工具，如电子邮件（E-Mail）、Telnet 等；另一类是提供网络检索服务的工具，如 FTP、WWW 等。

(1) 电子邮件

电子邮件（E-mail 或 Electronic mail）是指 Internet 上或常规计算机网络上的各个用户之间，通过电子信件的形式进行通信的一种现代邮政通信方式。

(2) 文件传输 FTP

FTP 是文件传输协议（File Transfer Protocol）以及使用该协议的文件传输程序的缩写。所谓文件传输指的是将文件（而不是报文）从一台计算机上发送到另一台计算机上，传输的文件可以包括电子报表、声音、编译后的程序以及字处理软件的文档文件。

(3) 远程登录 Telnet

远程登录可以使本地计算机连接到一个远程的计算机上，执行储存在其他机器上的程序，但前提是必须有对远程计算机的使用权。登录以后的本地计算机就可以成为这个远程计算机的终端，就像在本地一样，可以使用远程计算机允许使用的各项功能。

(4) WWW 服务

WWW（World Wide Web 的缩写）也称万维网或 Web，是一个基于超文本（Hypertext）方式的信息查询工具，它最大特点是拥有非常友善的图形界面，非常简单的操作方法以及图文并茂的显示方式。后文会较为详细地介绍这方面的知识。

(5) 电子公告牌 BBS

BBS（Bulletin Board System）原意为"电子公告牌"，是有许多人参与的论坛系统。由于用户需求的不断增加，BBS 现在的功能十分强大，大致包括信件讨论区、文件交流区、信息布告区和交互讨论区这几部分。

第二节　Web 技术及应用

Web 技术的出现是 Internet 发展中的一个里程碑。Web 服务是 Internet 上最方便与最受欢迎的信息服务类型，它的影响力已远远超出了专业技术范畴，并已进入电子商务、远程教育与信息服务等领域，已成为电子商务系统的软件基础。

一、Web 工作原理

Web 是对信息的存储和获取进行组织的一种思维方式，现在 Web 已经成了浏览、信息出版以及在 Internet 和 Intranet 上执行交易的标准，它原来是一组简单的协议和格式，现在成为复杂的多媒体出版及信息取用的场所。通过 Web 技术，可以收集世界上分布式的文件，并将其转换成网页放置在服务器上，服务器能对一些询问的请求加以回复，PC 的使用者可以借助浏览器寻找及察看位于服务器上面的文件及显示出多媒体的资料。

Web 系统的结构采用了客户机/服务器模式，以超文本标注语言（HTML）与超文本传输协议（HTTP）为基础，能够提供面向 Internet 服务的、一致的用户界面的信息浏览系统。图 3-3 显示了 Web 的工作原理。

Web 中的信息资源以网页的形式存储在 Web 服务器中，用户通过 Web 客户端程序（浏览器）向 Web 服务器发出请求，Web 服务器根据客户端请求内容，将保存在 Web 服务器中的某个页面发送给客户端，浏览器接收到该页面后对其进行解释，最终将图、文、声并茂的画面呈现给用户。可以通过页面中的链接，方便地访问位于其他 Web 服务器中的页面，或是其他类型的网络信息资源。

Web 系统中的信息是以超文本和超媒体的形式组织的，超文本和超媒体是 Web 系统的基础。超文本是用超链接的方法，将各种不同空间的文字信息组织在一起的网状文本，通过超链接，允许从当前阅读位置直接切换到超文本链接所指向的文字。超媒体进一步扩展了超文本中超链接的信息类型，用户不仅可以超链接到一个文本，还可以超链接到一段音乐、视频、图片等内容。

二、Web 的基本技术

1. 超文本传送协议（hyper-text transfer protocol，HTTP）

HTTP 是一个应用层协议，由请求和响应构成，是一个无状态的协议。HTTP 协议是用

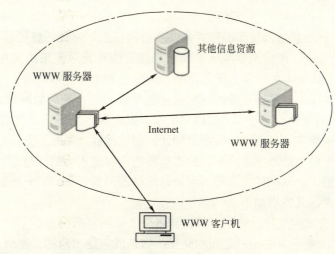

图 3-3　Web 工作原理

于从 Web 服务器传输超文本到本地浏览器的传送协议。它不仅保证计算机能正确快速地传输超文本文档,还确定传输文档中的哪一部分,以及哪一部分内容首先显示(如文本先于图形)等。

2. 统一资源标示(uniform resource locator,URL)

Internet 有如此众多的 Web 服务器,而每台服务器中又包含很多的主页,如何来找到想看的主页呢?这时,就需要使用统一资源定位器(URL)。标准的 URL 由三部分组成:服务器类型、主机名和路径及文件名。

3. 超文本标记语言(hyper-text makeup language,HTML)

HTML 是个可以包含文字、窗体及图形信息的超文本文件的表现语言,其目的是使 Web 页面能显示在任何支持 HTML 的浏览器中,而与联网的机器平台无关。特别需要指出的是,HTML 提供的链接机制是 Web 的本质特性之一。

HTML 文档包括文档的内容和文档的标记。文档的内容是在计算机屏幕上显示的所有信息,如文本和图像等。标记是插在文档中的 HTML 编码,是 Web 浏览器可以理解的格式指令,它规定了一个完整部分的文档格式及在屏幕上的显示方式。

HTML 文档中包含的文档文本和元素,都是以纯 ASCII 文件存在的。HTML 文档中的标记被浏览器解释后,以自己的格式显示这些标记中的文字。在 HTML 中,标记放在尖括号〈〉中。大部分 HTML 标记都有开始标记和结束标记,结束标记在尖括号前加一个斜杠,两者之间是要确定格式的信息。

4. Web 服务器

Web 服务器也称 HTTP 服务器,是储存文件和其他内容的软硬件组合,用于提供 HTTP 及 FTP 等服务,当 Web 浏览器(客户端)连到服务器上并请求文件时,服务器将处理该请求并将文件发送到该浏览器上。本来 Web 服务器只提供"静态"内容,返回 URL 里指定的文件的内容,现在可以采用 ASP 等技术从一个运行的程序里得出"动态"内容。

5. Web 浏览器

Web 客户通常指的是 Web 浏览器。Web 浏览器是个显示 HTML 文件,并让用户与这些文件互动的一种软件,目前常见的网页浏览器包括微软的 Internet Explorer、Netscape Navigator 等。

三、页面

在 Web 环境中，信息是以页面的形式来显示与链接的。网页一般又称 HTML 文件，是一种可以在 Web 上传输、能被浏览器认识和翻译成页面并显示出来的文件。文字与图片是构成一个网页的两个最基本的元素，除此之外，网页的元素还包括动画、音乐、程序等。网页是构成网站的基本元素，是承载各种网站应用的平台。通常看到的网页，大都是以 HTM 或 HTML 后缀结尾的文件。信息页由 HTML 语言来实现，其中可以包含文字、表格、图像、声音、动画与视频等信息内容，页面之间通过超链接建立联系。

页面分为静态页面和动态页面两种，静态页面的内容是不变的，静态网页是网站建设初期经常采用的一种形式。网站建设者把内容设计成静态网页，访问者只能被动地浏览网站建设者提供的网页内容，其特点如下。

① 网页内容不会发生变化，除非网页设计者修改了网页的内容。

② 不能实现和浏览网页的用户之间的交互。信息流向是单向的，即从服务器到浏览器。服务器不能根据用户的选择调整返回给用户的内容。

动态网页其实就是建立在 B/S 架构上的服务器端脚本程序。在浏览器端显示的网页是服务器端程序运行的结果。根据动态网页技术可以实现网站与用户的交流，如服装电子商务网站中可以根据用户输入的查询条件，在用户浏览器上显示出所查询的内容，可以这么说现代电子商务就是建立在动态网页技术的基础上的。

第三节　电子商务系统中的数据管理技术

电子商务活动过程中会涉及商品、顾客及其相互交流等大量信息，这些信息的处理对商务活动具有重要影响。数据管理主要包括数据分类、组织、存储、检索与维护，数据库技术是数据管理技术发展成熟的产物，数据库技术是电子商务的重要支撑技术之一。

一、数据库概述

人们在现实中会遇到各种各样的数据，为了能够从这些杂乱无序的数据中获得有价值的信息，就必须对这些数据进行加工。随着数据量的不断增加，传统的手工方式管理与处理数据已远远不能满足需要，必须用计算机来保存与处理这些数量大且复杂的数据。数据库技术就是在这种社会需求的驱动下发展起来的。

数据库简单地讲就是存放数据的仓库，只不过数据是存放在计算机的存储器（例如硬盘）上，为了便于数据处理，数据必须按一定格式进行存放以便于进行查找等操作。数据库技术就是使数据能按一定格式组织、描述与存储，具有较大的数据独立性与易扩展性，并可为多个用户所共享的一种计算机软件技术。数据库根据数据结构形式可以分为网络数据库、层次数据库和关系数据库，目前主要是以关系数据库为主。

关系数据结构把一些复杂的数据结构归结为简单的二元关系，即二维表格形式。表格中的每一行代表一个实体（称为记录），每一列代表实体的一个属性（称为数据项），而记录的集合称为关系，关系具有以下性质。

① 数据项不可以再分。

② 关系中的列是同性质的（称为属性），属性之间不能重名。

③ 关系中不能出现相同的记录，记录的顺序无所谓。

④ 每个关系都有一个主键，它能唯一地标识关系中的一个记录。

一个关系式数据库可以看成是由多个表格组成。在关系数据库中，对数据的操作几乎全部建立在一个或多个关系表格上，通过对这些关系表格的分类、合并、连接或选取等运算来实现数据的管理。

数据库的出现便于数据的集中管理，也有利于应用程序的研究与维护，提高了数据的利用率与兼容性。数据库具有以下几个显著特点。

① 实现数据共享。
② 减少数据的冗余度。
③ 数据的独立性。
④ 实现数据集中控制。
⑤ 数据的一致性和可维护性。
⑥ 实现故障恢复。

数据库是一个通用化的综合性数据集合，可以供各种用户共享，具有较好的数据独立性。由于多种程序并发地使用数据库，为了能够有效、及时地处理数据，并提供安全性与完整性，就需要数据库管理系统（DBMS）对数据库进行统一控制。

二、数据库在电子商务中的应用

与其他计算机应用系统相比较，电子商务系统中的信息需求更加广泛，在不同层次上都需要数据库的支撑，从底层的数据基础到上层的应用都涉及数据库技术，如图 3-4 所示。电子商务应用的推广和发展对数据库技术提出了新的要求，推动了数据库技术与 Web 技术的全面结合。

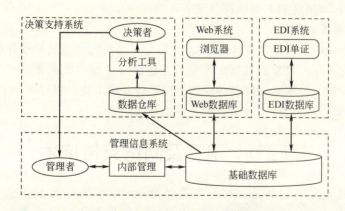

图 3-4　电子商务中的数据库应用

从图中可以看出，数据库技术对电子商务的支持可以概括为数据的收集、存储和组织，决策支持，对 EDI 的支持以及 Web 数据库。

1. 数据的收集、存储和组织

数据是企业的重要资源，是进行各类生产经营活动的基础及结果，是决策的根本依据。对于参与电子商务的企业而言，数据不仅仅来源企业内部生产经营活动中的各类数据，还包括大量的外部数据，如客户数据、购买记录、市场调研、客户反馈等。存储和管理各种商务数据是数据库技术的基本功能，利用数据库技术对数据进行全面及时的收集、正确的存储和有效的组织管理，是充分利用这一重要资源的基础工作。

2. 决策支持

信息技术的广泛应用为企业积累了大量的原始数据，电子商务的应用丰富了企业外部信息来源。利用数据仓库技术，对这些原始数据经过筛选与转换，使数据仓库成为数据挖掘和联机分析（OLAP，On-Line Analytical Processing）等分析工具的资料来源。OLAP 提供用户一便利的多维度观点和方法，可以对数据进行复杂的查询动作。数据挖掘（Data Mining）技术通过自动或半自动的方法分析大量的资料，以创建有效的模型及规则，企业通过数据挖掘可以更了解他们的客户，进而改进他们的产品和服务。

数据挖掘和联机分析等分析工具为企业充分利用电子商务的海量数据进行决策分析提供了有效的技术手段，使得企业可以依据分析结果做出正确的决策，随时调整经营策略，以适应市场的需求。

3. 对 EDI 的支持

EDI 是国际标准化组织将它定义为一种电子传输方法，该方法将贸易、运输、保险、银行和海关等行业的信息，用一种国际公认的标准格式，形成结构化的事务处理的报文数据格式，通过计算机通信网络，在不同计算机间传输。基于 EDI 的贸易过程是：企业内部的管理信息系统依据业务情况自动产生 EDI 单证，并传输给贸易伙伴，而对方传来的 EDI 单证也可以由系统自动解释，并存入相应的数据库，整个过程无需人工干预。由此可见，EDI 的运行离不开数据库的支持，且企业基础数据库和 EDI 系统之间的接口至关重要。这个接口的功能主要有。

① 提供标准的信息格式定义。
② 数据库管理系统的无关性。
③ 自动抽取数据库中的相关数据转化为 EDI 单证格式。
④ 自动抽取 EDI 单证的关键数据存储到数据库中。

4. Web 与数据库的结合

在电子商务系统中，传统数据库与 Web 的结合是必然的，也就是现在提出的 Web 数据库的概念，其实它不是一种新的数据库系统。在这结合过程中就必须解决 Web 应用和传统数据库系统连接问题，特别是如何在传统数据库管理系统中提供更好的 Web 应用访问接口、更多的数据存储和处理类型以及有关异构平台的互联能力。

第四节　电子及网络支付技术

电子商务和其他形式的商务一样必然会涉及支付，传统的支付方式如现金、各种支票等都可以用于电子商务的资金流的处理工作，但这种方式和电子商务的高效、低成本运作是不相符的。电子支付通过电子化手段实现支付结算过程，具有快捷、方便等特点，更符合电子商务运作的需要。目前，电子及网络支付已成为电子商务活动的一个重要的支付手段。

一、电子支付与网络支付概述

1. 电子支付的概念及其发展

在购买、投资等商务活动中，商务伙伴间会发生债权和债务关系，支付是通过银行所提供的中介金融服务业务，结清这种债权和债务关系的一种经济行为。支付过程简单地讲就是实现贸易实体间资金的划拨和转移。传统支付主要是采用现金或纸质票据进行资金的转账。

现金包括纸币和硬币，其中纸币由于成本低、携带方便等特点，逐渐成为货币的主要形式，是本国政府授权发行并强制流通的符号，代表商品流通中所需的金属货币量。支付用的纸质票据主要有汇票、支票和本票三种形式。自 20 世纪 70 年代开始，随着计算机及网络技术的应用和发展，出现了信用卡、电子汇兑等一些新的支付方式，这是应用电子信息技术用于商务支付结算的开始，现在已经出现了很多种电子支付方式。

电子支付（Electronic payment）简单地讲就是通过电子信息技术，以电子数据形式存储、处理货币价值，以电子信息传递形式实现货币价值流通过程。2005 年中国人民银行发布了《电子支付指引（第一号）》，该指引明确给出了电子支付的定义，所谓电子支付是指单位、个人直接或授权他人通过电子终端发出支付指令，实现货币支付与资金转移的行为。电子支付的类型按电子支付指令发起方式分为网上支付、电话支付、移动支付、销售点终端交易、自动柜员机交易和其他电子支付。

和电子支付有密切联系的是网络支付（Net Payment）。运用远程通信、数据库等电子信息技术的电子支付出现在 20 世纪 70 年代，因此比现在的国际互联网（Internet）早。20 世纪 90 年代以后，Internet 在全球范围里的普及和应用，基于 Internet 的电子商务的快速发展标志着网络经济时代的到来，一些电子支付结算方式逐步采用成本更低、使用更方便的公用计算机网络，特别是国际互联网为平台，来实现资金的流通和支付，这就是网络支付。

电子支付从产生到现在大约经历了下列几个不同的阶段。

① 第一阶段是银行利用计算机处理银行之间的业务，办理结算，如中国银行的实时电子汇兑系统。

② 第二阶段是银行与其他机构的计算机之间的资金结算，如代发工资、代收费等。

③ 第三阶段是利用网络终端向客户提供各项银行服务，如在自动柜员机（ATM）上进行存取款等。

④ 第四阶段是利用银行销售点终端（POS）向客户提供自动扣款、转账业务，即"电子支付系统"，它是现阶段电子支付的主要方式。

⑤ 第五阶段是网上支付，电子支付可随时随地通过 Internet 进行直接转账结算，由此形成电子商务交易平台。

2. 电子支付与传统支付的比较

电子支付是在传统支付的基础上发展起来的一种新型支付方式，与传统的支付方式相比，它们的作用相同，但实现手段等方面有很大的区别，电子支付更能适应电子商务的需求，目前逐步成为电子商务的主要支付方式。

首先，电子支付是采用先进的电子信息技术通过数字流来完成信息传输的，其各种支付方式都是通过数字化的方式进行款项支付的。而传统的支付方式则是通过现金的流转、票据的转让及银行的汇兑等物理实体来完成款项支付的。这也就表明电子支付对软、硬件设施的要求很高，一般要求有联网的计算机、相关的软件及其他一些配套设施，而传统支付则没有这么高的要求。

其次，电子支付的工作环境是基于一个开放的系统平台（即互联网），工作环境的开放性有利于更多商家和消费者方便参与和使用，但这也要求电子支付对安全性提出了更高的要求，而传统支付则是在较为封闭的系统中运作。

最后，电子支付与传统支付相比，具有方便、快捷、高效、经济的特点。用户只要拥有一台上网的 PC 机，便可足不出户，在很短的时间内完成整个支付过程。由于电子支付可以真正实现7天24小时的服务保证,因此用户可以在任何时间和地点完成自己的支付过程,方便了用户,电子支付费用仅相当于传统支付的几十分之一,甚至几百分之一。

二、网络支付系统的基本构成和基本流程

1. 网络支付系统的基本构成

网络支付系统主要由Internet、支付网关、金融专用网、支付工具、银行、认证中心组成,其构成如图3-5所示。

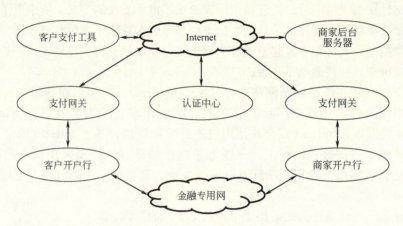

图3-5 网络支付系统的基本构成

客户支付工具包括信用卡、电子现金、电子钱包等,这些工具由客户开户行提供。支付网关是Internet与金融专用网之间的接口,支付信息只有通过支付网关才能进入银行支付系统,进而完成支付的授权与获取。金融专用网则是银行内部及银行间通信的网络,具有较高的安全性,包括中国国家现代化支付系统、中国人民银行的全国电子联网系统等。认证中心负责对参与电子商务活动的客户、商家及支付网关发放数字证书,以确认各方的身份,保证电子商务的安全。

2. 网络支付的基本流程

基于Internet平台的网络支付结算与传统的支付结算在机制和过程上都是相似的,只不过流动的媒介不同,一个是纸质货币与票据,另一个是电子货币。网络支付的方式不同,其具体的支付流程可能会有所差异,通过对目前各种网上支付的流程进行概括,得到网上支付的基本流程,具体描述如下。

① 客户连接Internet,在网上浏览、选择和订购商品,选择网络支付结算工具,并得到银行的授权。

② 客户机对相关订单信息进行加密,在网上提交订单。

③ 商家电子商务服务器对客户的订购信息进行检查、确认,并把经过加密的客户支付信息等转发给支付网关,由银行确认。

④ 银行确认后,通过刚才建立起来的经由支付网关的加密通信通道,给商家服务器回送确认及支付结算信息。

⑤ 银行得到客户转来的进一步授权结算的信息后,把资金从客户账户转至商家银行账户上。

⑥ 商家服务器接受到银行发来的结算的成功信息后,给客户发送网络付款成功信息和发货通知。

三、典型网络支付方式

(一) 信用卡网络支付

1. 信用卡的概念及功能

信用卡出现在 20 世纪 50 年代,早期的信用卡没有电子网络支撑,支付、交易、清算的全过程以手工操作为主。随着电子技术和信息网络的发展,以及银行计算机网络和自动柜员机(ATM)和销售终端的广泛使用,信用卡进入了电子支付的领域。在我国,1985 年中国银行珠海分行发行了中国第一张信用卡"中银卡"后,现在国内的所有银行几乎都发行了自己的信用卡。我国发行的信用卡一般情况下有最长达 50 多天的免息消费额度,前者没有免息期或免息期很短。2002 年,中国成立了自己的信用卡组织——银联。

信用卡是银行或信用卡公司签发的一种信用证明,持卡人可凭卡先消费后还款,具有支付和信贷双重功能,具体功能如下。

① 储蓄功能:信用卡持卡人凭信用卡可在本地或异地存款或取款。
② 汇兑功能:远程或不同账户间的资金划转。
③ 转账结算功能:持卡人凭卡可以先消费后支付。
④ 信贷功能:持卡人可以透支一定的额度。

信用卡跨越了传统支付和电子支付两种支付方式,在目前基于 Internet 的电子商务中,信用卡也是一种重要的支付手段,其原因如下。

① 信用卡支付结算体系的电子化处理易实现。
② 普及率高。
③ 操作简单,在 Internet 上,消费者只需输入卡号和密码就可以实现实时支付。
④ 基础建设费用低,在银行电子化和信息化建设的基础上,银行和网上商店无需太多的投入就可以使用。
⑤ 用户只要能上网,就可以随时随地使用信用卡。
⑥ 目前几乎所有的 B2C 类电子商务网站均支持信用卡支付。

2. 信用卡网络支付

消费者在网上购物时,希望有一种快捷、方便和安全的支付方式。下面介绍一种基于 SSL(Secure Sockets Layer)协议机制的信用卡支付方式。SSL 协议是一种具有高效、低成本、较安全的网信息交互机制,大量应用在目前的网络支付中。

基于 SSL 协议机制的信用卡支付方式就是利用信用卡在网络上支付时遵守 SSL 协议的安全通信和控制机制,以实现信用卡的即时、安全、可靠的网上支付,其网络支付流程如图 3-6 所示。

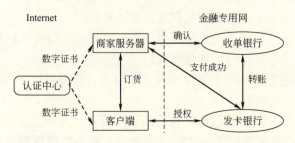

图 3-6 基于 SSL 的信用卡网络支付流程示意图

① 持卡人在网上或到发卡行进行信用卡注册，得到发卡银行的网络支付授权。

② 持卡人在网上商店选购商品。

③ 持卡人确定订货单与资金信息，在选择付款方式中选择信用卡方式及类型，然后提交，提交后会生成一份带有信用卡类别的订货单给商家服务器。

④ 商家服务器向持卡人回复收到订单，但并不确认发货；同时，商家服务器生成相应订单后加上其他与支付有关的信息发送到发卡银行。

⑤ 订单提交后，消费者机器上的浏览器会出现一个提示窗口，提示即将建立本机与发卡银行端网络服务器的安全链接，这时 SSL 协议开始工作。

⑥ 持卡人机器自动验证银行端网络服务器的数字证书，通过验证后，SSL 握手协议完成，这时持卡人机器上的浏览器就和发卡银行的网络服务器建立了一个安全链接通道，浏览器下方会出现一个"闭合锁"，是 HTTPS（Hypertext Transfer Protocol over Secure Socket Layer）通信的标志。

⑦ 出现相应发卡银行的支付页面，显示持卡客户的订单号及支付金额情况，持卡客户填入卡号和密码，然后确认支付，就可以完成用信用卡网上支付。当然，你也可以取消支付，这时的订单也就作废。

⑧ 支付成功后，屏幕会出现将离开安全链接的内容，持卡人确认后，浏览器和银行服务器间的安全连接结束。

⑨ 银行把相应的货款转到商家资金账户上，并发送已付款成功消息给商家。商家收到该消息后，发送收款确认信息给购物者，并承诺发货。

（二）电子现金

1. 电子现金的概念

电子现金是一种以数据形式流通的货币。它把现金数值转换成为一系列的加密序列数，通过这些序列数来表示现实中各种金额的币值。用户在开展电子现金业务的银行开设账户并在账户内存钱后，就可以在接受电子现金的商店购物了。

电子现金也是一种货币，是纸币现金的电子化。和纸币相比较，电子现金具有很多纸币相同的特点和优点，但也有很多纸币没有的优点：

① 电子现金不受时空制约，使用电子现金可以实现异地即时购物，你可以随时通过计算机网络取出你的钱来；

② 电子现金可以快速实现异地转送资金。对于电子现金，它可以通过在计算机互联网络中的地址，将钱寄去，并很快收到，而且还可以避免纸币转送资金带来的安全问题。

2. 电子现金的属性

电子现金应具有以下几个属性。

① 独立性：电子现金不依赖于所使用的计算机系统。

② 货币性：电子现金必须有一定的现金、银行授权的信用或证明的现金支票进行支持。

③ 不可重复性：电子现金只能使用一次。

④ 匿名性：电子现金不能用于跟踪持有者的信息，也就是说，即使银行和商家相互勾结，也不能跟踪电子现金的使用。

⑤ 不可伪造性：用户不能造假币。包括两种情况：一是用户不能凭空制造有效的电子现金；二是用户从银行提取 N 个有效的电子现金后，也不能根据提取和支付这 N 个电子现金的信息制造出有效的电子现金。

⑥ 可传递性：用户能将电子现金像普通现金一样，在用户之间任意转让，且不能被跟踪。

⑦ 可分性：电子现金不仅能作为整体使用，还应能被分为更小的部分多次使用，只要各部分的面额之和与原电子现金面额相等，就可以进行任意金额的支付。

3. 电子现金的网络支付

在应用电子现金进行网络支付时，在客户端、银行和商家服务器都必须安装相应的软件。例如，在客户端安装专门的电子现金客户端软件，在银行服务器上运行相应的电子现金管理软件。为了保证电子现金的安全和可兑换性，银行还应该从第三方 CA 申请数字证书以证明自己的身份，把公开密钥公开出去，用私钥对电子现金进行签名。

电子现金网络支付流程如图 3-7 所示，在电子现金网上支付中涉及三个主体：电子现金的拥有者、发行银行及商家。下面以典型的电子现金实用系统 E-cash 为例说明电子现金的网络支付过程。

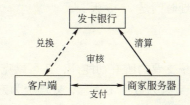

图 3-7　电子现金支付流程图

① 客户需要先在其电子钱包软件中储存 E-cash 硬币，即一定数量的电子现金。
② 客户浏览商户的站点，确定欲购物品的品类、数量及价格等。
③ 客户通过商户的站点递交一份购物表格。
④ 商家收到订单后，即向客户电子钱包发送支付请求，请求内容包括有订单金额、可用币种、当前时间、商户银行、商户的银行账户 ID 及订单描述等。
⑤ 客户钱包将上述信息呈现给客户，请求是否付款。
⑥ 客户同意付款，则将从电子钱包中采集与请求金额值相等的硬币。
⑦ 在将所要支付给商户的硬币值送给商户之前，须用银行的公用密钥加密。
⑧ 商户将接收的硬币值送给银行存入自己的账户。在先送往商户、后送给银行的支付信息中包含有关支付和加密的硬币值的信息。
⑨ 在商户存款期间，支付信息与加密硬币一起被送往银行。
⑩ 在收到支付信息后，作为存入请求的一部分，商户将其送往银行。客户可以用类似的存入信息格式向银行返回专用硬币。
⑪ 在收到有效支付后，商户给用户发送所购商品或收据。

目前电子现金发行机构之间还没有形成统一的技术与应用标准，有关电子现金的网络支付结算体系还在发展中，在美英等国有一些小型的电子现金系统投入实际应用。现在主要的电子现金系统有 DigiCash 公司提供的 E-cash（http：//Web. digcash. com）和在欧洲使用的 Modex（http：//modex. com）。

（三）电子支票

1. 电子支票的概念

电子支票（Electronic Check）是客户向收款人签发的、无条件的数字化支付指令。它可以通过 Internet 或无线接入设备来完成传统支票的所有功能。

电子支票是纸质支票的电子替代物，是纸质支票在网络上的延伸，它包含和纸支票一样的信息，如支票号、收款人姓名、签发人账号、支票金额、签发日期、开户银行名称等，具有和纸质支票一样的支付结算功能，它使用数字签名和自动验证技术来确定其合法性。

电子支票借鉴纸张支票转移支付的优点，是利用数字传递将钱款从一个账户转移到另一个账户的电子付款形式。用电子支票支付，事务处理费用较低，而且银行也能为参与电子商务的商户提供标准化的资金信息，故而可能是最有效率的支付手段。

2. 电子支票与传统支票的比较

（1）传统支票的缺点

传统支票带给人们方便的同时，也存在如下问题。

① 支票的处理成本高。

② 支票的处理速度慢。主要体现在收款人收到支票前的等待时间和兑换支票所需时间较长，一般情况下一张支票处理时间是2～3天。

③ 易伪造。

（2）电子支票的优点

电子支票除了可以实现传统支票的所有功能外，还可以克服这些缺点，其优点如下。

① 处理成本低。由于电子支票为数字化信息，处理极为方便，处理的成本也大为降低。

② 速度快。电子支票通过网络传输，速度快，缩短了支票的在途时间。

③ 安全性高。电子支票采用公开密钥体系结构，可以实现支付的保密性、真实性、完整性和不可否认性，从而可以在很大程度上解决传统支票的伪造问题。

（3）电子支票的缺点

电子支票虽然有很多优点，但也有一些缺点。

① 需要申请认证，安装证书和专用软件，使用较为复杂。

② 不适合小额支付及微支付。

③ 电子支票通常需要使用专用网络进行传输。

3. 电子支票的支付

电子支票的支付流程如图3-8所示。使用电子支票进行交易时主要分为以下四个步骤。

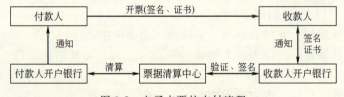

图3-8 电子支票的支付流程

① 消费者和商家达成购销协议并选择用电子支票支付。

② 消费者通过网络向商家发出电子支票，发送内容包括支付的详细数据、支票内容的详细数据、数字签名和数字证书。

③ 商家通过验证中心对消费者提供的电子支票进行验证，验证无误后，商家对支票备份并加上自己的数字签名和金额送交自己的开户银行。

④ 商家的开户银行通过验证中心对消费者提供的电子支票进行验证，验证无误后，进行支票清算，消费者的开户银行从消费者的存款账户中减去相应的金额，而商家的开户银行则往商家的账户中添加相应的金额。

四、网络银行

（一）网络银行的概念

网络银行又叫网上银行，是随着互联网发展而产生的一种崭新的金融商务形式，银行通过互联网向银行客户提供银行产品和服务。自 1995 年世界第一家网络银行——美国安全第一网络银行（SFNB，Security First Network Bank）诞生以来，网络银行在全世界得到了广泛的发展，不仅在发达国家如美国得到广泛应用，而且在一些新兴国家和地区，包括亚洲的韩国、日本、中国香港和台湾地区，网络银行的用户数都在增加。我国很多商业银行也发展了网络银行，如中国工商银行和招商银行。

网络银行是一种新的事物，对于它的定义目前还没有统一的标准，有多种不同的理解和观点。下面给出网络银行的一个比较常用的定义：网络银行是金融机构利用 Internet 网络技术，在 Internet 上开展和提供各种金融服务的新型银行机构与服务形式。

网络银行突破了银行传统的业务操作模式，把银行业务直接放到网上，银行由实体化转向虚拟化，这就消除了金融服务的时空限制，拉近了银行与客户间的距离，为客户提供全方位、全天候、便捷和实时的金融服务。

网络银行就是一个虚拟的网上银行柜台，把金融服务直接送到客户的家中、办公室中，它除了能提供传统银行业务外，还应该可以进行网络支付与结算，直接参与到电子商务活动中，这与一些仅进行形象宣传和业务介绍的银行是有明显不同的，这些只能叫做实体银行上网。另外电子银行也是一个与网络银行有联系的概念，这两个概念既有联系又有区别的，不能混为一谈，我们常说的电子银行是传统的基于通信专线的电子银行服务 ATM、CD 等，这与基于 Internet 平台的网络银行是有差别的，但网络银行是电子银行发展的高级阶段。

（二）网络银行的类型

1. 按银行的服务对象分类

网络银行按服务对象可以分为企业网络银行和个人网络银行。

（1）企业网络银行

企业网络银行的服务对象是企业和政府部门等企事业单位。企业网络银行的主要业务包括财务查询、内部转账、网上支付、代发工资、信用管理、B2B 电子商务等功能，基本包含了传统银行所有的对公业务。企事业单位可以通过企业网络银行实时查看单位的财务运行状况，处理网络支付、转账及工资发放等业务。

目前国内的主要商业银行都开通了企业网络银行，如中国工商银行开通的企业网络银行具有账户管理、网上汇款、在线支付等基本功能和贵宾室、网上支付结算代理、网上收款、网上信用证、网上票据和账户高级管理等特殊业务功能。图 3-9 是中国工商银行的企业网上银行的业务说明。

（2）个人网络银行

个人网络银行的服务对象是个体客户，它能够为个人客户提供账户查询、转账汇款、投资理财、在线支付等金融服务。个人网络银行的出现，使个人在家就可以实现多种银行业务，从而使在家购物和支付的实现成为现实。

目前国内的很多银行都提供了个人网上银行，如中国工商银行提供的金融 e 家网上个

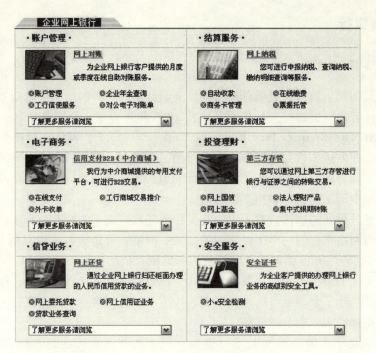

图 3-9 中国工商银行网络银行的业务

人银行，能够为个人提供全新网上银行服务，包含了账户查询、转账汇款、捐款、买卖基金、国债、黄金、外汇、理财产品、代理缴费等功能服务。图 3-10 是金融 e 家的业务介绍。

图 3-10 中国工商银行个人网络银行的业务

2. 按组织结构分类

网络银行按组织结构来分可分为外延型网络银行和纯网络银行。

(1) 外延型网络银行

这种网络银行是指传统银行利用 Internet 服务，在网上设立新的服务平台，为个体客户和企事业单位提供各种网络银行服务。这种网络银行可以看作是传统银行在网络上的延伸，是实体和虚拟相结合的银行，也就是说银行既提供传统的金融服务，有自己的办公地点、分支机构及营业网点，同时也提供虚拟的网上金融服务。目前国内的网络银行都属于这一类别。

(2) 纯网络银行

纯网络银行又叫虚拟银行，是一种完全依托 Internet 发展起来的全新网络银行。这类银行的显著特点是除了有后台数据处理中心外，没有任何物理上的营业机构，几乎所有的业务都是通过 Internet 来完成。美国的 SFNB（Security First Network Bank）就属于这一类银行。

（三）网络银行的应用举例：招商银行的一网通

1987年，招商银行（以下简称"招行"）作为我国第一家由企业创办的商业银行，以及我国政府推动金融改革的试点银行，在我国改革开放的最前沿——深圳经济特区成立。2002年，招行在上海证券交易所上市，2006年，在香港联合交易所上市。目前，招商银行总资产逾8000亿元，在英国《银行家》杂志"世界1000家大银行"的最新排名中，资产总额位居114位。

1997年4月，招商银行开通了自己的网站，即 web.cmbchina.com，招商银行的金融电子服务从此进入了"一网通"时代。1998年4月，"一网通"推出"网上企业银行"，为互联网时代银企关系进一步向纵深发展构筑了全新的高科技平台。目前，招商银行的"一网通"已形成了网上企业银行、网上个人银行、网上商城、网上证券和网上支付等在内的较为完善的网上金融服务体系，图3-11是一网通的主页。

图3-11 一网通主页

招商银行的个人网上银行系统分为专业版、大众版和财富账户三个版本，分别为不同类型的用户服务。

个人银行专业版是招商银行的网上个人银行理财软件，如果客户持有招商银行卡，可通过该软件进行资金调拨、全方位理财。主要功能包括基本业务、信用卡、转账汇款、易贷通、外汇买卖、股票基金、电子商务、理财计划、财务分析等。

个人银行大众版是招商银行为广大客户提供的全天候银行金融服务的自助理财系统。功能主要有一卡通理财、存折理财、支付卡理财、存折缴费。

财富账户专业版是招行客户细分的一个典型表现，专为财富账户客户设计的网上银行，客户可完成财富账户所有的业务操作。财富账户帮助客户实现全方位的资金管理和全方位的投资管理，使财富管理更加简单、方便和清楚。财富账户专业版的特色服务有报告窗、财富总览、现金管理、投资管理、客户服务等。

网上企业银行 U-BANK 是招商银行网上银行——"一网通"的重要组成部分，它是通过 Internet 或其他公用信息网，将客户的电脑终端连接至银行主机，实现将银行服务直接送到客户办公室、家中或出差地点的银行对公服务系统，使客户足不出户就可以享受到招商银行的服务。U-BANK 最新版本是 6.0，该版本继承了网上企业银行稳定、安全、高效等诸多优点，整合了结算、融资、现金管理、投资理财、供应链金融五大业务平台，全新推出网上保理、网上透支、网上公司卡、网上商务卡、贸易融资、网上公司理财、第三方存管、期货交易、网上外汇买卖、手机银行十项新产品，全面升级网上票据、网上离岸业务、网上国际业务三项服务。

五、第三方电子支付工具

1. 第三方电子支付概念

第三方电子支付平台属于第三方的服务中介机构，用于完成第三方担保支付的功能。目前，我国电子商务与网络金融服务体系不完善，信用体系还不健全的情况下，第三方电子支付工具能最大限度地保证网上交易的安全性，在通过第三方支付平台的交易中，买方选购商品后，使用第三方平台提供的账户进行货款支付，由第三方通知卖家货款到达、进行发货，买方检验物品后，就可以通知付款给卖家，第三方再将款项转至卖家账户。

随着中小商户的支付需求不断增加和多样化，第三方支付平台逐渐成为电子支付领域不可或缺的一部分。国内非独立第三方支付平台有阿里巴巴旗下的支付宝、腾讯旗下的财富通、易趣公司的安付通等。独立第三方支付平台主要有银联在线、快钱、网银在线等。

2. 第三方电子支付实例

支付宝是目前国内使用比较广泛的一种第三方电子支付工具，是由阿里巴巴集团下的支付宝（中国）网络技术有限公司提供的第三方电子支付工具，致力于为中国电子商务提供"简单、安全、快速"的在线支付解决方案。支付宝公司从 2004 年建立开始，始终以"信任"作为产品和服务的核心，在五年不到的时间内，用户覆盖了整个 C2C、B2C 以及 B2B 领域。据支付宝官方报道，截止到 2009 年 2 月，支付宝注册用户达到 1.5 亿，日交易额达到 7 亿，日交易笔数达到 400 万笔。

支付宝的实质就是担当了买卖双方中介的角色，通过与国内的网络银行合作，在买家确认商品前，由支付宝暂时保管货款的一种增值服务，目前和支付宝合作的银行主要有中国工商银行、中国建设银行、中国银行、中国农业银行、招商银行等。

使用支付宝前，必须要做好两件事：第一，用户必须在一家合作银行开通网络银行服务，一般情况下办理一个能够进行网络支付的银行卡，如招行的一卡通借记卡；第二，注册支付宝，可以采用手机和电子信箱两种方式进行注册。详情请参考网站 Web. alipay.com。

支付宝的使用非常简单，在淘宝网上购物以支付宝支付时，其支付过程如下。
① 支付宝充值（如果支付宝中有余额，可以省掉这一步，直接进入到下一步）。
② 选择商品。
③ 选择支付方式（对于支付宝而言，这时输入支付密码）。
④ 确认数值后，将货款打到支付宝上。
⑤ 通知商家发货。
⑥ 客户验货。
⑦ 确认验货后，支付宝打款给卖家。

第五节　电子商务的安全

电子商务是以 Internet 为运行平台的。而 Internet 本身是一个高度开放性的网络，这给电子商务的发展带来极大的便利，但同时与电子商务所需的保密性是矛盾的，因此，电子商务安全将受到严重的威胁。如何建立一个安全、便捷的电子商务应用环境，对信息提供足够的保护，已经成为商家和消费者十分关注的话题。本节主要阐述了电子商务的安全问题及其解决方法。

一、电子商务的安全问题

1. 电子商务的安全隐患

电子商务作为一种新的商业应用形式，将企业和企业、企业与用户通过 Internet 有机地结合起来，提供了无限的商机。但 Internet 的开放性也给电子商务带来了安全问题，有很多别有用心的组织或个人通过 Internet 寻求机会窃取别人的各种机密信息，如信用卡密码，甚至妨碍和毁坏他人的网络系统等。2000 年 2 月 7 日到 9 日 3 天时间，美国许多著名的网站先后遭到互联网历史上最严重的黑客攻击，造成的直接和间接经济损失为 10 亿多美元。作为全球第二大搜索引擎网站的雅虎，在 2000 年 2 月 7 日，除了免费电子邮件等三个站点未受影响外，大部分网络服务陷于瘫痪。2000 年 2 月 8 日上午，先是当天股市的网络销售公司购买网站死机，再是网上电子拍卖网站电子港湾、网上书店及商品销售的亚马逊网站告急，下午 6 时开始，商品买卖一度被停数小时。从下午 7 时到 8 时 45 分，美国有线电视新闻网的信息被阻断。9 日，电子商务网站再度遭到攻击，如信息技术公司的科技新闻网站 ZDNet 约有 70% 的内容被中断 2 小时。

除了受到黑客攻击等网络安全问题外，电子商务在活动中还会存在交易安全问题，电子商务的安全隐患概括起来主要体现在以下几点。

（1）电子商务系统的中断与瘫痪

电子商务系统是整个电子商务运行的平台，其核心是基于网络的计算机应用系统，硬件故障、系统软件错误、网络故障、计算机病毒等都有可能造成系统中断或瘫痪，从而影响系统得正常运行，因此，要对潜在的系统硬件、软件和外在的安全隐患进行预防和控制。

（2）信息被窃取

在电子商务活动中,信息交流是必需的,保密是信息交流的基本要求。由于电子商务基于开放的网络环境,那么就会存在信息被窃取的危险。不法分子可以通过通讯介质窃取信息,线路窃听是黑客经常采用并很难被发现的手段,另外黑客使用各种高性能的协议分析仪和信道监测器通过电磁辐射搭线窃听,对详细信息流进行分析,就可以得到口令、ID及账户等重要信息。

(3) 信息被篡改

电子商务简化了贸易过程,很多行为都通过网络进行,这减少了人为干预,提高了效率,但同时也带来了信息统一性和完整性的问题。信息在传输过程被人窃取、篡改和再发送,从而使得贸易双方收到欺诈信息。另外,信息在传输过程中也可能存在信息丢失、信息重复或信息传送次序的差异,这些也会造成信息的不完整性,影响贸易的正常进行。

(4) 信息被伪造

电子商务活动中,如何确认和你进行贸易的一方就是你所期望的贸易方,即有效身份认证问题,是保证电子商务活动有效开展的关键,从而可以避免身份冒充问题。攻击者通过非法手段盗用合法用户的身份信息,仿冒合法用户的身份与他人进行交易,进行信息欺诈与信息破坏,从而获得非法利益。

(5) 对交易行为进行抵赖

电子商务活动中,当某方发现交易对自己不利时,就有可能发生否定贸易的行为。因此,电子商务系统应该具有审查能力,从而使得贸易双方无法否定已经发生的贸易行为。

2. 电子商务的安全要求

针对上述种种威胁,为保证电子商务贸易过程的安全和可靠,考虑到电子商务中贸易各方的安全需要,电子商务的安全要求主要体现为机密性、完整性、认证性、不可抵赖性和有效性。

(1) 机密性

电子商务作为贸易的一种手段,其信息直接代表着国家、企业或个人的商业机密,一般不想让第三方知道,特别是一些隐私信息,如资金账号、客户密码、支付金额等,维护商业机密是电子商务全面推广应用的重要保障。电子商务是建立在一个开放的网络环境上的,那么就存在信息被窃取的可能性,因此,要预防非法的信息存取和信息在传输过程中被非法窃取。机密性一般通过密码技术对传输的信息进行加密处理来实现。

(2) 完整性

数据在传输过程不仅要求不被别人窃取,还要保证其完整性,也就是说信息不被随意地篡改,贸易各方信息的完整性将影响到贸易各方的交易和经营策略,保持贸易各方信息的完整性是电子商务应用的基础。因此,要预防对信息的随意生成、修改和删除,同时,防止数据传送过程中信息的丢失和重复,并保证信息传送次序的统一。完整性一般可通过提取信息摘要以及数字签名的方式来获得。

(3) 认证性

由于电子商务交易的特殊性,交易通常都是在虚拟的网络环境中进行,交易双方一般不见面,所以对贸易双方的身份确认是电子商务中很重要的一环。认证性一般通过认证中心和数字证书来实现。

(4) 不可抵赖性

在传统的贸易中,贸易双方通过在交易合同、契约或贸易单据等书面文件,确定合同、契约、单据的可靠性并预防抵赖行为的发生。在无纸化的电子商务方式下,通过手写签名和印章进行贸易方的鉴别已是不可能的,但也必须提供一种措施避免出现交易抵赖行为的发生。不可抵赖性可通过数字签名等技术来实现。

(5) 有效性

电子商务以电子形式取代了纸张,那么,如何保证这种电子形式的贸易信息的有效性,则是开展电子商务的前提。因此,要对网络故障、操作错误、应用程序错误、硬件故障、系统软件错误及计算机病毒所产生的潜在威胁加以控制,以保证贸易数据在确定的时刻、确定的地点是有效的。有效性可以利用数字时间戳来实现。

3. 电子商务的安全体系

电子商务的总体安全需要是集网络安全、数据安全、商务信息安全、存储交易记录的数据库的安全的总和。从电子商务安全总需求来看,可以将电子商务安全分为网络系统安全、电子交易安全和与安全有关的管理策略和措施三个层次,整个电子商务安全体系框架是由技术体系和管理体系共同构建,电子商务的安全体系框架如图 3-12 所示。

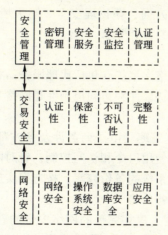

图 3-12 电子商务的安全体系框架

(1) 网络安全

网络安全是指计算机网络本身可能存在的安全问题和系统数据安全问题。利用访问控制机制和防火墙、入侵检测系统等技术,保障信息资源的授权访问以及网络传输的数据不被窃取和篡改。系统数据分为数据库安全、应用安全和数据安全,保护系统软件和交易数据不会被泄露、篡改、破坏和非法复制。

(2) 交易安全

交易安全是整个电子商务系统安全体系结构的核心。交易安全包括用户身份认证、交易数据在 Internet 中传输的保密性和完整性,以及实现交易数据的不可抵赖性和不可拒绝性等。

(3) 安全管理策略和措施

安全管理策略和措施是指针对电子商务安全所制定的指导性管理原则和管理规范,主要包括以下两个方面的内容。

① 完善安全管理制度。安全管理制度包括人员管理制度、系统运行维护管理制度、密钥管理制度、保密制度、访问控制管理制度等。完善的安全管理制度能有效规范安全管理人员的行为,降低人为因素造成的安全隐患。

② 加强人员的管理与培训。加强对电子商务操作及实施人员的安全培训,提高工作人员的安全意识,规范操作,避免由人为因素导致的安全隐患。

二、电子商务网络平台的安全

网络平台的安全是电子商务安全体系中的基础,网络平台包括了客户端网络环境、商家 Intranet 网络环境、银行内部网络以及把三者联系在一起的 Internet。这些环节都有可能给电子商务带来安全问题,支付网关与银行后台的专用网络的安全已经由银行系统或专门的第三方来提供安全保证,这里不用考虑。

企业内部网络(Intranet)所面临的安全威胁与 Internet 略有不同,主要是因为 Intranet 有一个边界确定、结构严谨、控制严格的环境,并可在企业(商家等)中实现强制性的集中的安全控制。而作为电子商务的公共信道的 Internet 就存在明显的安全隐患,主要有截断堵塞信息通道、窃取信息、篡改信息和伪造信息等几个方面,针对 Internet 的安全威胁,下面叙述 Internet 安全措施。

Internet 平台上安全措施可以分为网络安全、应用服务安全和系统安全三个方面。每一方面都要结合考虑安全防护的各方面,即物理安全、防火墙、信息包安全、Web 安全、媒体安全等,以满足电子商务安全的各种要求。

1. 网络安全

网络安全是保护商务各方网络端系统(包括代理服务器和服务器系统)之间通信过程的安全性。保证机密性、完整性、认证性和访问控制性是网络安全的重要因素,目前保护网络安全的主要措施如下。

① 全面规划网络平台的安全策略。电子商务涉及各方都必须制订一个安全策略以满足自身的安全需求。主要包括如何使用口令和访问控制;针对网络操作系统和应用程序实施相应的安全控制;制订数据文件、系统的备份方案,按方案实施和检查;制订各种灾难和故障恢复计划,做好网络备份和数据备份等。

② 完善网络安全的管理制度。建立完善的网络安全的管理机制,提高网络系统的自我防范能力,并对网络中的各级用户及有关人员进行职业道德教育以及技术培训。

③ 尽可能记录网络上的一切活动,根据这些记录信息来定位和分析非法入侵行为。

④ 注意对网络设备的物理保护。电缆、路由器、用户联网机、网络服务器等硬件可能会受到物理攻击,如通过"搭线"到网络电缆上进行信息窃取。

⑤ 建立可靠的识别和鉴别机制。

⑥ 使用防火墙。这是最主要的措施之一,防火墙是一种将内部网和公众网如 Internet 分开的方法,如图 3-13 所示。它能限制被保护的网络与互联网络之间,或者与其他网络之间进行的信息存取、传递操作。防火墙可以作为不同网络或网络安全域之间信息的出入口,能根据企业的安全策略控制出入网络的信息流,且本身具有较强的抗攻击能力。

防火墙在网络之间建立的一个安全屏障,它在网络之间执行安全访问控制策略。其目的是,根据指定的策略对网络数据进行过滤、分析和审计,并对各种攻击提供有效的防范,阻止对信息资源的非法访问,阻止内部信息从公司的网络上被非法窃取,即保护内部网不被外部网所侵扰。

目前防火墙有数据过滤防火墙和代理服务器两种类型,数据过滤防火墙是一种设备,该设备能够控制来往于网络的数据流,起到过滤的作用。数据包过滤可以发生在路由器或网桥上。代理服务器是运行在防火墙主机上的应用程序或服务器程序,它在幕后处理所有 Internet 用户和内部网之间的通讯以代替直接交谈。

⑦ 使用虚拟专用网(VPN,Virtual Private)。虚拟专用网是用于 Internet 电子交易的一

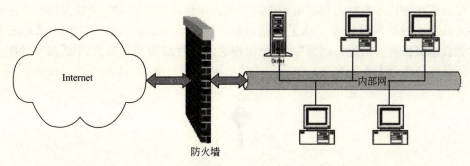

图 3-13　防火墙

种专用网络,它可以在两个系统之间建立安全的通道,非常适合于电子数据交换(EDI,Electronic Data Inter change)。它可以在不同地理位置的两台计算机(两个网络)之间建立一个按需的连接,以此达到在公共的 Internet 上或个别的企业局域网之间实现安全的电子交易的目的。

虚拟是指用户并没有拥有一个物理网,而是采用租用数字数据网(DDN,Digital Data Network)等公共网络的部分资源,所形成的一个用户可以管理监控的专用网络。VPN 可以支持数据、语音及图像业务,其优点是经济、便于管理、方便快捷地适应变化,但也存在安全性低,容易受到攻击等问题。

2. 应用安全

应用安全主要是针对特定应用(如 Web 服务器、网络支付专用软件系统)所建立的安全防护措施,独立于网络的任何其他安全防护措施。

3. 系统安全

系统安全是指从整体电子商务系统的角度来进行安全防护,它与网络系统硬件平台、操作系统、各种应用软件等互相关联。涉及电子商务的系统安全可能包含下述一些措施。

① 在安装浏览器软件、电子钱包软件、支付网关软件等软件时,检查和确认没有已知的安全漏洞。

② 技术与管理相结合使系统具有最小穿透风险性,通过诸多认证才允许连通,对所有接入数据必须进行审计,对系统用户进行严格安全管理。

③ 对入侵进行检测、审计、追踪。

三、电子商务贸易安全技术

电子商务贸易安全问题主要体现信息的机密性、完整性及身份认证几个方面,下面就具体叙述这几个安全问题的解决方法。

1. 信息机密性技术

电子商务中的信息机密性是通过信息加密技术来实现的。加密的基本思想是伪装明文以隐藏它的真实内容,即将明文伪装成密文,伪装的操作称为加密。加密包括两个元素:加密算法和密钥。加密算法是将普通文本与密钥相结合,产生不可理解的密文的步骤;密钥是借助于一种数学算法生成的,通常是随机字符串,是控制明文和密文的唯一参数。如果加密算法是可逆的,可以利用和加密一样或不一样的密钥对密文进行解密。根据加密和解密密钥是否相同,可以把加密技术分为对称加密技术(单密钥加密技术)和非对称加密技术(双密钥加密技术)。

(1) 对称密钥加密技术

对称密钥加密技术也称为秘密密钥加密技术，即信息的发送方和接收方用一个密钥去加密和解密数据，如图3-14所示。由于加密和解密使用同一个密钥，所以，如果第三方获取该密钥就会造成失密。因此，网络中 N 个用户之间进行加密通信时，需要 $N\times(N-1)$ 对密钥才能保证任意两方收发密文，第三方无法解密。

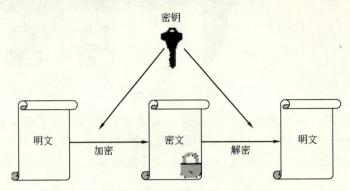

图 3-14　对称密钥加密

该加密技术由于加密和解密算法完全公开，关键是加密和解密的密钥，因此，密钥在加密方和解密方之间传递和分发必须通过安全通道进行，如果密钥没有以安全方式传送，那么，第三方就很可能截获该密钥，并将该密钥用于信息解密。如何产生满足保密要求的密钥是这类加密体制设计和实现的主要问题。另一个重要问题是如何将密钥安全可靠地传送给通信对方，在网络通信条件下就更为复杂，包括密钥产生、传输、存储、销毁等多方面的问题，统称为密钥管理问题。

发展至今，世界上一些专业组织机构研发了许多种私有密钥加密算法，比较著名的私有密钥算法有数据加密标准（DES，Data Encryption Standard）算法及其各种变形、国际数据加密算法 IDEA Intelli IDEA 以及 RC4、RC5 等。

DES 算法由美国国家标准局提出，1977年公布实施，是目前广泛采用的私有密钥加密算法之一，主要应用于银行业中的电子资金转账、军事定点通信等领域。在 DES 算法中，密钥长度为56位，要加密的明文按64位大小的块进行分组，通过替代和置换对数据进行变换，将密钥分解成16个子密钥，每个子密钥控制一次变换过程，共进行16次变换，生成密文。解密与加密的密钥与流程完全相同，只是所用密钥次序相反。

(2) 非对称加密技术

非对称加密技术又称为公开密钥加密技术，对信息的加密与解密采用不同的密钥，用来加密的密钥是可以公开的公钥，用来解密的密钥是需要保密的私钥，如图3-15所示。公钥和私钥是成对出现的，但是不能通过加密密钥来计算出解密密钥，目前常用的非对称加密算法是 RSA。非对称加密技术大大简化了密钥的管理，网络中 N 个用户之间需要加密通讯，仅需要 N 对密钥就可以了。

使用加密密钥加密后得到的数据，只能用对应的解密密钥来解密，因此，用户可以将自己得加密密钥公开。当商家公开加密密钥后，如果其他用户希望与该用户通信，他们就可以用公开的密钥加密通讯信息，此信息只能被拥有对应解密密钥的商家解开密文，从而可以实现定向通讯。如果商家 A 利用自己拥有的私钥加密信息，然后发送给商业伙伴，那么这个信息只能被拥有该商家公开密钥的商家解密。根据公钥与私钥的关系可以推断，如果能够用商家 A 公开密钥解密密文，那么就说明该加密信息一定就是商家 A 发送的，从而实现了"不可抵赖"。上述这两种应该都可以应用到电子商务活动中，非对称加密技术对电子商务的

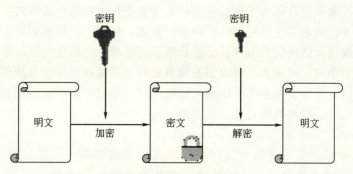

图 3-15 非对称密钥加密

发展起到了极大的推动作用。

非对称加密算法较对称加密算法处理速度慢。因此，通常把这两种加密算法结合起来使用。用对称加密技术对实际传输的数据进行加密，用非对称加密技术在通信双方之间传送对称加密用的密钥。

2. 信息完整性及不可抵赖技术

加密技术解决了信息机密性的问题，但在电子商务中，还存在商务信息在未经许可的情况下被修改、伪造以及贸易行为的否定与抵赖问题。为了保证电子商务活动中信息的完整性，常采用数字签名技术。数字签名的具体要求是发送者事后不能否认发送的报文签名，接收者能够核实发送者发送的报文签名，接收者不能伪造发送者的报文签名；接收者不能对发送者的报文进行部分篡改；网络中的某一用户不能冒充另一用户作为发送者或接收者。

数字签名是通过密码算法对数据进行加密、解密变换实现的。数字签名将作者身份与信息传递结合起来，可以保证信息在传输过程中的完整性，并提供信息发送者的身份认证，以防止信息发送者抵赖行为的发生。

数字签名可以通过多种加密算法实现，目前，利用非对称加密算法（例如 RSA 算法）进行数字签名是最常用的方法，在网络复杂、网络用户多的情况下优势明显。非对称加密算法（例如 R5A 算法）的效率比较低，并对加密的信息块长度有一定的限制，因此，进行数字签名前，通常先使用单向散列函数（Hash 函数）对要签名的信息进行处理，生成信息摘要（也称数字摘要），并对信息摘要进行签名。图 3-16 显示了数字签名的工作原理。

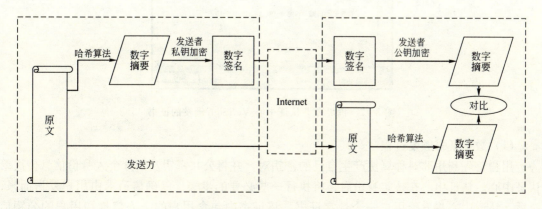

图 3-16 数字签名工作原理

在数字签名技术中，具体的工作过程包括发送方使用单向散列函数对要发送的信息进行运算生成信息摘要，接着发送方利用非对称加密算法，使用自己的私钥对生成的信息摘要进行数字签名，并通过网络将信息本身和已进行数字签名的信息摘要发送给接收方；接收方使用与发送方相同的单向散列函数，对收到的信息进行运算重新生成信息摘要，接着接收方利用非对称加密算法，使用发送方的公钥解密接收的信息摘要，将解密的信息摘要与重新生成的信息摘要进行比较，以判断信息是否在发送过程中被篡改过。

3. 数字证书

为了保证互联网上电子交易及支付的安全性、保密性等，防范交易及支付过程中的欺诈行为，必须在网上建立一种信任机制。这就要求参加电子商务的买方和卖方都必须拥有合法的身份，并且在网上能够有效无误地被进行验证。前面提到的非对称加密技术可以实现身份确认，但需要双方面对面交换公开密钥，这是不现实的，商家不可能和成千上万的客户面对面交换公开密钥。采用数字证书是一个很好的选择，数字证书由网络上双方都信任的第三方机构（这个机构就是后面所述的数字证书认证中心）发行和管理，它提供了一种在 Internet 上验证身份的方式，其作用类似于司机的驾驶执照或日常生活中的身份证。

数字证书（Digital Certification），就是指利用电子信息技术手段来确认、鉴定、认证 Internet 上用户或服务器的身份，是一个担保个人、计算机系统或者组织（企业或政府部门）的身份，并发布加密算法类别、公开密钥及其所有权的电子文档。图 3-17 是世界专业认证中心威瑞信（VeriSign）颁发的证书首页。客户的数字证书证实该客户拥有一个特别的公开密钥，服务器证书证实某一特定的公开密钥属于这个服务器。

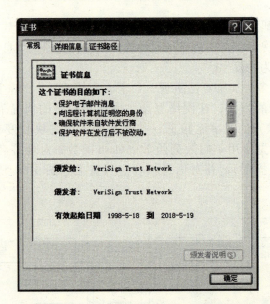

图 3-17　世界专业认证中心 VeriSign 颁发的证书

（1）数字证书颁发过程

用户首先利用非对称算法产生自己的密钥对，并将公共密钥及部分个人身份信息传送给认证中心。认证中心在核实身份后，将执行一些必要的步骤，以确信请求由用户发送而来，然后，认证中心将发给用户一个数字证书，该证书内包含用户的个人信息和用户的公钥信息，同时还附有认证中心的签名信息。

(2) 数字证书的工作过程

发送方把自己的数字证书与业务信息同时发送给接收方，信息接收方在网上收到发送方发来的业务信息和数字证书后，通过对其数字证书的验证，就可以确认发送方的真实身份。在发送方与接收方交换数字证书的同时，双方都得到了对方的公开密钥，由于公开密钥是包含在数字证书中的，而且借助证书上数字摘要（缩略图）的验证，可以确信收到的公开密钥肯定是对方的。借助这个公开密钥，双方就可以完成数据传送中的加解密工作。

(3) 数字证书的内容格式

数字证书的具体内容格式遵循目前国际流行的 ITU-Trec. X. 509 标准，其内容主要由数字证书的数据和发行数字证书的认证中心签名与签名算法组成，图 3-18 世界专业认证中心 VeriSign 颁发的证书是详细内容。

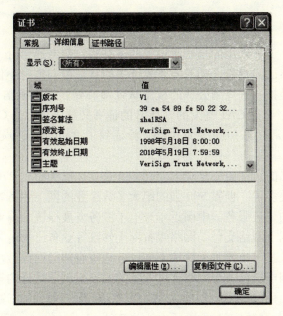

图 3-18　世界专业认证中心 VeriSign 颁发的证书详细内容

① 数字证书的数据组成如下。

■ 版本信息（Version）：用来区分 X. 509 证书格式的版本。

■ 证书序列号（Serial Number）：每一个由认证中心发行的数字证书必须有唯一的序列号用于识别该证书。

■ 认证中心使用的签名算法（Algorithm Identifier）：认证中心的数字摘要与公开密钥加密体制算法。

■ 证书颁发者信息（Issuer Unique Identifier）：颁发此证书的认证中心信息。

■ 有效使用期限（Periodof Validity）：本证书的有效期，包括起始、结束日期。

■ 证书主题或使用者（Subject）：证书与公钥的使用者的相关信息。

■ 公钥信息（Public Key Information）：公开密钥加密体制的算法名称、公开密钥的位字符串表示（只适用于 RSA 加密体制）。

■ 其他额外的特别扩展信息：如增强型密钥用法信息、CRL 分发点信息等。

② 发行数字证书的认证中心签名与签名算法

证书第二部分的内容包括发行证书的认证中心机构的数字签名和用来生成数字签名的签名算法。任何人收到这份数字证书后都能使用缩略图（数字摘要）算法来验证数字证书是否是由该认证中心的签名密钥签署的,以保证证书与其内容的真实性。

4. 认证中心

认证中心简称为 CA,是基于 Internet 建立的一个公正、权威、独立和广受信赖的组织机构,负责数字证书的发行、管理与认证工作。一个完整的电子商务活动,必须有认证中心的参与,从而确保电子商务安全可靠的运行,因此,建立具有绝对权威的认证中心就非常必要。

通过认证中心来认证交易双方的真实身份,是保证电子商务交易的安全性的重要措施。电子商务认证中心的功能主要有以下几个方面。

① 证书生成与发放。

② 证书更新。

③ 证书验证。

④ 证书撤销。

认证中心认证数字证书采用的是一种树形验证结构。双方通讯时,通过出示某个认证中心签发的证书来证明自己的身份,如果对签发证书的认证中心本身不信任,则可验证认证中心的真实身份,以此类推,一直到公认的权威认证中心处,就可确信证书的有效性。例如,商家 A 的证书是由认证中心 CA1 签发的,而 B 的证书又是由名称为 CA 的认证中心签发的,CA 是权威的机构,通常称为 Root 认证中心,验证到了 Root 认证中心处,就可确信商家 A 的证书。

目前世界上最著名的认证中心是美国 Verisign 公司,已为超过 2700 万 Web 站点提供认证服务,个人客户就更多了。世界 500 强的绝大多数企业的网上业务特别是网络支付业务都已经应用了 Verisign 的认证服务。中国近年来电子商务发展很快,商业银行的网络银行服务也蓬勃发展起来,信用卡网络支付、网络银行网上转账等业务已为越来越多的客户接受与应用,认证中心的建设在我国也得到了快速发展,各地政府部门已经行动起来,建立了各地的认证中心,为促进我国电子商务与网络支付业务的发展提供了良好的第三方支持,为我国电子商务与金融电子化、信息化的发展保驾护航。如北京数字证书认证中心(Web.bjca.org.cn)、上海数字证书认证中心(Web.sheca.com)、广东数字证书认证中心(Web.gdca.com.cn)等。

思考与讨论

1. 计算机网络的概念与功能是什么?
2. Internet 与电子商务的关系是什么?
3. Web 的工作原理是什么?
4. 电子商务系统是如何应用 Web 技术的?
5. 数据库技术在电子商务系统的应用主要表现在哪几个方面?
6. 网络支付与传统支付的差异是什么?
7. 电子商务所面临的安全问题有哪些?
8. 电子商务对安全的要求是什么?
9. 电子商务安全体系架构是什么?
10. 电子商务网络安全技术主要有哪些?
11. 讨论对称加密技术与非对称加密技术在应用上的不同。
12. 讨论数字证书是如何实现身份的认证?

13. 讨论不同电子商务模式适合的网上支付方式。

实践 ▶▶

1. 上网查阅资料，了解最新 Internet 技术，如 Web2.0、云计算、物联网、移动网络等，分析这些新技术对电子商务的发展所产生的影响。

2. 申请一个第三方支付账号，并利用该第三方支付工具，实现一次网络购物过程，然后大家分组讨论各自的购物体验。

第四章
服装B2B电子商务

学习目标
- 理解并掌握B2B电子商务模式的相关概念。
- 了解服装企业传统采购和销售的业务流程。
- 了解我国服装企业B2B电子商务的应用现状。
- 理解并掌握服装企业B2B电子商务模式的基本内容。

引例 ▶▶

英坦峡（Intentia）提升雅戈尔信息化水平

雅戈尔是由40多家公司组成，以纺织服装、房地产、国际贸易为主体，多元并进、专业化发展的大型企业集团，单是服装营销就在全国设有128家分公司、352家自营专卖店和2000多个商业网点。雅戈尔一直致力于依托高层次IT技术的信息化管理，控制企业的生产和各供应链环节。为了提升企业信息化管理水平，雅戈尔集团对十多家国内外知名ERP（Enterprise Resource Plan）供应商的产品进行了谨慎的考察和充分的比较之后，最终选择了专门在企业应用软件领域为用户提供电子协作解决方案的瑞典Intentia国际有限公司的Intentia的Movex系统，以确保雅戈尔准确的生产计划和畅通的物流环节。2005年7月，英坦峡（Intentia）（中国）公司与雅戈尔集团股份有限公司正式签约，将为其全面实施Movex时尚行业解决方案，该项目的一期实施范围为雅戈尔衬衫厂。这次实施包括生产管理、销售管理、采购管理、计划管理、仓储管理等模块，实施周期为7个月。英坦峡为雅戈尔搭建一个更加可靠而强大的信息平台，在企业内部实现信息化、标准化、效率化，使内部管理透明化和规范化，从而为企业将来的发展和竞争奠定基础。

资料来源：中国服装协会资料库

随着经济全球化，计算机网络技术的高速发展，以及大量跨国企业及各国政府的大力支持，极大地推动了B2B电子商务的快速发展。艾瑞的《2012年中国B2B电子商务简版报告》显示，2013年，我国B2B电子商务市场交易额达8.2万亿元，同比增长31.2%。截止到2013年12月，我国B2B电子商务服务企业达12000家，同比增长5.7%。整体来讲，我国电子商务行业仍然保持较高速度增长。其中业B2B电子商务市场交易规模为4.3万亿元，增长率为 26.5%，增速有所下降。服装网购市场继续保持高速增长态势，增长幅度远远高于总体网购市场，服装网购金额在总体网购金额中占比高达 33.0%。在全国范围内，服装、服饰、鞋、箱包类在全部网购消费额中的占比为 33.0%，其中淘宝系平台占有了服装市场份额的 80% 以上。可以说，服装纺织行业垂直 B2B 是目前垂直行业 B2B 中发展较好、较为活跃的市场，虽然增速有所放缓，但是 B2B 电子商务所带来的巨大成功和商机是任何企业都不可忽视的。本章首先概述了 B2B 电子商务的概念及特点，然后重点讲述服装企业的 B2B 电子商务模式。

第一节　B2B 电子商务模式概述

一、B2B 电子商务的发展与特征

1. B2B 电子商务的发展

企业可以利用 B2B 电子商务来发布供求信息、传递各种票据、支付货款、进行网上采购和销售、售后服务等许多业务。B2B 电子商务的组成如图 4-1 所示。

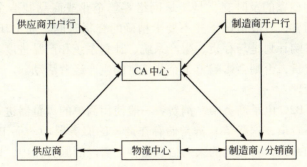

图 4-1　B2B 模式的基本组成

B2B 是从电子数据交互（EDI，Editorial Determination List）发展而来的。EDI 一般基于增值网络（VAN，Value Added Network），主要应用于国际间进出口贸易企业。B2B 和其他电子商务模式一样也兴起于美国，现在美国仍然是世界上 B2B 最繁华的市场。

虽然 B2B 电子商务有了更广泛的发展和应用，但目前 B2B 电子商务网站所提供的服务仍然停留在初电子集市阶段，仅保持与买卖双方的松散的供求关系，企业间的联系并不紧密，仅有少数 B2B 电子商务平台能够提供在线交易系统。从某个角度（主要针对制造业）看，电子商务有三个重要的发展阶段。

(1) 企业建立网站

企业建立自己的网站，并在搜索引擎以及专业的商贸平台上面做推广，这个阶段主要就是为了做宣传、推广，让客户方便地找到自己。

(2) 网站和内部信息系统相联系

把网站和内部信息系统联系起来，这样客户可以在网上跟踪订单等，比如戴尔的网上订购系统。

(3) 企业间互联

企业间互联是指实现企业间高度的互联互通。前两个阶段各企业停留在"信息孤岛"阶段，并不能实现企业间的数据交换。要实现企业间互联，可预见的模式或许有两种，一种是借助企业联盟 B2B，另外一种是借助行业网站 B2B 来实现。

2. B2B 电子商务的特征

B2B 和 B2C 电子商务模式有相似的地方，都是商家向它的客户通过网络提供商品或服务，但由于交易的数量、金额、过程的不同，B2B 还是有一些不同于 B2C 的地方。

（1）采购决策

B2B 电子商务中的采购一般要涉及企业多个部门和不同层次人员，决策交易过程复杂，需要集体的同步或异步合作完成。而 B2C 电子商务中的交易属于商业行为，决策过程简单，涉及人员少，一般就是采购者本人，不需要什么合作。

（2）交易规范程度

在很多情况下，B2C 交易时并不采用规范的具有数字签名的电子合同甚至没有合同。而 B2B 电子商务中的任何交易活动都需要严格的法律合同来规范交易过程。

（3）交易安全性

B2C 电子商务中的交易数量小，涉及的金额也小，对交易安全性的要求相对来说不高。而 B2B 电子商务一般涉及的交易金额数量大，对支付的安全性要求很高。

（4）交货时间

B2C 电子商务中商家的及时交货是衡量网络零售企业或商品制造企业运营水平的一个标志，但对消费者而言，一般情况下并不要求精确的交货时间。而 B2B 电子商务中，对于采购企业，他们的采购计划是与存货、生产系统、计划系统和产品进度表集成在一起的，需要采购的货物准时交货，否则会影响整个企业正常的生产经营活动。

（5）采购信息管理

基于 internet 的 B2C 电子商务中，消费者一般使用简单的浏览器进行商品的采购，对于采购信息的管理并不看重，这些信息常常储存在商家的服务器中。而 B2B 电子商务中，企业需要有专门的采购系统，将自己的采购信息储存在自己的服务器中，以便很好地与自己的信息系统集成。

（6）涉及业务

在 B2C 电子商务中一般只涉及销售和购买两种行为，而 B2B 电子商务可能涉及企业经营全过程。

二、企业应用 B2B 电子商务的优势

企业通过开展 B2B 电子商务，整合企业上下游产业，以中心制造厂商为核心，将上游原材料供应商，下游经销商、物流服务商以及相关银行结合在一起，构成一个面向最终消费者的完整电子商务供应链（iSCM），降低企业的采购、销售和物流成本，提高企业对市场和消费者需求的相应速度，从而提高企业的市场竞争力。

B2B 电子商务可以帮助企业降低生产成本，提高生产效率和更多的商业机会，也就是说可以给企业带来巨大的效益，具体表现在以下几个方面。

1. 降低采购和销售成本

对于卖方来说，电子商务可以降低企业的销售成本。通过互联网发布企业相关信息，如产品价目表、新产品推介等。相比较传统的电视、报纸等媒体，成本更低，覆盖面更广。对于买家而言，电子商务可以降低采购成本。传统的采购过程繁琐，通过 internet，企业可以加强与供应商之间的合作，将原材料采购和生产过程有机结合起来，形成一体化的信息系统。采用 B2B 电子商务可以突破地域限制，在全球范围内寻求价格更低的原材料供应商和出价更高的采购商。

2. 优化库存管理

库存管理是企业管理的一个重要内容之一，其目标是达到最优库存量。库存量过大会增大资金占有量，同时原材料或成品都可能因市场价格下跌而令企业受损；反之，低库存会使生产中断，延期交货。以信息技术为基础的电子商务可以改变企业决策中信息不确定和不及时的问题，可以及时将市场需求信息传递给企业决策部门，同时也可以保证需求信息及时传递给供应商适时得到补充，从而优化了库存管理。

3. 缩短生产销售周期

在专业分工时代，一个产品从设计、生产到销售是许多企业相互合作的结果，因此产品的设计开发和销售涉及很多关联的企业，从原材料供应商到设计单位、生产厂家、销售商。过去市场信息是通过销售商逐层向上传递的，等到上游的生产商获得信息投入生产，生产出产品投向市场时，往往需要很长时间，无法及时满足市场的需求。通过电子商务可以减少由于过去信息不畅所带来的信息滞后和差错等现象，从而加快企业现金和物资的流通，大大缩短了生产周期，为按需生产提供了可能。

三、B2B 电子商务模式的类型

B2B 电子商务的模式是多种多样的，可以根据不同的分类标准来划分 B2B 电子商务。本部分主要根据买卖双方在交易中的地位来分类 B2B 电子商务，把 B2B 电子商务分为卖方主导市场、买方主导市场和交易市场，其中前面两种是以企业为中心的市场。然后再介绍一些其他重要模式。

1. 以卖方为主模式

这是一种最普遍的 B2B 电子商务模式，也称之为网络销售。由产品提供商建立一个网站，通过网站向分销商、个人或企业供应商品或服务。个人或企业用户都处在供应商的网上市场中。当主要面向个人消费者时就成为 B2C 电子商务模式。当主要面向企业客户时，称为 B2B 电子商务。在这种模式中，商品提供商占据主动地位，它先上网公布信息，然后等待买方企业上网洽谈、交易。例如戴尔对企业的销售模式。以卖方为主的 B2B 电子商务模式如图 4-2 所示。

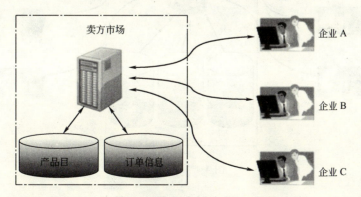

图 4-2 以卖方为主的 B2B 电子商务模式

2. 以买方为主模式

以卖方为主的 B2B 电子商务模式中，买方的采购部门不得不手工将订购信息输入到企业自己的信息系统中，然后还要逐个到供应商网站上寻找供应商和产品并进行对比。这过程对于网上采购量大的企业来说，其成本是很高的。为了降低企业采购方面的成本，企业自己建立网络采购平台，买方企业先上网公布需求信息，然后等待卖方企业来上网洽谈、交易，这是一种以买家为中心B2B电子商务模式，如图4-3所示。这种交易方式类似于现在企业常用的项目招标方式。如英特尔、沃尔玛、IBM、通用汽车、戴尔电脑等。

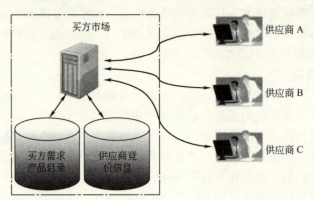

图4-3　以买方为主的B2B电子商务模式

3. 网络市场

买方主导市场和卖方主导市场一个很大的问题就是如何有效地在网络上找到对方，尤其买卖双方知名度都不很高时，这一问题尤为突出。网上交易市场就是基于这个需求建立的。

网络市场又可称为电子市场，是B2B公司对卖方或买方而言，作为独立的第三方存在的，中立的B2B公司是真正的市场建设者，他们对买主和卖主有着同样的吸引力，买卖双方集中在这个市场上交易，如图4-4所示。

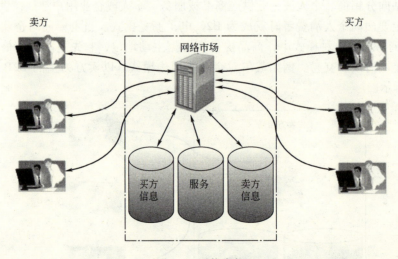

图4-4　网络市场

网络市场根据平台提供的服务不同可以分为网上交易和信息中介两种。网上交易为企业提供商店建设、信息发布、商品搜索、谈判签约、支付结算、物流配送等服务。按照服务对象的不同又可以把网上交易市场分为水平市场和垂直市场。水平市场包含了不同的行业和领域，为不同行业的企业服务。垂直市场将自己定位在一个特定的专业领域内，如IT、化学、纺织服装等。信息中介型电子商务平台就是为企业间的网上交易提供双方所需的信息，中介一般不涉及交易当中，如著名的阿里巴巴。

第二节 服装企业采购与销售业务流程与运营模式

一、传统服装企业的采购流程

1. 采购流程

采购就是对物料从供应商到企业内部转移的管理过程,是企业供应链管理中的基本活动之一。服装企业所需要的物料主要指企业生产过程中所消耗的各种生产资料,包括主要原材料、辅助材料和间接材料。服装厂的原材料包括各种面料;辅助材料指用于生产过程,但不构成产品主要实体的材料。如服装厂的缝纫线、纽扣、拉链等;间接材料则是在生产中所消耗,不在产品中体现出来的材料,如纺织厂用的浆料和服装厂用的纸板和划粉等。

企业采购的目的主要是节约成本。一方面企业通过采购管理,可以把原材料的成本维持在一个比较合理的较低水平。另外,采购可以使企业的生产有一个持续的原材料供应与质量上的保障。因此,有效的采购管理是企业增加利润的有效途径。传统的纺织服装企业的采购流程如图4-5所示。具体如下。

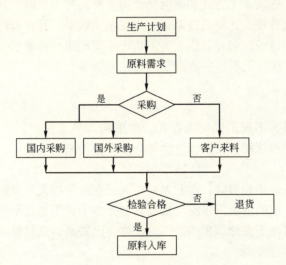

图4-5 服装制造业采购流程图

① 业务部门或技术部门根据客户订单或是企业通过市场调研形成的产品设计方案确定生产所需的具体原材料,结合企业现有的库存、原材料供应商的情况或合同的要求确定是否需要采购。

② 如果是客户来料加工,则不需要企业自行采购原材料,由客户自己提供原料。来料可能是国内来料也可能是进口来料;如果需要采购,根据原材料的市场供应情况和订单的要求确定是国内采购还是国际采购。对于自主开发的企业,则需要自己通过市场采购原材料。确定需要采购后,就进入了订货阶段,也就是采购过程。订货过程有时是很复杂的,需要企业采购业务员通过电话、电报、面谈等方式联系一个或多个供应商,根据原材料的价格、质量和供应商的信誉等内容确定供应商,双方通过谈判解决订购过程的一些分歧和问题,签订订购合同。也有可能很简单,如果是长期合作的话,则一个电话就可以了。

③ 不管是自行采购的,还是客户自带的原材料,原材料到货后,要及时按采购合同对原材料进行检验确认,检验合格的入库,不合格的原材料则要进行退货处理。

如何选择和保持与供应商的良好关系是采购管理的一个重要问题。好的供应商能保证物料的质量、价格和交货期。在选择供应商时，应该对多个供应商进行综合评价，然后确定供应商。在传统方式下，一般通过电视、报纸等媒体了解供应商，受信息的限制，供应商的选择余地是有限的。在评估供应商时可以从设备能力、生产能力、质量保证、企业的管理水平、企业发展的潜力及合同执行情况来判定。传统的企业与供应商的关系是一种短期、松散的，以及相互间互为对手的关系。

2. 采购的缺点

虽然很多企业实现了办公自动化，但大部分企业在采购方面仍然采用手工操作，通过电话、传真、面谈等传统的方式与供应商进行交流。这种方式存在以下缺点。

（1）供应商和商品的选择效率低

在传统采购中，对于供应商和商品的选择是一件很费时的事件。供应商如果不是以前的合作伙伴或自己知道的，那么通常采购人员通过报纸、电视或熟人介绍等方式收集供应商、产品信息及价格信息，这些工作都是很花时间的。

（2）采购周期长

确定好供应商后，在以手工方式和书面文件为主要沟通工具时，从需求提出到订购过程有时需要供需双方多次商谈，还要通过电话、传真多次联系，甚至有时需要面谈，这就导致了采购过程的所需时间过长。另外，企业为了防止不规则采购和滥用权力，会设立一个多级采购审批程序，这种分级审批程序一方面使企业采购管理复杂化，另一方面使得原本就耗时的采购周期更加冗长。

（3）不规范采购

在传统采购中有很多不规范的行为存在。如采购人员拿回扣，不按正常的采购程序采购，还会出现没有合同的非授权采购，这些都会给企业带来损失。

（4）采购成本高

由于采购过程的低效率和费时，企业尤其是大企业常常需大量采购，以保证生产的顺利进行，这样企业就需一定的资金用来支付货款。另外由于采用传统手段选择供应商，则采购人员对供应商的选择可能不充分，采购商品的价格会比较高，这样就会增加采购成本。

（5）业务信息共享程度弱

由于大部分的采购操作和与供应商的谈判是通过电话来完成，没有必要的文字记录，采购信息和供应商信息基本上由每个业务人员自己掌握，信息没有共享。从而导致业务的可追溯性弱，一旦出了问题，难以调查；同时采购任务的执行优劣在相当程度上取决于人，人员的岗位变动对业务的影响大。

二、传统服装企业的销售过程

1. 销售业务流程

服装企业的生产主要有两种形式，一种是根据客户的订单生产，另一种是企业根据市场的需要自行设计和生产产品。如果企业按照客户的订单组织生产，不需要担心这些产品的销售情况，因为客户订单和订购合同就意味着这些产品已经事先预售给某个客户，只要按合同的要求生产出合格的产品，并在规定时间转交给客户即可。服装企业的销售业务流程如图4-6所示。

如果企业自己设计与生产产品，那么这些产品主要通过两个渠道把产品售予用户。直接销售或通过中间商将产品销售给用户，这些中间商包括代理商、经销商、零售商，不同个数

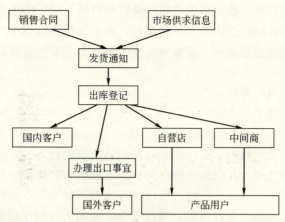

图 4-6 纺织服装企业产品销售流程

的中间商组成了不同类型的产品销售渠道。

对于生产消费产品类的服装企业来说,其销售渠道主要有生产者→消费者、生产者→零售商→消费者、生产者→批发商→零售商→消费者、生产者→一级批发商→二级批发商→零售商→消费者。在实际市场中,由于服装产品统一标准化程度比较低,消费者购买时一般都要经过仔细挑选,所以生产者→消费者这种直销的方式比较少,更多的是通过零售商把产品转移到消费者手中。

2. 销售存在的问题

传统销售方法存在的问题主要体现在以下几个方面。

(1) 领导者个人的一言堂

这类企业在创业初期,凭借领导者的敏锐眼光,成功地进入某一个行业或捕捉到某个机会,得以快速成长,领导者的行为带有明显个人英雄主义色彩和主观意识,企业的成功使他们比较自信或者说是自负,个体思想完全主导企业的文化,管理者的思路必须在领导者的框架行动,在企业发展规模增大或外部环境变化时,这种以领导者个人为主导的企业文化开始和外来文化发生抵触,或已不能影响到更大范围。虽然某些领导者具备适应环境变化和再学习能力,但在今后没有他的日子里,企业很难界定走向何方。

(2) 销售组织的"家族式"帮派

中国人是很讲"情"和"义"两字。当一个新的销售总监上任时,往往预示着销售组织马上面临大的人员变革。而当销售总监的突然离去,重要岗位可能会出现集体逃亡,这已经是许多企业司空见惯的现象,而受伤害最深还是企业本身。

许多管理着并非唯才是举,而是认人唯亲,当考核下属时,并不以能力和业绩为主要标准,而是首先看是否是自己人或听话的人,有能力的人则被拒之门外,销售部门被人为控制,致使企业腐败滋生。

(3) "空降兵"的水土不服

在接受新的管理思想的同时,也希望能多引进跨国公司背景的销售人才,但是因为各个企业的基础和文化不同,更多地表现在所谓先进的销售管理方法很难在销售部门推行,面临许多阻力。另外,外来人员很难融入原有的组织,困难重重。首先先进的东西不一定代表适用,其次是现有的企业是否具备了迎接改革的基础和条件。

(4) 粗犷式的结果导向

管理者简单地认为销售的目的是将产品卖出去,钱收回来,其他都是不重要的,没有制度的规范,没有过程的管理。他们信奉"将在外君命有所不受"的道理,在下属销售出现问题时,又强调没有任何借口的理由,一味地否定。殊不知销售管理是产品销售的催化剂和公司运营的保证,它将促进企业更好、更多地销售产品,更重要的是帮助企业建立起强有力的竞争优势。

(5) 人为的自我压力和束缚

销售工作的性质决定了工作的时间上有一定的自主权,特别是那些长期驻外人员。所以,有些公司主观地认为人天性懒惰、自私,需要加强检查督促,特别是对在外的销售人员。销售人员只需要机械地执行。为控制和监督销售人员的行为,管理者采取电话追踪、日报表、抽查等方式进行管理,并制定了详尽的行为准则和行为操作守则加以规范,有时达到苛刻的地步。比如,某公司驻外大区经理以电话形式每天早8:00向总部管理部汇报今日的工作安排,晚5:00汇报当天工作内容,并接受非专业人士的指导和指责。这样,无形中增加了销售人员许多工作负担和压力,产生抵触心理,使其将工作变为一种负担和累赘,并觉得公司对自己没有信任感。

当然,任何管理方式可能在一定历史时期和阶段对企业的发展产生过积极作用,解决了一些问题,但市场环境的趋于规范使销售管理的重要性越发凸现出来,同时,由此激发的矛盾更加尖锐。直接的表现在人员流动频繁、公司政策不能贯彻与执行、整改工作困难重重、市场混乱、促销费用流失严重等。实际上造成这些的直接原因是公司高层对销售管理重视不够、理解不深,更主要的是运用的方法、方式不当,由此反映出我国企业销售管理方面的薄弱。

因此,建立B2B的电子商务模式,可以有效解决传统企业的产品销售、产品分销和原料的采购等难题。使企业大大节约成本,让企业单打独斗的时代成为过去,企业间建立合作联盟逐渐成为发展趋势。企业之间可以通过网络在市场、产品或经营等方面建立互补互惠的合作,形成水平或垂直形式的业务整合,以更大的规模、更强的实力、更经济的运作真正达到全球运筹管理的模式。

第三节 服装 B2B 电子商务的运营模式

电子商务的优势在于增加贸易机会、降低贸易成本、简化贸易流程、提高贸易效率,利用 Internet 开展电子商务,是企业走向成功或飞跃发展的一个很重要的途径。电子商务正在改变着整个商业社会的竞争格局,这对纺织服装企业来说,既是面临着新的机遇,同时也面临着巨大的挑战。利用 Internet 赢得新市场、创造新的行销手段、参与到与大企业的竞争中来,正日益成为中小型纺织服装企业新的战略发展目标。但我国的中小型纺织服装企业,在规模、资金和管理方面都和大型企业有很大的差距。因此,纺织服装企业间的电子商务没有统一的模式,所以,企业应该根据自身的情况选择合适的运营模式。

一、中小型服装企业的 B2B 电子商务模式

我国中小型纺织服装企业受资金、技术和管理的限制,目前企业的信息化水平低,还处在起步阶段,大多企业都还没有建立统一的管理信息系统,通常是少数部门使用了计算机来管理业务,如服装厂的设计部门使用 CAD 设计服装。这就决定了我国中小型服装企业现阶段实施 B2B 电子商务还不可能达到很高的阶段。

根据前面的介绍,B2B 电子商务主要有三个模式,其中卖家和买家模式是企业自己构

建电子商务平台,然后买家或供应商到这个平台上进行交易,这种模式通常是大型企业集团所采用,如海尔、宝钢等。网络市场则不同于前两个模式,买卖双方都不建立电子商务平台,而是由第三方构建平台并提供相应的各项于交易有关的服务业务,这种模式为那些没有技术和资金建立自己的电子商务平台,又想利用电子商务来开展网上业务的企业提供了一个好的平台。

1. 服装企业自建电子商务平台的不利因素

(1) 技术方面

电子商务平台从技术角度来看,可以看成是一个基于网络的计算机应用系统,包括计算机编程、数据库、网站建立等技术。另外,维护和管理商务网站也需要专门的技术人员,因此说电子商务平台是一个综合性比较强的应用系统。一个优秀的商务平台需要考虑很多因素。这些要素主要有商务平台的访问量、商家数量以及质量、商业信誉等,除此之外,还要考虑电子商务网站开展电子商务的实力,如物流、支付方式等。这些对于传统纺织服装企业来说,都是以前很少或没有涉及的。即使自己建好了网站,但在对网络特性的充分利用上也会有很多缺陷。

(2) 资金方面

网站的开发与建设成本、市场的宣传等费用都需要企业资金来承担,这笔资金相对中小企业来说是一笔不小的数字。同时,网站的平时管理也需要大量的资金和人力资源,也增加了企业的负担。

(3) 网站信息结构多样,不利于客户浏览

目前,我国还没有建立电子商务平台的统一信息结构,我国中小型服装企业的数量太多,企业都是根据自己的要求建立电子商务平台,因此就会造成众多网站的信息结构各不相同,这将会增加客户查找信息和分析信息的难度,将影响客户对网站的兴趣。

2. 网络市场

在初始阶段,许多中小型纺织服装企业不仅面临资金短缺等问题,还有专业人才匮乏、信息资源储备不足等实际问题,企业独立创建电子商务平台的方式不应成为首选。通过第三方建立的网络市场是进行电子商务是比较理想的方式。一方面,可以快速树立起企业的新形象,另一方面,也可以快速为行业内外提供相关的企业产、供、销等信息。采用网络市场开展电子商务的具体优点概括如下。

(1) 信誉保证

除了少数大型企业的电子商务网站外,通常情况下,企业自己建立的电子商务网站常常存在如何让客户信任的问题。企业加入到网络市场可以解决这个问题,网络市场通过采用会员制等方式,对加入市场的企业进行信用确定和管理,利用平台自身的信用为客户提供信用保证。

(2) 对技术和资金的要求低

由第三方建立的网络市场为企业提供了一个买卖双方获取信息和交易的平台,企业只需要缴纳一定的费用,在平台上注册一下,就可以在平台上开展电子商务活动了,减少了很多自建网站的技术问题。这对中小型纺织服装企业来说是一个非常合适的方式。

(3) 推广容易

企业自建电子商务平台的一个很大的问题就是推广,没有客户和人气电子商务网站就失去了它原有的目的,这需要企业自己在线上和线下进行大量的广告宣传。而网络市场就不同,几乎每个市场都有数量巨大的注册用户,这还不包括没有注册的浏览者,这些都是企业

潜在的客户或供应商。

（4）有利于信息的收集和分析

提供统一的贸易伙伴关系管理方式以及统一的信息交流模式，有利于客户对信息的收集和分析工作。

（5）有利于同类企业的公平竞争

客户可以通过网站查询自己有兴趣的产品以及有关信息，减少了消费者与经销商之间的信息不平衡性，降低了经销商对消费者采取价格歧视的机会。这样，消费者将会减少购货过程中的疑虑，选购真正适合自己的产品，使同类企业处于公平竞争的环境下。

网络市场就是企业间的一种中介服务型电子商务模式，由中立的第三方构建和维护电子商务平台，为企业间的信息交换和商品交易提供服务（图4-7）。网上交易市场的基本流程如下。

① 买卖双方在网络市场上各自发布需求和供应信息。

② 买卖双方根据网络市场提供的信息，选择自己的贸易伙伴。网络市场从中撮合，促使买卖双方签订合同。

③ 买方在网络市场指定的银行办理转账付款手续。

④ 指定银行通知网络市场买方货款到账。

⑤ 网络商品交易中心通知卖方将货物送到设在各地的配送部门。

⑥ 买方验证货物后提货。

⑦ 网络商品市场通知银行买方收到货物。

⑧ 银行将买方的货款转交给卖方。

⑨ 卖方将回执送交银行。

⑩ 银行将回执交给买方。

图4-7　阿里巴巴首页

垂直市场也就是行业市场，专门为某个行业服务，如机械、化工、纺织服装等。这类市场和水平市场具有形似的功能，主要不同的是具有鲜明的行业特色，为行业内企业开展电子商务提供一个平台。下表是目前我国主要的纺织服装网络市场。

表　我国主要的纺织服装网络市场

网站名称	域名	主要功能
慧聪服装网	www.cloth.hc360.com	国内领先的B2B电子商务服务提供商，依托其核心互联网产品买卖，以及雄厚的传统营销渠道——慧聪商情广告与中国资讯大全、研究院行业分析报告，为客户提供线上、线下的全方位服务
中国服装鞋帽网	www.fzxm.com	以整个服装鞋帽产业链为基础，辐射产业链包括：服装鞋帽、纺织印染、面料辅料、服装机械、箱包皮具、家庭纺织、服装饰品、皮革皮草等，为服装鞋帽产业链内相关企业提供供求商机、企业名录大全、行业资讯、展会信息、招聘求职等各类电子商务平台
中国服装网	www.efu.com.cn	提供专业的B2B电子商务、网络营销等互联网应用服务。主营网络营销推广、网络广告发布、电子商务交易、企业网站建设、诚信会员服务等五大业务
富民时装网	www.fumin.com	是国内首家以专业服装市场为基础的大型服装服饰门户网站。能为纺织、服装企业提供网上贸易、流行资讯、时尚图库、宽带视频、电子商务等服务
中国服装辅料网	www.cnfzflw.com	目前中国服装辅料行业的知名门户网站，通过资源的汇集、整合，为企业提供信息资讯和商业交易平台，为企业拓展更大的市场空间和开辟新的商业渠道，积极引导和帮助企业开展电子商务和互联网品牌的营销
好购网	www.okokgo.com	好购网的最大特色是为用户提供量身定制的服装。其中包括：名人服装、影视同款服装、时装周服装、设计师服装、杂志服装、网站图片服装以及街拍服装定制。产品种类丰富且材质纯良的面辅料，由国内知名面料生产商直接供货
衣联网	www.eelly.com	主要从事服装批发业务，是中国服装批发市场新的领航者。衣联网上的实体批发商主要来自十三行、沙河、白马、虎门等服装批发基地，衣联网热销的品类有高中低档的女装、男装、童装、内衣及T恤、外套、毛衣、棉衣、羽绒服、牛仔等
中国服装批发网	www.efp8.com	以服装批发市场为依托，提供女装、男装、童装、休闲服装，以及品牌服装的批发业务

3. 服装网络市场的选择

服装企业要想成功地利用网络市场进行商务活动，那么选择合适的市场就很重要，网络市场的选择过程如图4-8所示。

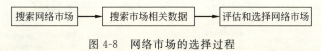

图4-8　网络市场的选择过程

（1）搜索网络市场

服装企业搜索网络市场的方法主要有如下三种。

① 通过多种媒体的广告。

② 通过搜索引擎（如百度、雅虎、Google等）获取相关信息。

③ 委托专业网络营销服务公司推荐适合企业发展的网络市场。

（2）搜索市场相关数据

选择网络市场时主要考虑市场会员注册数量、供求信息数量、客户分布情况、平台信息真实性及Alexa数据等。而B2C类型的平台则主要关心平台的人气、交易量、注册商家等指标。下面以阿里巴巴为例说明B2B网络市场数据的搜集方法。

① 网站企业会员注册数量。在网站首页的搜索栏中选择"公司",输入"服装"等相关关键词,单击"搜索"按钮,就可以了解该平台上服装相关企业的注册情况,根据关键词的不同,还可以进一步地缩小搜索范围。

② 供求信息数量。在网站首页的搜索栏中选择"求购",输入"服装"等相关关键词,单击"搜索"按钮,并可以得到相应的搜索结果。

③ 注册企业分布情况。在显示搜索注册企业的页面上,有显示具体企业的条目,可以根据不同地区分别显示各地区的注册企业,从而可以了解注册企业的分布情况。

④ 市场信息真实性评价。市场信息的真实性是市场可信度指标的重要参考,可以采用下列方法来评价。第一种方法是亲自体验法,首先从注册企业搜索结果中随机选取多条信息,然后通过信息中给出的联系方式考察信息的真实性,并根据考察结果评估该市场信息的真实性情况。第二种方法是利用市场提供的市场论坛和搜索引擎中获取对该市场的评价信息来评价该市场的真实性。

⑤ Alexa 提供的平台数据。Alexa(www.alexa.com)是一家专门发布网站世界排名的网站。Alexa 每天在网上搜集超过 1000GB 的信息,不仅给出多达几十亿的网址链接,而且为其中的每一个网站进行了排名,它提供的网站排名(Alexa 排名)、综合浏览量(Page Views)、访问者来路等数据很有参考价值。

Alexa 排名是 Alexa 公司按照网站的访问量给全球网站的一个名次(数据来源于那些安装了 Alexa 工具条的浏览器用户的网站访问情况)。该排名虽然存在着很多的不足,但从整个互联网来看,它提供的网站排名数据仍具有权威性,所以该数据是网站评价中的一个重要参考数据。登录 http://alexa.com 网站,在"Search"文本框中输入要分析的网站(如 www.alibaba.com),单击"Search"按钮。在打开的页面中就可以看到网站的 Alexa 排名,如图 4-9 所示。

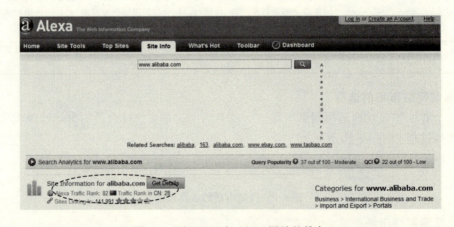

图 4-9 阿里巴巴在 Alexa 网站的排名

Page Views 表示网站各网页被浏览的总次数,该数据能说明网站的访问者是否能较长时间浏览该网站内容,它反映了一个网站页面的吸引力。在图 4-9 所示的界面中,单击"Get Details",在显示的页面中就可以看到 Page Views,结果如图 4-10 所示。

访问者分布情况主要反应网站访问者来自哪个国家或地区。该数据是评价电子商务是否具有国际性的一个主要数据。在图 4-10 所示的界面中,选择"Audience",就可以看到访问者来路。

(3) 评估和选择网络市场

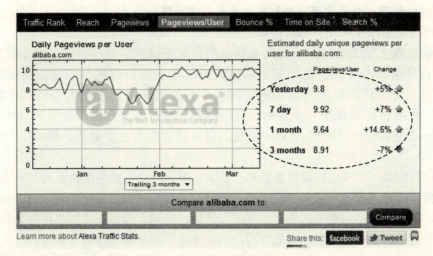

图 4-10　阿里巴巴的 Page Views

对网络市场的评估可从基本情况、实力指标和可信度指标三个方面作最后的综合评价，每个方面又可细化为多个具体的子项进行评价，可采用打分的方法做最后的综合评价。由于企业在选择网络市场时受到众多因素的影响，企业在选择时，应根据企业的需要、资金预算和企业网络营销人员情况综合地进行考虑，以便能正确地做出最后的选择。一般企业应同时选择在多个不同市场上进行商务活动。

4. 服装网络市场的应用

相比较自建电子商务平台，网络市场更适合一般服装企业，除了人气的优势外，企业在网络市场上开展业务的过程相对简单，涉及的专业技术较少。目前，不管是综合性网络市场还是专业性网络市场，企业建立自己网络营销店铺的过程基本上都是一样的，如图 4-11 所示。

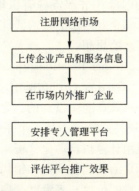

图 4-11　网络市场应用过程

二、大型服装企业的 B2B 电子商务模式

大型服装企业相对中小型企业而言，具有资金、技术、管理、品牌方面的优势，企业实现电子商务的重点是整合企业现有的供应链管理（SCM）、企业资源计划（ERP）和客户关系管理（CRM），实现产品生产过程、企业与企业之间供应链及客户关系管理的无缝连接。从而可以提高企业的生产效率和对市场的响应速度，降低生产成本，增强企业核心竞争力。

1. 供应链管理、企业资源计划和客户关系管理的概念

(1) 供应链管理（SCM，Supply chain Management）

供应链的概念是 20 世纪 80 年代末提出的。对于供应链的理解经历四个阶段，即从认为供应链是企业内部供应链开始，依次经历了考虑供应商的供应链、集成供应链和协同供应链三个阶段。目前有多种不同的供应链的定义，其中学术上较完整的供应链的定义为"供应链是围绕核心企业的，将供应商、制造商、分销商、零售商直到最终用户连成的一个整体的功能网络。"这一系统的整体绩效是否达到最优，取决于对它的管理和控制。

供应链管理是一种集成的管理思想和方法，它把供应链上的各个企业视为一个不可分割的整体，使供应链上的各企业分担的采购、生产、分销和销售的职能成为一个协调发展的有机体。供应链管理包括对整个供应链系统进行计划、协调、操作、控制和优化等各种活动和过程，它执行供应链中从供应商到最终用户的物流活动的计划与控制等职能，是一种继承化的管理模式。供应链管理的目的在于追求效率和整个系统的费用有效性，使系统总成本最低。

(2) 企业资源计划（ERP，Enterprise Resource Plan）

企业资源计划系统起源于制造业的信息计划与管理，它的前身是制造资源计划（MRP Ⅱ，Manufacturing Resource Planning Ⅱ）。MRP Ⅱ 是一个现代企业管理模式，目的是合理配置企业的制造资源，包括财、物、产、供、销等因素，以使之充分发挥效能，使企业在激烈的市场竞争中赢得优势，从而取得最佳经济效益。其基本思想就是把企业看作一个有机整体，从整体最优的角度出发，通过运用科学方法对企业各种制造资源和产、供、销、财各个环节进行有效地计划、组织和控制，使他们得以协调发展，并充分地发挥作用。

企业资源计划是指建立在信息技术基础上，以系统化的管理思想，为企业决策层及员工提供决策运行手段的管理平台。企业资源计划系统在 MRP Ⅱ 的基础上扩展了管理范围，提出了新的管理体系结构，把企业的内部和外部资源有机地结合在了一起。ERP 充分贯彻了供应链的管理思想，将用户的需求和企业内部的制造活动以及外部供应商的制造资源全部包括进来，体现了完全按客户需求制造的思想。

(3) 客户关系管理（CRM，Customer Relationship Management）

客户关系管理（CRM）最初由 Gartner Group 提出来，Gartner 认为："客户关系管理（CRM）是为增进赢利、收入和客户满意度而设计的，是企业范围的商业战略。"从这个定义里可以看出 Gartner 所定义的客户关系管理不是一个系统，而是一个商业策略。另外，通常我们所说的客户关系管理，是指用计算机自动化分析销售、市场营销、客户服务以及应用支持等流程的软件系统。它的目标是缩减销售周期和销售成本、增加收入、寻找扩展业务所需的新的市场和渠道，以及提高客户的价值、满意度、赢利性和忠实度。

2. 电子商务与 SCM、ERP 和 CRM 的集成

SCM 为企业提供了一个快速、柔性的供应链。ERP 是企业内部运行管理的基础，同时也是企业电子商务应用的基础。CRM 能够帮助企业实现个性化服务。这三个系统是企业实现电子商务的关键思想和环节，随着信息技术的发展，这三个系统的整合已成为企业信息化的关键。这种整合不是简单地把这些系统堆积在一起，而是按照业务模式和经营管理思想合理地把它们整合在一起，实现功能的协同合作，系统结构框图如图 4-12 所示。

(1) ERP 与 CRM 的集成

ERP 侧重于企业内部资源的管理，但客户资源也是企业最重要的资源，所以 ERP 也会

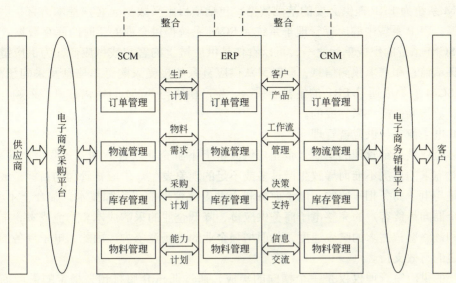

图 4-12 电子商务与 SCM、ERP 和 CRM 的集成

对企业的客户资源进行比较全面的管理，ERP 在管理企业内部资源时，必须保证企业各种资源围绕客户资源进行配置。CRM 主要是管理企业的客户。ERP 和 CRM 在各自的发展中不断相互渗透，两者之间的重复部分越来越多，有相互融合的趋势。这些重复的部分如图 4-13 所示。

图 4-13 ERP 与 CRM 的重复

通过对 ERP 和 CRM 之间重复部分的整合，实现 ERP 与 CRM 的集成，两者形成相互支持和依赖的关系，ERP 为 CRM 的数据仓库提供丰富的数据，CRM 的分析结果和预测给 ERP 提供了决策数据。两者的整合，实现从客户到供应商的完全连通，企业内部流程和外部交易融为一体，即通过 CRM 实现与客户的交互式营销，通过 ERP 实现整个供应链上的数据流畅。

(2) ERP 与 SCM 的集成

ERP 和 SCM 关注企业的不同方面，两者之间又存在着密切关系，如图 4-14 所示。

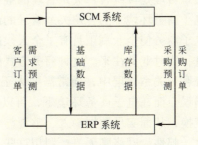

图 4-14 ERP 与 SCM 之间的关系

SCM 系统为 ERP 提供必要的基础数据，包括项目定义数据、客户基本信息、供应商基本信息等。ERP 系统中的库存管理子系统为 SCM 系统提供全面的实时的库存数据。ERP 系统作为 SCM 系统的组成单元之一，可以看作是供应链上的客户或供应商，为供应链系统提供客户订单信息和需求预测信息，同时又从供应链系统接受采购订单信息及采购预测信息。ERP 和 SCM 的集成通过 ERP 的销售、采购、生产模块与 SCM 的销售订单、采购、高级计划编程、敏捷制造模块来完成的。

(3) 电子商务与供应链管理

服装企业供应链管理的本质是企业与供应链上下游企业以合适的方式联合，共享信息，减少因对需求的预测不准而导致生产过多或不足的现象发生。供应链管理的目标是成本和时间，这是与电子商务相一致的。电子商务利用供应链管理的思想和技术，整合上下游企业，构成一个面向最终客户的完整电子商务供应链，降低企业的采购成本和物流成本，提高企业对市场和最终客户需求的响应速度，从而增强企业的市场竞争力。因此，电子商务的开展需要供应链的有效支持。

传统的供应链管理仅仅是一个横向的集成，通过通讯介质将预先指定的供应商、制造商、分销商、零售商和客户依次联系起来。这种供应链仅是点到点的集成，只注重内部联系，灵活性差，管理成本高、效率低，而且供应链中的一个环节中断了，则整个供应链都不能运行。B2B 的电子商务弥补了传统供应链的不足，它不仅局限于企业内部，而是延伸到供应商和客户，甚至供应商的供应商和客户的客户，建立的是一种跨企业的协作，覆盖了从产品设计、需求预测、外协（外购）、制造、分销、储运和客户服务等全过程。因此，B2B 的电子商务带来了供应链管理的变革。

(4) 电子商务与客户关系管理

电子商务与客户关系管理的有机结合可以提高企业客户关系管理水平，提高客户价值和满意度，同时可以使电子商务更加有效。CRM 的目标就是提高客户价值和客户满意度，为企业带来更多的利润。客户价值简单地讲就是客户给企业带来的收益，也就是说客户购买企业的产品或服务，使企业的价值得以实现。利用电子商务平台快捷、方便的特点，在企业电子商务系统中融合客户资源管理功能，就能获得尽量多的客户价值。如在线提供产品质量保证书、换/退货证明等，让客户感觉购买放心；通过在线交易系统、在线付款系统等，减少客户的排队、等待时间。客户满意度是客户通过对一个产品或服务的可感知的效果，与他的期望值相比较后所形成的愉悦或失望的感觉状态。在电子商务环境中，企业可以提供及时、多样化的客户关怀服务，提高客户满意度，使企业拥有更多忠诚的客户。另一方面实施 CRM 可以更有效地进行电子商务活动。通过 CRM 可以对消费者进行划分和管理，从而使电子商务活动更有针对性、更有效率。

电子商务环境下的客户关系管理是传统客户关系管理的继承和发展，具有灵活、数据自动输入和交互性好的特点。电子商务环境下的客户关系管理的最大特点在于灵活性，这种灵活性体现在时间和空间上。电子商务使企业真正具有了全天候的服务模式，企业可以在全球范围内与供应商或客户随时进行实时业务往来。这种商务方式极大地方便了客户，客户满意度将随之而自发提高。在传统客户关系管理中，通常需要人工输入、整理和分析客户数据，这样既影响效率又容易产生错误。而在电子商务环境下，可以实现所有的数据的自动输入，利用数据共享，可实现数据交换，从而实现数据输入、整理与分析的自动化。在电子商务环境下，提供多种交互工具：电子邮件、网络聊天等，利用这些工具，企业和客户之间可以实现实时的双向交流，这是客户关系管理的又一个显著特点。客户通过网络对产品或服务进行选择或提出具体要求，企业可以根据客户的选择和要求及时进行生产并提供及时的个性化服务。

三、服装企业 B2B 电子商务应用案例

好购网是深圳迦里天下网络科技有限公司旗下一个专业门户网站，最大特色是为用户提供量身定制的服装。其中包括名人服装、影视同款服装、时装周服装、设计师服装、杂志服装、网站图片服装以及街拍服装定做。无论是范冰冰的仙鹤装、龙袍装，还是第一夫人的涉外服饰，好购网都能定制。

好购网上定制的服装包含很多个性化的因素，款式、面料、颜色都可自己决定。花型漂亮、品质卓越的产品，无疑更具市场竞争力。好购网作为一个专业的服装定制平台，瞄准了这样一个充满激烈竞争的服装定制市场，依托网站庞大的下游服装店主资源，将大多数客户的小需求整合在一起变成大的订单需求，让上游服装企业、下游店主不需谋面就能满足自己卖货和订货的需求。同时，好购网拥有全国 300 家服装厂与其合作，上百名设计师入驻。网站展出的所有款式，都是由设计师团队精心筛选，量身定制，把专业做到实处，让客户领先市场 6 个月体验国际流行时尚。种类丰富且材质纯良的面辅料都是由国内知名面料生产商直接供应；工艺师使用 CAD 软件完成服装板型，打破标准尺寸的限制，让衣物和身体线条贴合统一；服装的裁剪缝制则由 25 年以上经验的纯正"红帮裁缝"手工完成。好购网以更低的价格为淘宝店主以及消费者提供有品质、有优惠、更全面的个性化服装定制、批发服务，让服装定制走向大众化、平民化。

网购作为一种新的购物方式，正加快转变经济发展方式，拉动和创造内需。几十年来，定制服装意味着需耗费过高的成本，但今天，得益于电子商务网站和新技术，使定制服务与轻松的网上购物相结合，一套价格实惠、精心设计的定制衣服，只需一次点击即可实现。曾有外媒指出，尽管目前存在诸多障碍，但在线定制和网络定制批发是未来购物的必然趋势。好购网的个性化服装定制和定制批发无疑是拉动内需的一大引擎，因为定制的服装能够更好

图 4-15　好购网主页

地满足不同年龄、不同品味的人群。选好布料、定好款式、加点创意，一度淡出人们视野的"裁缝店"又重新焕发生机。

除此之外，好购网还设有产品齐全的服装批发商城，包括女装、男装、鞋帽、家居内衣和箱包配饰。均是由好购网的专业采购团队，从全国各大服装批发市场采购的最新款产品。同时，好购网为实体商家和淘宝商家提供多样化、方便快捷的服装批发业务。通过健全的保障体系，确保用户的个人信息和交易资金的安全。

图4-15是好购网的主页，在主页设有独家限量定制、大牌同款定制、设计师定做、晒图定制、批发商城以及定制流程等多个子导航栏目，分别如图4-16～图4-21所示。此外，好购网首页还设有商务合作专栏，各地商家可随时登录其商务合作子页面，寻求最佳合作途径和方式。

图4-16　独家定制子页面

图4-17　大牌同款定制子页面

图 4-18 设计师定做子页面

图 4-19 晒图定制子页面

图 4-20 服装批发商城子页面

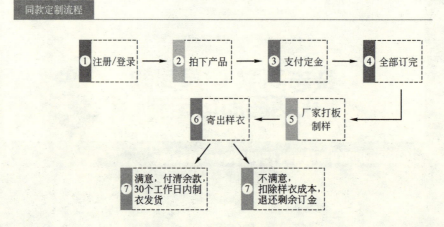

图 4-21 定制流程子页面

思考与讨论 ▶▶

1. B2B 电子商务的特征是什么？
2. B2B 电子商务对企业的影响什么？
3. B2B 电子商务的模式有哪些？

4. 传统纺织与服装企业的采购与销售流程是什么？它们的缺点是什么？
5. 讨论中小型纺织服装企业实施 B2B 电子商务时采用哪种方式比较合适？
6. 讨论大型纺织服装企业实施 B2B 电子商务时的重点是什么？

实践 ▶▶

1. 选择 2~3 家网络市场，如阿里巴巴、慧聪网等，对比分析它们之间的共同点和差异。
2. 选择某个网络市场如中国纺织网，熟悉企业利用该网络平台开展业务的流程和方法。

第五章
服装B2C电子商务

学习目标
- 理解并掌握B2C电子商务模式的相关概念。
- 了解B2C电子商务模式的主要类型及特点。
- 熟悉B2C电子商务的交易过程。
- 熟悉并掌握服装B2C电子商务的运营模式及特点。

 引例

PPG男式衬衫创造网络销售奇迹

上海市郊外的徐泾蟠中路,空旷的草坪上矗立着几栋白色的小楼,其中的3栋楼外墙上,蓝色的PPG标志在白墙的衬映下赫然在目。"我们有两栋楼是仓库,还有一栋是办公楼。"批批吉服饰(上海)有限公司(缩写为PPG)CEO戴维斯李(David Lee),只用3秒钟时间就向记者呈现了这家衬衫企业的全部家当。

如果你去国内衬衫市场的龙头老大雅戈尔参观过,你就会知道服装企业的"身躯"要有多么庞大。要知道雅戈尔在纺织板块和分销零售网络上分别投资10多亿元,它甚至拥有占地500亩的纺织工业城,用于面料生产和纺织印染环节。相比之下,专注于男式衬衫生意的PPG简直是在挑战轻资产运营的极限:员工总数不到500人,其中还包括206席呼叫中心的工作人员;看不见厂房和流水线;只有3个小仓库;而且商场里也没见过它的柜台。可以说,这家公司几乎就浓缩在这么一个小院子中。

但是成立时间不过一年半的PPG正在振动整个行业:仅仅凭呼叫中心和互联网,它每天能卖掉1万件左右男式衬衫,而国内市场占有率第一的雅戈尔去年在国内平均每天销售衬衫的数字也不过是1.3万件,但是雅戈尔目前拥有零售网点1500多个,去年在渠道上的投入是3500万元,而PPG没有一家实体店却已经迅速跻身国内衬衫市场前三甲。

PPG的法宝有两个:一个是相比同等定位和质量的衬衫产品,其价格几乎便宜一半。而且这些平均售价只有150元左右的衬衫,却奇迹般地维持了比别人更高的利润。另一个是,PPG从不自己生产衬衫,将物流也外包了出去,却创建了一条快速反应的供应链,它的库存周转天数只有7天,要知道同行业的平均水平是90天。"我们既不是服装企业,也不是互联网公司,而是一家数据中心,甚至你可以认为是一家服务器公司。"戴维斯这样说道。

虚拟经营、电子商务、准时制(Just In Time)的供应链,仔细想想PPG模式的每个组成部分其实都算不上前卫，但能把这些概念整合在一起，然后创造出规模收入并持续增长，PPG 却体现了自己的与众不同与竞争优势。在戴维斯眼里，自己机房里的 20 多台服务器里流动的信息，还有 PPG 紧密契合业务的 IT 平台，是让一堆概念最后变成钞票的关键催化剂。这就是这家"轻公司"最重的资产。

资料来源：中国教学案例网

1995 年，一些美国服装企业如施皮格尔（Spiegel）效仿亚马逊首先开始在互联网上销售服装，随后其他企业也相继进行网上服装销售业务。经过几年的发展，2001 年美国服装在线销售额达到 44 亿美元。虽然互联网在我国的发展较晚，但我国服装企业和零售商业开展了网上服装销售活动。2007 年服装服饰类成为网购的第一大类商品，交易额最大。在 PPG 的市场培育下，2007 到 2008 年内，出现大量男装 B2C 平台。服装电子商务成为市场关注的焦点，一些传统的服装企业也开始建立自己的网站，进行网上销售服装。本章主要介绍纺织服装 B2C 电子商务。

第一节　B2C 电子商务模式概述

B2C 是互联网上最早出现的电子商务模式，美国的亚马逊就是 B2C 的开创者和典范。它最早是卖书籍，现在卖百货，几乎网上能卖的都卖。8848 网上商城开创了我国 B2C 电子商务的先河，也是我国最早的电子商务模式。目前网上各种经营书籍、鲜花、计算机等商品的网络零售商都属于这一类型，如当当网，就是大家所熟悉的网上商店，是目前世界上最大的中文书籍网上销售商，现在也经营百货，图 5-1 为当当网的首页。

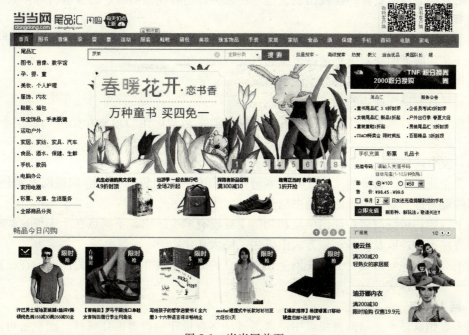

图 5-1　当当网首页

一、B2C 电子商务的特点

B2C 模式就是把商品和服务通过网络来进行交易，从消费者挑选和比较商品到最后的购买以及售后服务，整个流程都是通过网络这个媒介来完成的，不进行当面交易，这和传统的商店购物有很大的区别，B2C 与传统商店的区别见表 5-1。

表 5-1　网上商店与传统商店的区别

比对因素	网上商店	传统商店
购物地点	虚拟空间	物理店铺
商品展示	图片、文本等多媒体手段	实物展示
购物时间	全天候	规定时间
支付方式	货到付款、网上支付等	购买时直接现金支付或刷卡
顾客方便度	顾客可以按自己方式自由购物	受时空限制

并不是所有的商品都可以在网上销售，如易腐烂的蔬菜、水果就不适合在网上销售。适合网上销售的商品一般具有标准化、不易变质、适合传递等特点，不需要完全真实感受其形态、不需要试用，并能够通过电子传递或长时间配送。所以 B2C 网上商品最好是能够通过电子传递的产品和服务。其次是书籍和光盘，通过网络可以降低消费者搜索时间，而且符合上面提到的商品条件。目前 B2C 电子商务模式中销售的商品可以分为实体商品、数字产品和在线服务。

二、B2C 电子商务模式的类型

根据 B2C 电子商务模式的定义，网上商店不是 B2C 唯一的表现形式，B2C 模式的表现形式多种多样，专门依靠网站进行零售的网上商店或商城是人们比较熟悉的一种。企业自己开设网站直接面对消费者的在线销售也是一种，另外还有在线服务、远程教育等形式。

1. 网上商店

网上商店模式以销售有形产品和服务为主，产品和服务的成交是在 Internet 上进行的，而实际产品和服务的交割仍然通过传统的方式。

这些网上商店的经营者有如下两种情况。

（1）经营着离线商店的零售商

这些企业有着实实在在的商店或商场，网上的零售知识作为企业开拓市场的一条渠道，他们并不依靠网上的零售生存。如美国的 Wal-Mart、中国的上海书城等。

（2）没有离线商店的虚拟零售企业

这类企业是电子商务的产物，网上零售是他们唯一的销售方式，他们靠网上销售生存。如美国的亚马逊书店、中国的当当书店等。

网上商店和传统商店在部门结构和功能上应没有多少区别，不同点在于实现这些功能和结构的方法、手段以及商务运作方式上发生了巨大变化。

网上商店的建立形式可分为在网上设立独立的虚拟店铺和参与并成为网上的在线购物中心的一部分两种形式。

2. 网上直销

网上直销就是产品制造商绕过中间商通过网络直接向消费者推介商品，消费者可以通过生产厂家的网站进行在线浏览产品信息、在线咨询、在线订购和在线支付等业务，并采用多种物流形式配送产品。网上直销最显著的特点就是可以定制产品，按订单组织生产。美国著名的电脑制造商戴尔是网上直销的成功案例。现在，有些服装企业也模仿戴尔的做法，根据消费者的订单制造服装，出现了网络裁缝，如 Beyond tailors。

3. 在线服务

在线服务根据服务内容可以分为情报服务、互动式服务和网络预订服务三种主要形式。

(1) 情报服务

就是在线提供多种不同内容的情报信息，如医学咨询、股市行情分析、市场统计分析数据等。

(2) 互动式服务

通过网络服务，使用者和提供者之间可以相互交流互动，包括远程教学、在线娱乐、远程医疗等。

(3) 网络预订服务

B2C 电子商务给人们提供了一种全新的生活方式，可以方便快捷地在网上购物或享受各种服务。在我们的生活中，除了百货外，各种各样的票类也是与我们的生活密切相关的，如车票、电影票、飞机票等。为了提高购票效率和方便出行，销售各式票类的网站和平台应运而生了，主要有两种类型：传统售票窗口的网络化和出售电子票。传统售票窗口的网络化就是在网上进行代购服务或在线订购，最终客户拿到的仍然是传统的纸质票，只是不要亲自到现场购票而已。而电子票则只给客户提供相关的数字信息，电子机票和电子影票是常见的两种。现在各大机票销售网都出售电子机票，购票时只需在线填写乘客相关信息并进行网上支付后就可以得到一个电子机票，登记前只需要提供身份证号和电子机票号就可以换取登机牌。

三、B2C 电子商务的交易过程

B2C 电子商务的交易过程和其他模式的交易流程相似，其交易流程可分为信息发布与交流、商品选购、货款支付、商品配送和售后服务 5 个环节。

1. 信息发布及交流

这是交易的第一步，可视为买卖双方交易前的准备阶段。在这一阶段商家通过自己的网站发布所经营的商品及相关信息，消费者通过 Internet 浏览网站并与商家进行交流。

2. 商品选购

B2C 电子商务网站具有和传统商店相似的功能，消费者可以模拟实际的购物过程在网站上选购商品，消费者在没有下订单前可以把想购买的商品存放在购物篮中。在 B2C 模式中，消费者选择好商品后，就可以直接在网上进行订单的填写，并提交给卖家，卖家也是直接在网上确认。为了降低成本和简化手续，一般双方很少采用正规的数字签名的电子合同。

3. 货款支付

目前 B2C 电子商务的支付可以有多种形式，有网上支付、汇款及货到付款等方式。通过邮局汇款尽管是人们熟悉的一种支付方式，但它不符合电子商务快捷方便的特点，随着网上支付的发展，这种方式会逐渐退出电子商务的支付领域。货到付款对运作的区域有限制。由于 B2C 所涉及的金额不大，选择网上支付的风险要小，现在越来越多的人选择网上支付，这对买卖双方来说都是有利的，消费者可以不受时空的限制进行支付，可以更快地拿到所买的商品，卖家可以加速资金的回收。

4. 商品的配送

在 B2C 电子商务中，买方数量众多，范围广，除了在一定区域内建立自己的物流配送中心，一般商家将商品配送外包给第三方物流企业进行。B2C 电子商务企业与物流配送企业合作，首先建立先进的自动订货处理和发货流程管理系统。物流企业将物流信息管理系统和电子商务企业的电子商务系统链接在一起，一旦物流企业给出商品的包裹号，电子商务企业就可以得到这个包裹号，并可以利用这一号码跟踪商品的配送过程，获得详细的商品配送记录。消费者可以通过 B2C 电子商务网站随时查看自己订购的商品的送货情况。

5. 售后服务

买家得到商品后，并不意味着买卖双方关系的结束。卖家要为买家提供商品的更换、退货、维修等业务，同时也可以和买家合作改进商品和服务，以便更好地为将来的发展服务。同传统的商务活动一样，电子商务中的售后服务在整个销售环节中占有很重要的地位，最主要作用就是帮助商家更好地收集产品和客户信息，从而为商家将来的发展确定正确的方向。

四、B2C 电子商务的组成

B2C 电子商务的组成一般应该包括为顾客提供在线购物场所的商场网站、负责为客户所购商品进行商品配送的物流服务系统和提供网上支付的银行及认证系统，如图 5-2 所示。

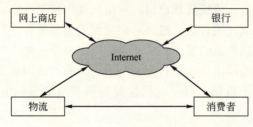

图 5-2　B2C 电子商务的组成

第二节　传统服装零售

一、服装流通渠道概述

在过去商品经济不发达的年代，人们所穿着的服装主要以手工、作坊加工为主。随着纺织服装工业技术和贸易的快速发展，成衣服装逐渐占有市场的主导地位，而面料在服装零售领域市场中的份额越来越少。

在目前的社会经济结构中，绝大多数制造商都不会将商品直接出售给消费者。在制造商和最终消费者之间有大量中间商。服装制造商和其他制造商一样通过这些中间商将服装提供给消费者。在服装销售中，中间商是指从事服装批零业务及其代理业务的商业企业，包括批发商、代理商及零售商。这些中间商构成了服装的营销渠道，图 5-3 是服装流通图。

1. 中间商的作用

现代化大生产和商品经济高度发达的社会里，生产者与消费者之间存在空间、时间、信息、价格等方面的矛盾，这些矛盾影响了商品的流通，使商品不能顺利地从生产者转移到最终消费者手上，中间商的存在可以缓解或减弱这些矛盾，促进供求之间的平衡。大多数服装企业依赖于众多的各种类型的中间商，中间商通过各种服务或直接参与批发或代理销售，按成交金额的一定比例提取佣金或费用，他们在服装的流通过程中起到很重要的作用。

（1）简化交易

通过中间商能够更加有效地推动商品广泛地进入目标市场。在没有中间商的情况下，一个生产商和每一个消费者都必须直接进行交易，从而使商品的流通过程复杂化，中间商的存在，要完成同样的交易，流通过程会大大简化。如有 3 个生产商和 10 个消费者进行交易，

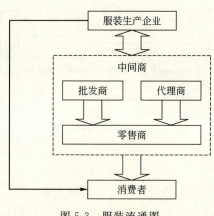

图 5-3　服装流通图

直接交易的次数是 30 次，而如有一个中间商次数为 13 次。

（2）经济高效

企业资源有限，可以把有限的财力、物力和人力用于专业生产。对于服装在流通过程的一些业务就可以由中间商来承担，中间商通常要承担采购、运输、储存和销售商品等业务，具有集中、平衡和扩散商品的功能。这样就可以节省时间、地点和资金的占用，而且分销的速度快、效率高。

（3）促进销售

产品销售一般需要专门的技术和知识，服装销售更为复杂，一般生产企业缺少这方面的技能和知识，缺少对市场的洞察和理解。相反，中间商具有丰富的市场营销经验和营销专业知识，与顾客有广泛的联系，熟悉市场，因此，能在商品流通过程中起到良好的促销作用。

2. 营销渠道的作用

（1）商品转售

将商品从生产者手中转移到消费者手中，这中间至少发生一次所有权转移，成为所有权效用。

（2）信息传递

中间商将有关商品的信息传递给消费者，其中一部分是促销信息，同时也将消费者和市场信息反馈给生产者，即中间商起了商品流通过程中信息传递、反馈和促销的作用。

（3）实体分配

在流通过程中，商品的储存和运输等构成了流通成本的主体，直接影响到流通的速度和质量。同时贮存过程也起到协调生产节奏与消费节奏的作用。

（4）增加附加值

增加产品在流通过程中的价值与效用。中间商为了提高产品附加值，要对产品包装、整理甚至再加工，以提高产品的适用性。

（5）有利于企业资金周转

由于中间商分担了部分销售费用，因此有利于生产企业资金周转。同时中间商对降低企业经营风险也起到一定的积极作用。

二、传统的服装流通渠道

通常，我国服装商品遵循生产、批发、零售的运营轨迹。服装流通渠道可以根据有无中间商和中间商的多少，划分为多种不同的营销渠道类型，如图 5-4 所示。流通渠道类型通常

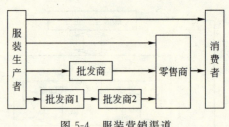

图 5-4 服装营销渠道

用中间商的个数来表示。

1. 直销渠道

也称零级渠道。服装生产商直接把服装销售给消费者，在销售过程中没有任何中间商的参与。主要方式有以上门推销为主的直接销售；以电视、网络、报纸、杂志为广告媒体的营销方式；服装企业设自营店的方式。服装直销可以节约营销中介机构的费用、时间，消费信息传递快速、准确，但这种一对一的销售方式工作量大，给管理工作带来很大的难度，一般情况下要采用计算机来进行信息管理，否则会影响渠道效率。另外，自营店投资大，管理复杂，需要高水平的企业管理。

2. 一级渠道

在生产商和最终消费者之间只有一个中间商——零售商、生产商将服装以出厂价出售给零售商，再由零售商将服装销售给消费者。我国百货店主要采用这种方式。

3. 二级渠道

在生产商与消费者之间有两个中间商。首先生产商将服装以出厂价出售给批发商，然后批发商以批发价出售给零售商，最后由零售商把服装出售给消费者。

4. 三级渠道

和二级渠道相比，多了一个批发商，也就是说出现了两个批发商，即一级批发商和二级批发商。一级批发商从生产商那购得服装，二级批发商不直接从生产商那购买服装，而是从一级批发商那购买服装，然后再以批发价销售给零售商。

三、垂直营销渠道

传统的营销渠道由生产商、批发商和零售商组成，他们之间相互独立，各自为政，相互协作意识薄弱，各自以自己的利益最大化为目的，缺乏共同的目标，缺少解决矛盾冲突的有效办法。现代营销理论以满足最终消费者的需求为目标，生产、批发和零售企业采用"垂直营销系统"。它是生产商、批发商和零售商的联合体，使生产、批发和零售商有机组合，既有合作，又有分工。大型服装企业品牌意识强，以服装生产为基础，重视批发销售组织的建立和完善，同时，以专门店或店中店的形式参与零售。

垂直营销体系可以分为三种类型。第一种为"企业内垂直系统"，指一个品牌在同一个企业内部完成它的生产、批发与销售，如意大利的贝纳通企业与贝纳通品牌的关系；第二种为"合约垂直体系"，指流通渠道中的领头企业通过特许授权连锁、自愿连锁合同的方式组织生产、批发、销售为一体的垂直市场体系，如我国的杉杉公司与法涵诗的关系；第三种为"管理垂直体系"，指流通渠道中的领头企业组织、管理流通中的各企业，如我国的雅戈尔企业与百货店零售柜台的关系。

四、服装零售商类型及特征

零售是将商品或服务售予最终消费者的一种商业活动。从事产品零售业务的中间商就是零售商，是服装流通渠道的最后一个环节，是服装企业重要的经营资源。社会和经济环境的不断变化及服装商品的广泛性、多样性、丰富的文化内涵的特点，使得服装零售表现出多种多样的形式，而且还在不断有新的零售业态出现。服装零售按销售性质分为非店铺零售和店铺零售。

非店铺零售包括自动售货机、邮购、网上订购或网上商店、电话或电视订购等。随着电子商务的发展，网上订购或网上商店已受到服装企业、零售商及消费者的广泛关注。

店铺零售是零售业最基本的销售形式，也是最早出现的零售方式，服装店铺零售通常有百货店、专卖店、超级市场等。

1. 百货店

百货店是零售业中重要的组成部分，具有规模大、销售品种广泛、组织系统分工明确、产品线宽且深的特点。服装是百货店的主要产品大类，通常服装的销售额占整个百货店零售额的 40%。百货店相对于服装专卖店产品种类齐全，品牌多，可选商品丰富。百货店根据服务水平、商品质量、品牌可分为高档、中档和大众百货店三种类型。

2. 专卖店

专卖店通常是专门经营某一类商品或相关联的几类商品的零售形式，具有产品线窄而深，专业服务水平及价格较高的特点。服装专卖店在市场细分、目标市场的制定和产品专业化方面定位明确，往往采用连锁经营形式且购物环境较好，可以迎合顾客对于品牌和个性化消费的需求。专卖店中的品牌专卖店就是专卖某一品牌或某一设计师的品牌的服饰。通常以连锁或特许经营方式，产品线窄，但在服务、经营方式，包括装潢、商品展示、定价等方面规范标准。

3. 超级市场

超级市场相对规模大、成本低、毛利低，是能够满足消费者对食品、衣着和家庭日用品等各种需求的自助服务式零售企业。通常采用连锁经营方式，规模和销售量大。20 世纪 90 年代，我国超级市场开始出售服饰商品，如休闲装、袜子、内衣等。随着市场的发展，超级市场经营的服装品种也越来越丰富，包括衬衫、西装、时装等。

4. 自营店

这是服装企业直接供货经营的商店。由于少了中间环节，通常自营店比百货店或专卖店价格低。自营店有街面店和设于商场中的店中店两种形式。

5. 新形式

（1）平价超市式服装连锁零售店

20 世纪 90 年代，受国际经济和社会形态变革的影响，更多的人崇尚实惠和实用，使高级女服销量锐减，百货店面临冲击，而折扣店和大型综合超市发展迅速。以美国 GAP、日本优衣库等为代表的平价超市式服装连锁零售店迅速崛起，进而有些零售巨头提出服饰超市和服饰大卖场的概念。

（2）服装敏捷零售

服装零售商与服装生产商、面料和纤维制造商密切配合，在相互信任的基础上，共享信息和利益，共同构建敏捷服装零售的供应链管理系统，以应对服装行业小批量、多品种、短周期、变化快的销售趋势。

第三节　服装 B2C 电子商务的运营模式

如前面所述，传统服装营销中，大多数生产者都无法将产品直接出售给最终的消费者，产品从生产者到消费者手中需要经过许多中间环节，如批发商、代理商、零售商等，这些分销商和零售商构成了产品的分销网络。这种分销网络规模大而且是多层次的，虽然可以提高企业产品的销售量，但也存在销售成本高，管理复杂、客户满意度低等问题。

与传统的服装营销渠道相比，网络营销的营销渠道是互联网本身，其渠道表现为单一层次，其结构和作用都比传统的要有进步。目前常见的服装 B2C 电子商务主要有两种形式：网上商店和网上直销。

一、服装网上商店

1. 服装网上商店的结构

网上商店简单地讲就是开在网络上的商店，消费者通过商家的网上商店进行商品的选购和资金的支付。这些网上商店连接着生产者和客户，承担起服装批发商和零售商这类传统中间商的作用，其结构如图 5-5 所示。亚马逊和卓越网就是这样的网上商店。

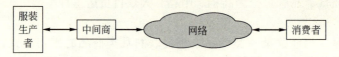

图 5-5　服装网上商店

如果根据传统服装营销渠道的分类方法来看，那么网上商店这种 B2C 电子商务模式可以看成是一级销售渠道，但该渠道和普通的销售渠道不一样，是互联网。通过互联网的虚拟性和高效信息的交换能力，利用网络进行产品销售改变了传统销售渠道中的许多环节，使原本错综复杂的关系简化为单一关系，即服装只通过网上商店一个环节就可以从生产者转移到消费者手中，但又可以完成服装商品的有效流通。这种销售方式对于服装生产者和消费者来说都是有利的，主要表现在以下几点。

① 可以最有效地把产品及时提供个消费者，满足消费者的需要。

② 可以通过网上商店扩大销售，加速商品和资金的流动速度。

③ 在产品分销过程中，中间商越多，产品最终的价格就越高，产品的市场竞争力就会在流通过程中降低，互联网取代了各级分销商，大大降低了商品流通的费用。

2. 服装网上商店的类型

第一节中讲到网上商店可分为两种类型，一种是实际店铺在网络上的延伸，也就是说网上商店的经营者有自己实际的店铺，如美国的 GAP（www.gap.com，中国官网：www.gap.cn），图 5-6 是 GAP 的首页，GAP 是一个服装零售品牌，有超过 2600 家专售店分布在世界各地，GAP 在互联网上建立了一个网站，通过网站，顾客可以非常方便地预览商品，然后进行在线订购，之后再去实际的商店中取货。

另一种称为"纯网络"的网上商店，网上商店的经营者没有实际的店铺，所有的商业活动都是建立在网络上，如凡客诚品等。

3. 轻资产直销模式——PPG 介绍

2005 年成立的 PPG 服饰（上海）有限公司就是服装 B2C 中典型的"纯网络"类型，2007 年 9 月举行的商界论坛最佳商业模式中国峰会上，PPG 获得年度最佳商业模式第三名。PPG 的模式有时被称为"服务器服装公司模式"，其业务流程如图 5-7 所示，也有人把 PPG 的商业模式称为"轻资产直销模式"。

PPG 在很短时间内，其衬衫的销售量接近雅戈尔，成为一个网络传奇。尽管现在由于种种原因，PPG 逐渐失去了原有的市场和地位，PPG 作为我国第一个男装网络直销品牌，

图 5-6　GAP 网站首页

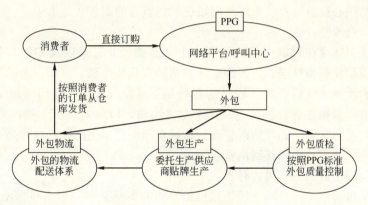

图 5-7　PPG 的业务流程

虽然其创立的商业模式还有一些缺陷，但对于我国服装电子商务来说还是有很多借鉴和思考的地方，其优点如下。

（1）创新的商业模式

PPG 的核心商业模式是现代化网络电子商务模式与传统零售业进行创新性融合，以区别于传统的渠道分销模式，采用更优化的直销营销方式。辅助以卓越的供应链管理体系，在统一的品牌战略管理理念下，呈现一种全新的高效商业管理模式。没有实体商店，没有自己的工厂，没有自己的物流队伍，只有一群忙碌的接线员和一台台电脑服务器，产品展示集中在的网站和各大媒体广告上。产品全部通过互联网和呼叫中心接受预订，确认订单后，ERP 会把采购信息传递到仓库和物流公司，并在 3～5 日内将产品送到消费者手中。

从结构上来看，PPG 模式的核心在于生产销售与供应链管理。这两者分别来自不同的"原型"：前者是以直销著称的电脑制造商戴尔；后者则是以"供应链管理"著称的香港利丰集团。从某种意义而言，PPG 试图将这两种模式融为一体：一方面，在生产管理上以"戴尔模式"提高效率；另一方面，实施以品牌为核心的"供应链管理"，在客户群与生产企业之间寻找"最佳资源组合"。

（2）服装生产销售的"戴尔模式"

在生产模式上，PPG 的商业模式与戴尔电脑的直销模式相类似。戴尔的理念是按照客户要求制造计算机，并向客户直接发货以节省中间的物流环节。PPG 将 PPG 品牌男装交给位于长三角地区的七家合作企业贴牌生产，PPG 负责产品质量的管理，然后通过无店铺的在线直销和呼叫中心方式，不通过传统的零售渠道，将产品直接交到消费者手里。

（3）核心竞争力

PPG 将产业链的两端生产和物流外包，留下中间的运营平台，自己深耕，以此塑造公司的核心竞争能力。如产品设计理念源自国外经典的服装风格，设计时采用国际流行经典元素、迎合国际潮流趋势，同时结合国内各方面专家的建议，采用最贴合亚洲人体型的成衣尺寸，力图提供色彩多样的、经典与时尚平衡的服装。在物流管理方面遵循国际先进的管理模式，同国内知名的物流公司，如"联邦快递"、"宅急送"等紧密合作，以保障客户在确认定单后第一时间收到货物。同时"联邦快递"有着全球合作协议，实施全球化配送委托。PPG 还开发了一套企业信息管理系统，将上游的采购、生产与下游的仓储、物流、发送都用系统互联互通，使信息在这个闭环的供应链里得以快速流转。而掌握了消费者信息，就能通过订单数字和顾客信息了解顾客购买衬衫的需求，并考虑到地区、季节等因素，及时调整发货数量和方向，甚至可以及时调整生产和设计。这和以前的传统服装的销售方式存在着巨大的差异。这种专注的核心竞争能力能更好地满足现代消费者的需求。

（4）有效的资源整合

这种整合能力体现在对供应商的管理、上下游的产业管理以及 OEM 管理、外协群管理、对上游的质量控制和管理、对下游配送机构的监督和控制。例如，为了从原材料采购阶段就控制服装的质量，PPG 签约了自己的面料加工商，通过采购部门衔接面料供应商和成衣制造商，并进行紧密协作。因此，从这个意义上讲，PPG 对生产、物流等渠道流通的管理完全采取的是供应链管理的外协群管理。这种管理保证了生产和物流的高速度，保证了产品顺利和快速地从加工基地转移到消费者手中。

（5）合适的网上商品——男式衬衫

男士衬衫是服装中最适合网上销售和目录销售的商品之一。男士衬衫不同于其他服装，对现场体验几乎没有要求。即使在销售终端，男士衬衫也是不允许试穿的。仅通过一些标准数据，如尺码，消费者能够对产品有较好的把握，这决定了男士衬衫能够像图书一样，实现网上销售。

（6）重视广告宣传

与供应链和渠道的"轻"相比，PPG 在品牌宣传上的花费却很"重"。在短短一年多内 PPG 被消费者熟知，倚仗的是报纸、直邮杂志、电视、网站、户外媒介等多种形式的广告覆盖。除此之外，它还拥有一个独特的推广方式：各类网站可以加盟 PPG，只需放上 PPG 的网幅广告，就可以通过专属的账号和密码随时查询为 PPG 带来的流量。只要定购了产品，PPG 将返回销售额的 5%给加盟商。

PPG 模式存在的缺点主要体现在以下几点。

（1）企业发展初期投入较大

这种"轻模式"的电子商务企业，不仅需要自行组织产品供应渠道，还需构建仓储及物流配送体系，投入非常巨大，需要有雄厚的资金。在发展初期的相当长的时间内，因网站自身的知名度不高，品牌的搭建须从零开始。物流配送也是难题，若自建物流配送体系，不仅耗费时间长，且投资巨大，中小型企业难以承担。若依托邮政和第三方物流企业则不能有效监测物流配送过程，难以控制物流服务质量及直接获得顾客的意见和建议。

(2) 产品质量得不到保证

不管是传统销售还是网络销售，产品质量始终是赢得市场的关键。当直销带给消费者的价格兴奋期过了之后，产品质量就成了吸引消费者的关键。PPG 将产品生产、质检和物流全部外包，这对产品质量的控制是不利的。因此，有消费者抱怨 PPG 的货品不能兑现广告承诺。

(3) 广告费用过高

PPG 业绩上的成功主要源自广告效应，且主要通过平面广告。据 FTD Friends 数据显示，PPG 在 2007 年 5 月份的媒体（电视、杂志和网络）的广告投放费用为 800 万～900 万，占营业额的 50%。风险投资与市场环境的双重不稳定性无限扩大了 PPG 过度依靠广告宣传的经营模式的风险。

二、服装网上直销

1. 服装网上直销的结构

网上直销就是服装生产者直接通过互联网将服装销售给消费者，其结构如图 5-8 所示。相对于邮寄、电话、电视等传统直销方式来说，互联网具有成本低、信息交互快、范围广等优点。我国的一些知名服装企业如报喜鸟就建立了自己的电子商务网站销售服装。

图 5-8　服装网上直销

网上直销的特点如下。

① 直接同顾客联系，便于及时搜集反馈信息。

② 利用最流行的网络进行直销，使顾客的购买更加方便快捷，销售的效率也大大提高。

③ 绕过了零售商，价格较为低廉，更能够吸引顾客。

④ 相关服务的便捷性。

⑤ 网上直销渠道的高效性，顾客可以直接在网上订货、付款、等着送货上门，这一切大大方便了顾客的需要。

2. 服装网上直销的类型

通过网上直销企业可以宣传和推广自己，可以提高产品的销售量，同时也可以通过网上商店与消费者进行沟通，及时掌握市场动态，为设计和开发适应市场的服装产品提供信息帮助。服装企业可以选择不同的方式构建自己的电子商务平台，目前主要有以下两种方式。

(1) 采用第三方平台的服装 B2C 电子商务网站

服装企业利用天猫等第三方平台构建电子商务网站，典型的代表是李宁，图 5-9 是李宁在天猫的官方旗舰店。李宁有限公司作为中国领先的体育品牌企业之一，拥有品牌营销、研发、设计、制造、经销及零售能力，李宁产品主要是以运动装、鞋类等运动产品为主，这些产品非常适合在网上销售。早在 2005 年，李宁公司就已经从自身的产品特色、我国网民的构成及第三方网络营销平台等几个方面入手，对网络营销进行调研。尽管李宁公司是国内著名的运动服装品牌公司，但在网路营销平台的建设、运营及管理上还是存在很多不足，因此，从事网络营销，选择第三方平台是一个不错的思路，既节约了时间和资金，同时又可以利用第三方平台所拥有的人气，在短时间内迅速打开网络营销的大门，公司经过慎重考虑，

图 5-9　李宁天猫官方旗舰店

最后选在人气很旺的天猫作为平台去积累经验,目的就是希望能够和消费者保持紧密的沟通,得到终端的反馈。2008 年 4 月李宁进驻天猫。像李宁这样在网络营销初级阶段选择人气旺、管理规范的第三方网络营销是明智的选择,企业从中可以积累很多网络营销的经验和人气,为企业后续进一步发展网络营销奠定了坚实的基础。国内著名服装品牌七匹狼也采用了类似的方法,先在淘宝商城开始网络营销店铺,然后计划建立自己的网络营销平台,七匹狼将与 IBM 合作,建立独立的网络营销平台。

(2)自建服装 B2C 电子商务网站

企业自己构建 B2C 电子商务平台,如报喜鸟 B2C 电子商务平台,如图 5-10 所示。另外,报喜鸟还重新为网上直销创立一个新的品牌——宝鸟(EBONO),其网站首页如图 5-11 所示。

3. 网络渠道和传统线下渠道冲突

相比 PPG 和凡客诚品这样的"轻模式"来说,传统服装企业的电子商务,在品牌、产品供应渠道、物流配送体系、仓储、消费终端、零售经验、售后服务等各种资源方面都有较大的优势。但传统服装企业在开展电子商务时也会遇到一些问题,这些问题如果不解决将会影响服装企业电子商务的发展,其中网络渠道与传统线下渠道的冲突是突出问题。

传统服装生产企业通过多年积累已经建立起自己的营销渠道,有自己的品牌积累和物流中心。电子商务是一种基于 Internet 的新型商务模式,在一定程度上改变甚至颠覆了企业原有的业务运作流程,这将给企业的利益相关者带来一定利益冲突,这些冲突体现在网络渠道和传统线下渠道的冲突。

造成矛盾冲突的主要原因是来自于这两种渠道拥有共同的客户资源。理想的营销方式是将客户群体、市场进行划分,或者在共同享有客户资源的情况下,以保障双方的利益为前提,采取线上线下相互配合的营销管理方式。

① 企业构建网上交易平台。网上购物平台由企业搭建,企业把线下的加盟商全部纳入网上直销阵营,成为商铺成员,加盟商利用各自的资源引导门店客户网上下订单,加盟商通过客户的订单获利。此种模式类似于 Shopping Mall 大卖场模式,加盟商对其在线订单直接负责。

图 5-10　报喜鸟网站首页

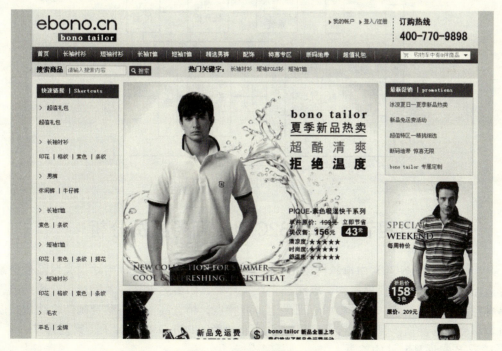

图 5-11　报喜鸟网站首页

② 消费者通过企业搭建的网上购物电子商务平台在线下单，所有订单由企业来接收，然后企业将订单分配给消费者所在地的经销商来处理。企业可以在网店上以低于实体店的价格出售与线下渠道相同的产品，同时，为了保证经销商的利益，企业可以实行给经销商"返点"的做法。

③ 对市场进行细分，采取网上销售的产品线与线下的产品线互不相同的方法，避免了网络渠道与传统渠道间的冲突。如报喜鸟旗下投资的在线服饰直销品牌 BONO（宝鸟）便

是这样的方式。

4. 服装网上定制

网上直销也可以满足人们对个性化服装的需求，随着社会和经济的不断发展，服装作为一种时尚产品，具有强烈的个性化色彩，网上直销通过互联网可以把消费者和生产者紧密联系在一起，通过网站可以快速地掌握消费者的个性化需求，通过企业内部的信息系统传到设计、计划和生产部门，从而快速地生产出满足客户需求的服装来，然后通过物流配送给消费者。

要能全面实现服装的网上定制，必须解决好人体尺寸的测量、三维试衣系统、网上体验等问题，一个理想的服装网上定制模型如图5-12所示。这些问题已成为当前纺织服装、计算机应用、人体测量领域的研究热点，一些系统和方法已经被开发出来，并在实际电子商务中得到应用。德国弗劳恩霍夫学会的科学家和其他科研小组共同开发了一个"网上试衣间"的系统，通过手持式三维扫描仪获取人体尺寸，形成一个虚拟的人体模型，并在模型上进行服装的穿着模拟，帮助消费者体验所选服装是否合体，还可以显示出不同光照下的不同穿着效果。美国伊默尔森公司研制出一个特殊的鼠标，能够帮助消费着"触摸"网上的商品，这种新鼠标采用了一种称为"力反馈"的新技术，消费者在网上购买服装时，可以感受到服装面料的质地。

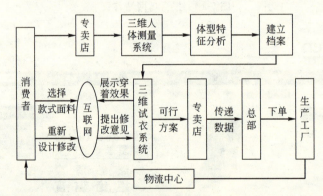

图 5-12　理想的网上服装定制模型

第四节　服装 B2C 电子商务实例分析

凡客诚品（VANCL）由卓越网创始人陈年先生于2007年创立，国际顶尖风险投资家巨资打造而成。凡客诚品提倡简约、纵深、自在、环保，由著名设计师领衔企划，集结顶级男装品牌经典款式之精华，同时参考亚洲男士体型特点，精选高支面料贴身制作，让用户以中等价位享受奢侈品质。目前凡客诚品网站主要有衬衫、POLO衫、裤子、家居等7个频道。图5-13是凡客诚品网站的首页。

凡客诚品的网站和其他购物网站一样，提供给消费者一个虚拟购物平台，消费可以通过产品目录或关键词检索服装，采用会员制进行购物。

凡客诚品起初曾经模仿PPG模式，因为二者同样属于"轻公司"模式。但凡客诚品又不完全照抄PPG模式，而是有自己的管理方式。

1. 凡客诚品和PPG最大的不同是在对网络的运用上

凡客诚品的CEO陈年认为凡客诚品与PPG的最大不同是：PPG其实不是一个互联网公司，而凡客诚品却真正发挥了互联网的威力。PPG通过投入巨资在平面和电视媒体上做广

图 5-13　凡客诚品首页

告，而凡客诚品专注以互联网为用户界面，坚决不做平面、电视广告，降低了营销成本。

2. 严格的质量控制

凡客诚品和 PPG 一样也是把生产外包，但凡客诚品更加注重产品质量的控制。精心挑选代加工工厂，凡客诚品选择合作商主要从加工企业的资质、之前的生产有没有出现过大的事故、其生产人员以及管理体系状况这几个方面来确定是否和它结为合作伙伴。据凡客诚品介绍，目前给其代加工的厂商都是之前给海外一线服装品牌进行加工的企业。在生产过程中，凡客诚品把握原材料关，与指定的布料生产商合作之前，凡客诚品会和加工企业一起去布料厂签三方协议。另外，衬布、拉链等辅料也是其指定的供应商。

3. 试穿满意后再购买

凡客诚品是在业内第一个大力推行"开箱试穿"的销售商，即客户拿到产品后可进行试穿，满意后再签收。

4. 产品多样化

凡客诚品一方面追求高质量的产品，另一方面，在产品差异化方面也做了很多尝试。从棉背心的尝试得到市场认可以后，凡客诚品更是持续扩大产品范围，其产品包括毛线衣、卫衣、外套、内衣、甚至家居饰品等。最近，凡客诚品开始淡化自身品牌对于衬衫的依赖性，开始明确地高调宣布凡客诚品是一个服装、家居的时尚用品品牌。

5. 凡客诚品的未来发展

凡客诚品一直都在实行低价策略，比如我们比较常见的一则"199 元四件衬衫"初体验的广告，这对凡客诚品迅速扩大市场份额，占领市场是极为重要的。凡客诚品整体策略就是先以低价格、高品质迅速占领市场，让消费者购买体验，凡客诚品采取邮件或者其他方式向你追加其他产品，这就是凡客诚品的前期策略。

思考与讨论

1. 什么是 B2C 电子商务？有何特点？
2. B2C 电子商务的类型有哪些，各有何特点？
3. B2C 电子商务的交易过程是怎样的？
4. 服装 B2C 电子商务的运营模式有何特点？
5. 叙述服装轻资产模式的优缺点有哪些？
6. 服装企业开展电子商务时，网络渠道与传统销售渠道产生冲突的原因是什么？如何解决？
7. 网上定制服装与传统服装定制有何差异？

实践

1. 通过网络了解国内外服装 B2C 电子商务应用情况，熟悉服装 B2C 电子商务前台及后台的运营过程。
2. 对比分析目前国内主要服装网上直销电商企业解决渠道冲突的方法。
3. 选择 1~2 家服装网上定制网站，分析说明网上定制的过程及服装网上定制存在的问题。

第六章
服装企业电子商务的构建与管理

学习目标
- 了解服装企业实施电子商务前的准备工作。
- 掌握服装企业实施电子商务的原则。
- 掌握服装企业电子商务构建过程。
- 理解并掌握电子商务系统的规划内容和步骤。

引例 ▶▶

美特斯邦威：对电商困难估计不足

2010年，时尚服饰品牌美特斯邦威旗下的邦购网上线，它集合了网络购物、时尚资讯和互动社区等多个板块。当时美特斯邦威信心十足、非常乐观地宣称："时尚、快乐购物就从邦购开始！""无论您在何地，轻点鼠标，丰富多元、快速变化的时尚品款将会让您第一时间体验到惊喜和购物的愉悦。"

美特斯邦威希望正式从传统渠道走向传统渠道与电子商务渠道结合并行的双渠道模式，为此美特斯邦威还同时推出全新的线上品牌——AMPM。据悉，2011年1月3号，邦购网的日销售突破了30万，日交易量超过1000单，每单平均价值超过300元。

但谁也没有意料到，在之后短短1年不到的时间，美特斯邦威发布公告称，因盈利难以保障，公司决定停止运营电子商务业务，网购平台交由控股股东打理。无论是资源配置、物流配送，还是营销运营都无法适应邦购网的发展需求，特别是面对专业B2C的打压，只有招架之功，根本没有还手之力。无可奈何，邦购网只能在投入6000多万之后于2011年10月黯然收场。

美特斯邦威电子商务失败的最大原因是对电商困难估计不足以及电子商务人才的缺乏。美特斯邦威在其传统门店的发展过程中，建立了强大的物流配套设施，但是线下物流与电子商务所要求的并非完全匹配，而且美特斯邦威自始至终都没有有效地解决资源配置等方面的问题。此外，在电子商务筹备以及运营中，美特斯邦威三度更换域名，网站的技术也没有很好地支撑大规模用户的涌入，极大地影响了用户体验，才导致了最后的惨败。

资料来源：中国电子商务研究中心

第一节 服装企业实施电子商务的准备工作

一、明确创建电子商务的目的

服装企业电子商务的实施是一个复杂和漫长的过程,要求企业对原有的商务模式有充分的认识,在传统商务模式的基础上结合电子商务的应用形成新的商务模式,从而推动企业更好和更快的发展。电子商务发展到现在,其优势是明显的,但并不是所有的企业都可以成功地开展电子商务。企业在进入电子商务之前,必须认真审视自身的情况、产品的特点、内外部环境和企业资源的情况,深入了解电子商务如何改变和促进企业业务,进而根据企业自身的实际情况做出是否开展电子商务及如何开展的决策。这是每一个打算开展电子商务的企业必须首先明确的问题。

1. 企业类型分析

根据企业的规模和市场地位可以把服装企业分为大型集团型、行业领导型和中小型企业。不同类型的企业,由于其所处的市场地位、企业规模、面对的客户群和供应链关系都不相同,因而需要制订不同的电子商务发展战略。也就是说,服装企业首先要根据企业自身的类型选择最适合自己的电子商务发展战略。

(1) 大型集团型企业

对于大型集团型企业而言,充分利用网络技术手段实现采购和销售的电子化,对外整合供应链关系和客户关系,对内整合分支机构和子公司,是当前开展电子商务的重点所在。

电子采购是通过 Internet 将企业和供应商联系在一起,使企业各部门、各单位能够理顺采购流程、减少中间环节,以达到降低采购成本和提高采购效率的目的。除电子采购外,企业还可以利用网络技术进行电子销售。电子采购和电子销售的核心是大型集团型企业利用自身的规模和行业优势,通过网络开展一对多的采购和销售活动,以期获取最大利益。

大型集团型企业在制定电子商务战略和选择电子商务解决方案时需要考虑以下一些问题:该战略和方案是否整合了企业现有或即将建立的资源管理、供应链及客户关系管理,是否能够理顺和整合集团下属的众多机构和子公司的流程。

(2) 行业领导型企业

所谓行业领导型企业就是指那些在自身所处的行业中具有举足轻重作用或相当影响力的企业。该类型的企业发展电子商务的首先战略应该是:利用其在自身行业中的优势和地位,通过树立行业标准或与行业中的其他成员结成联盟来形成电子市场,共同进行行业采购。

实现该电子商务的战略目标就是建立所谓"协同交易平台"。协同交易平台是由行业的领导企业发起,联合其他企业形成协会来建立电子市场以便为采购需求提供服务。

(3) 中小型企业

目前我国服装企业大部分都属于中小型企业,该类型的企业在资金、技术和管理上都无法和上述两种企业相比,但这并不妨碍中小型企业开展电子商务,如果电子商务实施得好,同样可以成为电子商务的主力军。中小型企业应该考虑自身产品特点、内外部环境及资源配置等实际情况,然后作出是否开展电子商务的决策。

该类型的企业开展电子商务可以建立企业自己的网站,宣传企业形象和产品,开展与供应商和客户的交流；另外，也可以考虑利用第三方电子市场开展有限电子商务活动。

2. 企业产品（服务）类型及市场分析

通过企业类型的分析可以明确企业如果实施电子商务应该选择的战略重点和方向。除此之外，企业实施电子商务还必须回答其提供的产品（服务）是否适合进行电子商务，同时还要对其所处的市场进行分析。

对于服装企业而言，其主要产品就是服装，就服装本身来讲，它和图书一样具有便于运输、可以长时间保存等特点，可以在网上销售，但服装又有其自身的特点，消费者购买服装时有个体验试穿的过程，这个过程对于消费者决定是否购买很重要，因此，并不是所有的服装都适合网上销售。一般情况下，购买体验感差的服装适合网上销售，如男士衬衫、运动服、休闲服等。除服装本身的因素外，服装价格和品牌也是影响电子商务成功的因素。价格太贵和太便宜都不适合在网上销售。知名度高的服装品牌更能吸引更多的顾客，其成功的可能性就大。

市场分析主要是看企业提供的产品所处的市场是否有足够多的消费群体、竞争是否激烈及环境是否有利于电子商务的发展等。主要分析内容包括目标市场情况分析、竞争对手情况分析、市场环境分析及物流能力等。

二、企业实施电子商务可行性分析

企业明确了构建电子商务的目的，并确定要开展电子商务后，就可以着手准备开展电子商务。在正式开始前还需要做一件事，就是进行电子商务可行性分析，这是要回答企业在现有情况下能不能开展电子商务的问题。可行性分析包括企业目标和战略分析、内外部环境分析和成本效益分析三部分。

1. 企业目标和战略分析

电子商务的开展是为企业的目标和战略服务的，企业电子商务的目标和战略必然是企业战略规划的一部分，因此，在创建电子商务之前，必须首先了解企业的目标和战略。可以从以下几个问题入手。

① 企业当前的战略目标是什么。
② 企业当前的销售对象或提供什么产品/服务。
③ 企业当前目标市场的特征。
④ 企业当前采用什么方式实现其目标、成本。
⑤ 企业当前采用什么方式保证其产品和服务的质量。
⑥ 企业当前采用什么方法树立企业形象。

2. 内外部环境分析

通过分析企业的内部环境确定企业开展电子商务的优势和劣势。通过外部环境分析，可以确定企业开展电子商务所面临的机遇和挑战。

3. 电子商务成本-效益分析与评估

企业实施电子商务的成本包括建设成本和运营成本两个部分。建设所需成本可从电子商务系统的硬件、软件、服务、数据库、应用程序和用户培训几个方面来考虑。运营成本包括系统的运行、维护费用及风险防范成本，风险防范成本主要包括两个方面：计算机病毒和网络犯罪。

电子商务的效益主要来自成本及时间的节省、销售额的增加、客户满意度的增加和市场份额的增加。企业可以从以下几个方面来分析电子商务给企业带来的好处。

① 开展电子商务能够树立良好的企业形象，提高企业知名度。
② 降低交易成本。
③ 降低管理成本。
④ 减少库存。
⑤ 降低客户服务成本，提高客户忠诚度。
⑥ 提高经营管理效率。
⑦ 提高企业竞争力。

但需要注意的是：电子商务具有一次性投入高，固定投资的收回需要一定的时间，且收益很难用货币准确量化的特点。企业可以用盈亏平衡分析法对自己开展电子商务其成本效益进行分析，计算出盈亏临界点，并根据市场情况预测企业通过开展电子商务其销量能否达到盈亏平衡点，若能达到，且企业战略目标及开展电子商务的目标明确、内部环境良好、外部条件允许、成本效益比小，那么企业开展电子商务的条件成熟，可以进行进一步开发，否则，需要等待时机成熟后再开展电子商务。

企业经过可行性分析，如果得到的结论是企业开展电子商务的条件已经成熟，那么企业就可以从电子商务规划开始着手实施电子商务，下面重点讲述企业实施电子商务系统的过程。

第二节　服装企业电子商务系统建设原则

不同企业建设电子商务的战略和目的不同，企业的自身情况也各异，因此，构建的电子商务形式、功能等也各异。尽管如此，在构建电子商务时，企业还是应该遵循一些原则，从而使电子商务系统的建设卓有成效。

1. 领导牵头、全体参与

企业建设电子商务不是技术人员单独完成的，也不是说全部外包或购买现系统就能完成的，需要技术人员与企业各个部门的业务人员通力合作。电子商务系统的建设是企业的战略决策和管理创新，首先领导层要高度重视，亲自参加。其次，电子商务的实施涉及企业的采购、产品开发、生产、销售、服务等各个相关部门，因此要发动相关部门的领导及业务人员积极参与。

2. 商务为本

电子商务归根结底是一种商务活动，而商务活动是以盈利为目的的。因此，在电子商务系统的建设中要时刻以商务为本，以增强企业的竞争力、为企业产生更大的效益为目标，把技术看成是满足企业商务需求的手段。建设电子商务系统不是为了应用某个新技术，而是为了解决企业的实际问题。

3. 需求引导

电子商务系统的建设，要一切从企业实际需求出发，在企业内在需求的驱动之下进行，不能被形形色色的电子商务模式、解决方案、产品等牵着鼻子走。要认真分析企业的内部需求、竞争需求、市场需求、客户需求，在需求的驱动之下进行规划、设计、实施和运行，推动企业电子商务系统由低级到高级不断地发展。

4. 系统观念

企业电子商务系统的建设是一项包括环境、商务和技术等许多环节和要素的系统工程，与企业本身的各个部门、业务流程有着密不可分的关联。电子商务系统包括企业内部信息系统、物流系统、支付体系、认证体系,离不开上、下游企业乃至整个行业供应链体系的配合。因此在电子商务系统的建设中必须全面考虑与企业电子商务系统相关的所有环节、所有因素,树立大系统观,才可能制订出比较周全的电子商务建设方案。

企业应该设立专门机构,统一负责电子商务系统的建设与建成后的运作管理。

5. 长远规划,分步实施

电子商务是对企业的一种变革,企业实施电子商务是一项复杂和漫长的过程,不像买一个设备,安装、调试好就可以运行那样简单,因此,要制定一个长远的规划,分步进行。刚开始时,应该将精力集中在那些可以立竿见影的工作上,然后逐步扩大。特别是对于那些基础较差、信息化程度较低的企业更应如此。

对于服装企业而言,其信息化水平和管理水平较低,可以先期进行企业信息化的基础工作,企业的信息化建设是电子商务系统建设的保障和前提。首先,要对企业传统的商务流程进行改造和重新设计,对企业的组织结构进行扁平化改造;然后实施企业资源规划,对企业的人力、物力、财力、信息、客户关系等一切有形、无形的资源进行整合,实现企业价值的不断提升,这样企业开展电子商务就有了机制保证、组织保证和资源保证。

6. 电子商务系统应充分考虑三个要素

电子商务系统在建设时,需要充分考虑以下几个要素。

(1) 安全可用平台

一个合格的电子商务系统应该能够确保业务运作的安全性、连续性以及电子商务应用程序对于最终用户的可用性。

(2) 可扩展性

企业一旦将自身与网络世界对接,将面临迅速增长的海量数据,由此可能导致不可预知的客户需求和用户工作量的激增,这就要求系统具有良好的可扩展性。

另外,现在多数企业内部存在着不同厂商提供的服务器、操作系统、数据库和各类应用软件。同时,企业还需要考虑与客户、商业合作伙伴和供货商的系统之间进行沟通和整合的问题,并促进电子商务模式的迅速扩展。

(3) 采用开放标准

当今电子商务系统中所涉及的组件很多,企业已经无法辨别哪一家供应商的产品更适合其本身的业务发展或它与其他某项产品的兼容性如何,存在着众多异构平台并存的情况。所以,要迅速地开发越来越多的电子商务应用程序,唯一可行的途径就是采用基于开放工业标准的开发框架。

第三节 服装企业电子商务系统构建过程

电子商务系统是企业实施电子商务活动的重要平台,服装企业实施电子商务不能简单认为就是开个网店那么简单,而应综合考虑企业自身和市场情况,采用科学和系统的方法开展电子商务的规划、设计与建设工作。从技术的角度来讲,企业电子商务系统都可以看成是一个基于网络的计算机应用系统,因此要结合计算机系统开发过程,服装企业实施电子商务系统包括电子商务系统的规划、分析、设计、实施、运行与维护阶段,如图6-1所示。

一、系统规划

一个企业要实施电子商务系统需要经过长期的努力。因此,必须对它的建设进行科学的

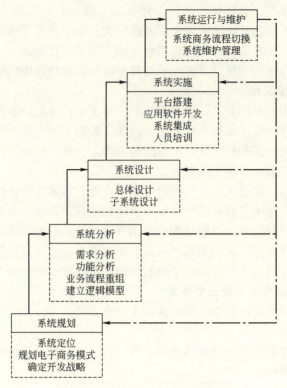

图 6-1 电子商务系统实施过程

规划,根据组织的目标和发展战略以及电子商务系统建设的客观规律,在考虑组织面临的内外部环境的同时,科学地制订电子商务系统的发展战略和总体方案。系统规划是电子商务系统建设的第一个阶段,是电子商务系统的概念形成时期。这一阶段主要目标,就是制订出电子商务系统的长期发展方案,决定电子商务系统在整个建设过程中的发展方向、规模和发展进程。它对于企业开展电子商务具有决定性的作用。

电子商务系统的规划阶段是影响系统成败的关键。它与传统的信息系统规划有所不同,它不是简单地探讨如何利用电子商务手段改善企业的价值增值过程,也不是单纯策划可以使用什么样的新技术手段改善企业的效率,而是将着眼点集中在如何为企业设计出一个新型的价值链,变革企业的商务流程,将企业与客户、合作伙伴紧密地连接起来,使企业与合作伙伴能够共享资源,形成虚拟的共同市场。

二、系统分析

系统分析的目标是在电子商务系统规划的基础上,通过调查和分析,构造出新系统的逻辑模型。该阶段的主要目的是回答系统将要"做什么"的问题。它包含以下几个方面的内容。

1. 需求收集

对企业的需求进行调查,了解企业的需求,吸取相关电子商务实施的成功经验,确定企业电子商务需要满足的基本需求,为后续系统设计提供参考依据。

2. 系统功能分析

根据企业的业务功能需求和电子商务系统的性能需求,对系统的个性化功能进行分析,并结合电子商务的基本需求和典型类型的电子商务系统的基本需求,对系统的通用功能进行分析，提出新系统的功能。

3. 业务流程重构

服装企业现有业务流程是在传统商业模式下形成的，并不适合电子商务这一新型商业模式，因此需要分析现有业务流程，对企业的业务流程进行重构使之适合开展电子商务，使企业的效益大大增加。

4. 建立逻辑模型

在企业业务流程重构、分析出新系统的功能后，就要建立系统的逻辑模型，为系统的设计打下基础。而电子商务系统一般可以有多种技术平台可以采用，其功能可以利用不同的工具实现，这样在系统分析过程中，需要对多种可以采用的技术及产品有针对性地比较。

三、系统设计

系统设计阶段的目标是在电子商务系统规划和分析的基础上，确定整个电子商务系统体系的结构及各个组成部分的具体内容。其重点是确定电子商务业务系统的功能、平台的基本功能和系统平台的构成。

系统设计阶段还需要对电子商务系统体系结构中的各个部分进行细化设计，这种细化的结果可以使人们清楚其应用逻辑是什么、应用开发的基础平台是什么、系统中各组成部分之间的接口是什么。

除此之外，电子商务系统设计阶段和一般信息系统不同，还需对支付、安全等方面进行设计。系统设计的结果是为系统的开发集成奠定基础。

四、系统实施

这一阶段就是要回答"如何做"的问题，主要内容是根据系统分析和设计结果，确定需要哪些产品或者技术来构筑电子商务系统的平台，并完成应用软件系统的程序开发，最终将电子商务系统的应用软件和各种平台集成在一起。

系统实施阶段的任务主要包括系统支持平台的选择与搭建、应用软件开发、软硬件系统集成和系统评估及优化 4 个方面。

1. 系统支持平台的选择与搭建

电子商务系统应用软件需要运行在一定的软、硬件环境下，这些软、硬件系统也叫作电子商务系统的平台。

2. 应用软件开发

应用软件是电子商务系统的核心，它最终实现企业的商务逻辑。

3. 软硬件系统集成

系统集成的目标是将电子商务系统应用软件和企业内部信息系统、外部信息系统等整合为一个整体，实现资源共享。系统集成不仅包括网络系统的连通、应用之间的互操作，更重要的是完成企业商务过程和电子商务系统的整合。

4. 系统评估及优化

系统评估与优化的任务主要包括系统测试和系统优化两部分。测试的目的是为了发现系统存在的问题，而优化则是提高系统的性能。

五、系统运行和维护

电子商务系统经过测试评估后，如果达到系统设计所要求的性能指标和功能，那么可以投入到生产中。在实际使用前，如果企业开发电子商务采用自行开发或部分外包的方式，还需做好信息接入和域名注册两项工作。

电子商务系统的运行不仅仅是指电子商务系统投入运行，更为重要的是企业商务活动在一种新的模式下运转。因此，系统的运行过程除了电子商务系统的正常投产外，还包括相应的维护、管理以及企业基于这样一个系统的市场、销售、客户服务等基本商务环节的运作与组织。为了更好地运行和维护电子商务系统，企业应成立专门的运行和维护队伍，且应制定相关的规章制度。

在以上几个阶段中，电子商务模型和商务系统的规划最为关键，他们对企业实施电子商务的成败影响最大，下面我们重点讲述企业电子商务系统的规划工作。

第四节　服装企业电子商务系统的规划

一、服装电子商务系统规划的内容

规划，一般是指对较长时期的活动进行总体的、全面的计划。一个企业要实施电子商务系统需要经过长期的努力，因而必须对它的建设进行科学的规划，根据企业的目标、发展战略以及电子商务系统建设的客观规律，考虑到企业面临的内外环境，科学制定电子商务的发展战略和总体方案，合理安排系统建设的进程。服装电子商务的规划分战略规划和系统规划两个层次。

电子商务系统规划是整个电子商务系统建设的起始阶段，其工作的好坏将直接影响整个电子商务系统的成败，它对企业开展电子商务具有决定性的作用，它的主要任务包括以下几点。

1. 制订电子商务系统战略规划

电子商务系统的开发需要企业投入很多的资源，因此，开发电子商务系统首先应该明确系统的目标和定位。电子商务活动是企业经营活动的一部分，所以电子商务系统规划的目标和定位应和企业整体战略目标以及企业定位一致。制订电子商务发展战略，就需要分析和调查企业、市场和竞争对手，明确企业的目标和经营策略，评价现有信息系统，在技术、市场营销、服务和品牌4个关键因素上制订合理的计划，在此基础上确定电子商务系统的发展战略。

2. 确定电子商务模式

企业开展电子商务系统的一个重要目标就是盈利，即企业采用什么样的商务运作模式来获取市场利益，其获利方式有哪些？明确企业的获利方式、服务对象和服务内容。不同的商务模式直接关系企业构造电子商务系统所采取的策略和电子商务系统的基本功能。

3. 确定电子商务模型

确定了电子商务模式后，需要结合电子商务的特点，确定企业电子商务模式如何实现。

4. 进行可行性分析

对系统在技术上、经济上、管理上的可行性进行分析，判断要建设的电子商务系统是否有必要，是否有可能获得成功。

电子商务的规划是企业应用电子商务系统的基础和重要工作之一，也是一项难度比较大的工作。在规划过程中，应特别注意下列问题。

（1）规划工作必须有企业最高层领导人的参与和支持

在规划过程中，企业最高领导人的作用不仅是审批，而且要参与整个规划过程，否则就很难保证能成功进行电子商务的总体规划。

（2）以增强企业竞争力为目的

企业应用电子商务的目的是增强企业竞争力，这是企业电子商务规划的基本出发点，因此，企业实施电子商务的战略应与企业原有的经营战略和竞争战略紧密结合起来。这种结合可以体现在两个方面：一方面电子商务的应用帮助企业更好地实现自己的经营战略和竞争战略；另一方面是电子商务的应用帮助企业形成新的经营战略和竞争战略。

（3）规划小组的人员组成要合理

规划工作不只是一项技术问题，更重要的是一个管理问题。整个规划过程不仅需要成熟的战略规划方法，同时在进行这种规划时需要将企业的经营战略和竞争战略与企业电子商务应用战略结合起来，需要考虑电子商务的应用对企业客户关系、生产运作和供应链等现有管理的影响。因此，规划人员应对企业的经营战略和竞争战略有准确的理解和把握，对企业的客户关系、生产运作和供应链等管理理论和方法有比较深入的了解。这些就要求在规划小组中不仅要有大量的信息技术专家，还要有大量的管理专家。

（4）正确合理地理解电子商务应用产生的效益

人们在讨论企业应用电子商务产生的效益问题时，要从两个方面来看，电子商务应用的效益问题一方面是要关心它产生的经济效益，更重要的是要关心它对企业竞争力的影响。

二、服装电子商务的战略规划

企业电子商务战略规划是一种战略层次的规划，参与人员包括技术、企业管理和决策层等多方面人员组成。其目标是要确定企业将核心业务从传统方式转移到电子商务模式时所要采取的策略和商务模型。电子商务战略规划的内容包括企业未来的商务模式、市场定位、盈利方式、服务对象、服务内容及实施问题。

企业电子商务战略规划是一个持续循环的过程，每一循环由战略准备、战略分析、战略制订、战略实施四个阶段构成，且该循环是双向并具有反馈性质的循环，在下一阶段工作过程中发现问题可以返回到前一阶段重新分析。具体战略规划过程如图6-2所示。该过程是一个不断反馈的过程，如果某一步的结果达不到要求，可以反过来调整前几步的工作。另外，企业电子商务战略规划不是一劳永逸的工作，随着企业环境、企业经营战略、竞争战略的调整和变化，企业电子商务战略规划也要发生变化，因此，每隔几年就应全面修订企业的电子商务战略规划方案。

1. 分析服装企业的经营环境、经营战略和竞争战略

企业电子商务应用战略与企业的经营战略和竞争战略紧密联系在一起，电子商务的应用能为增强企业的竞争力提供有力的支持。该阶段的具体工作内容包括以下3个方面。

（1）分析企业所处行业的竞争状况

要想深刻理解和把握企业所处的环境，就必须了解企业所处行业的竞争状况以及本企业的竞争能力。企业所处行业的竞争状况分析可以运用迈克尔·波特的行业和竞争者分析五要素模型，即买方的议价能力、供应商的议价能力、替代产品或服务的威胁、行业新进入者的威胁和当前行业的竞争状况等多方面进行分析。

（2）分析企业的内外环境

通过对企业内部环境的分析，可以知道企业开展电子商务的优势和劣势。内部环境因素包括企业高层对开展电子商务的态度、企业管理信息化程度、过去利用新技术的经验等

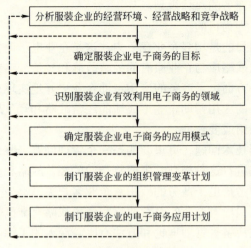

图 6-2 战略规划过程

方面。

通过外部环境的分析，可以清楚企业所面临的挑战和存在的机遇。外部环境主要包括同行业中电子商务的应用情况及企业可以借鉴的经验、竞争对手应用电子商务的情况和电子商务可能的用户特征。

对于企业内外环境的分析可以采用 SWOT（Strengths Weakness Opportunity Threats）分析法。SWOT 分析法实际上是将对企业内外部条件各方面内容进行综合和概括，进而分析企业的优劣势及面临的机会和威胁的一种方法。

（3）了解企业的经营战略和竞争战略

规划小组要分析企业的经营战略和竞争战略，从而了解企业的发展方向；确定企业的市场定位、产品和服务方式；明确企业未来的服务对象是以一般普通消费者为主（B2C），还是以企业客户为主（B2B）；确定企业未来的核心业务、赢利方式，进而明确企业的核心竞争力，以及企业未来业务的增值点和延伸范围。

在对企业所处的环境及其经营竞争战略深入了解的基础上，规划人员要努力识别出利用电子商务帮助企业获得竞争优势的有效途径：企业必须思考如何选择适合自己的电子商务战略，从而获得竞争优势，提高盈利能力。

2. 确定企业电子商务的目标

在了解和分析了企业的内外环境和发展战略后，规划小组要对当前信息系统满足用户需要的程度做出评价。根据企业具有的应用电子商务能力，尝试找出借助于电子商务重构和改善企业客户关系、供应链等管理的方法，由此确定企业应用电子商务当前和将来的目标。企业开展电子商务可能具有以下目的。

① 利用电子商务改善企业的销售方式和渠道，降低企业的销售成本。

② 利用电子商务改变企业的采购方式，降低企业的采购成本。

③ 利用电子商务产生满足顾客需要的新增值服务或新产品，增加销售收入。

④ 利用电子商务展开个性化服务，提高服务水平，从而提高客户的忠诚度。

⑤ 促进企业既有信息资源的整合，提升企业信息化的水平，提高企业的效率。

⑥ 利用电子商务使企业的信息流、实物流和资金流的融合更加紧密、快捷，缩短商业周期，降低时间成本。

⑦ 利用电子商务与合作伙伴形成虚拟的、更为紧密的企业联盟或共同市场，产生规模

效应。

⑧ 利用电子商务创立新的在线品牌，提高企业的价值。

3. 识别企业有效利用电子商务的领域

服装企业可以从多个领域开展电子商务，包括各种材料的采购管理、服装的网上销售、客户关系以及企业的管理与电子商务的全面整合等。另外，服装和其他商品不同，具有品种多和市场变化快的特点，因此，如何选择网上销售商品，也是服装企业开展电子商务必须要慎重考虑的问题。本步骤的结果直接影响到企业电子商务战略规划的效果和企业应用电子商务可能获得的结果，主要工作如下。

① 确定企业电子商务可应用的具体领域。
② 分析各个可应用领域应用电子商务可能产生的效益。
③ 排列各个可应用领域的应用优先次序，确立目前企业优先考虑的电子商务应用领域。

4. 确定电子商务的应用模式

确定了企业电子商务的关键应用领域之后，需要仔细研究在各个关键应用领域中企业电子商务的应用模式。该步骤主要完成下列工作。

① 分析在特定的应用领域，有哪几种电子商务的可行应用模式。
② 详细分析各种应用模式的特点和可能的适用场合。
③ 针对该应用领域，确定最合理的应用模式。

5. 制订企业的组织管理变革计划

企业电子商务的有效应用必然要影响企业的组织管理方式，为了适应这种变化，企业应制订相应的组织管理变革计划，主要内容如下。

① 分析应用电子商务对企业的组织管理变革提出的要求。规划小组应该从整个企业乃至整个供应链的角度出发，分析和研究企业如何应用电子商务增强自己的竞争力，企业组织管理方式需要发生什么样的变革和如何变革。
② 设计电子商务内部信息流、商务流、资金流和物流的合理、有效的模式。
③ 分析企业应用电子商务可能遇到的阻力，确定克服阻力的措施。

6. 制订企业的电子商务应用计划

最后，规划小组完成战略规划的最后一项工作——制订企业电子商务应用计划。该计划能够指导企业实施电子商务的开发与应用工作，该阶段的主要工作如下。

① 确定企业电子商务的应用项目及其进度安排。根据对各种电子商务应用及其技术方案的投资效益分析，提出对企业电子商务应用项目、技术方案的建议。为了减少在电子商务实施方面的风险，要先确定企业电子商务的先导项目切入点，开始先从试验性的项目入手，例如从某项独立的业务、某项业务中的部分环节开始，开发试验性网站等。
② 准备战略规划报告。报告要特别清楚地说明企业电子商务的应用领域、应用模式、具体的应用项目及其进度安排、可以采用的技术方案以及所需人力资源、投资和可能产生的效益等内容。
③ 批准和启动企业电子商务应用计划。战略规划报告以及应用项目和技术方案通过专家组评审，并得到企业内部最高层领导人的批准后，即可根据计划开始每个电子商务应用项目的分析、设计和开发工作。

三、服装电子商务的系统规划

电子商务系统规划是一种战术层的规划，它侧重于以商务模型为基础，规划支持企业未来商务活动的技术手段，确定未来信息系统的体系结构。电子商务系统规划提供给电子商务系统开发一个基本框架，解决的基本问题是如何利用电子化的手段实现企业的商务活动。由于这种规划过程侧重于技术，所以系统规划小组由熟悉网络和计算机技术的各类工程技术人员组成。

1. 电子商务系统规划的内容

电子商务系统规划的目标是完成从电子商务战略到电子商务系统体系结构的转换过程，它主要包含以下几方面的内容。

（1）确定电子商务体系结构

以电子商务战略规划中确定的电子商务模式为根据，规划企业电子商务模式的实现方法，确定支持企业商务运作的电子商务系统的体系结构。

电子商务体系结构规划的基本思路如下：根据已确定的商务模式，对现有企业核心业务过程进行流程再造，以缩短企业的产品供应链、加速客户服务响应、提高客户个性化服务、提高企业信息资源的共享和增值为目标，抽象出企业电子商务的基本逻辑组成单元，界定其相互关系。与此同时，确定企业的外部环境，最后明确企业信息流、资金流和商品流的关系，进而建立起电子商务体系结构。

（2）确定开发战略

企业开发电子商务系统的方法主要有自主开发、全部外包和部分外包三种。规划人员应该结合企业电子商务战略目标、企业信息和计算机应用技术力量，分析三种不同方法的优缺点，从而选择一种适合企业开发的方法。

（3）可行性分析

根据电子商务系统的环境、资源等条件，判断要建设的电子商务系统是否有必要，是否有可能获得成功。对系统建设的成本和收益进行评估，进行技术、经济、社会上的可行性分析。

2. 电子商务系统规划的步骤

（1）确定电子商务系统规划的范围

确定对整个企业制定整体（或全局）还是局部（企业内部的一个部门）规划。

（2）确定电子商务系统规划小组成员

成员主要由企业经营人员、信息及计算机技术人员和相关领域（如物流、金融方面）的专家顾问。

（3）制订规划进度

制订规划总任务中子任务的优先次序和完成任务的时间安排，分配具体任务及完成时间到项目组成员。

（4）调查与分析现有系统

分析与调查当前企业的组织机构、管理体制系统、可供利用的资源及约束条件、存在的主要问题及薄弱环节等。

（5）确定系统开发策略

包括选择合适的开发方式、方法等内容。

（6）提出新系统的开发方案

在前面步骤完成的基础上，提出企业电子商务系统的开发方案，包括系统目标、功能、结构、开发进度、计划、项目成本、资源需求等。

（7）进行可行性分析

可行性分析包括开发系统的必要性，系统开发方案的经济、技术、组织管理和社会方面的可行性。

（8）书写规划报告

规划报告书包括系统开发背景、需求、体系结构、在线支付、安全等方面。

四、服装电子商务系统的规划报告

电子商务系统的规划报告的内容主要是对企业电子商务系统的商务模式、电子商务系统的体系结构和该系统的各个组成部分进行阐述。

1. 系统开发背景描述

该部分阐述电子商务规划涉及的企业的基本情况，包括企业的性质、实施电子商务的范围和规模、计划的项目周期、外部环境及其他一些特殊说明。这一部分还需要对整个规划报告中涉及的一些专门概念进行初步定义。

2. 电子商务战略

通过对行业、市场、竞争对手和企业本身展开调查和分析，制定技术、市场营销、服务和品牌这4个支柱因素的规划，在此基础上结合电子商务的特点确定企业电子商务战略。

3. 企业需求描述

该部分对企业转向电子商务的动机、基本设想等进行描述。其关键内容是阐述企业的核心商务逻辑，以及企业对未来电子商务的一些基本认识。主要内容如下。

① 企业核心业务描述。

② 企业现行的组织结构及主要合作伙伴。

③ 核心业务分析。

④ 核心商务流程。

⑤ 企业商务活动中存在的问题。

⑥ 电子商务对企业商务活动的影响。

⑦ 未来企业业务的增值点和业务延伸趋势。

⑧ 企业实施电子商务中存在的困难。

4. 电子商务系统建设的原则及目标

该部分主要阐述企业建设电子商务系统的策略、所要达到的目标、规划过程中需要遵循的原则。

5. 商务模型

该部分主要是描述企业未来商务模式、商务模型，它是企业商务模型规划结果的总结。主要内容如下。

① 商务模式的分析和建议。

② 商务模型的分析和建议。

③ 电子商务环境下企业核心商务流程的说明。

④ 客户服务策略。

⑤ 外部信息系统接口。

⑥ 内部系统整合。

6. 系统的总体结构

该部分主要阐述电子商务系统的体系结构，说明其逻辑层次，界定各个部分的作用及其相互关系。主要内容如下。

7. 应用系统方案

该部分用以说明应用软件的基本结构、功能分布、平台结构等。主要内容如下。

① 应用软件的结构。

② 应用的功能。

③ 主要应用流程的描述。

④ 数据与数据库。

⑤ 应用支持平台。

⑥ 应用互联接口。

8. 网络基础设施

该部分叙述电子商务系统运行所需要的网络基础设施的基本构成，阐明支持电子商务系统运行的网络结构、组成、特征、互联方式等。主要内容如下。

① 网络基本结构。

② Internet 及接入。

③ Intranet 结构。

④ Extranet 及数据交换。

⑤ 网络互联方式。

9. 支付方式与认证

该部分重点阐述在线交易中的支付和认证的实现方法。

10. 系统安全及管理

该部分说明保证电子商务系统安全整套体系、系统的管理等。

11. 系统性能优化及评估

该部分主要说明保证系统高可靠性、可用性和性能优化方案。

12. 系统集成方案

该部分说明支持应用系统的软硬件平台的选择、集成方式。

13. 系统开发费用

该部分说明系统建设中各个部分的费用及计划。

14. 实施方案

该部分说明电子商务系统实施的基本过程及相关的保障措施，包括系统实施的主要任务、实施进度安排、实施过程的分阶段目标和实施人员组织。

15. 电子商务系统收益分析

该部分重点分析系统投产后可预见的收益。

16. 人员培训及补充方案

说明系统对人员数量和质量的要求，并对人员进行培训的计划。

17. 其他说明

电子商务系统涉及的不仅仅是技术问题，很多涉及组织、管理甚至法律、人文环境等因素。

第五节　服装企业电子商务的管理

企业的电子商务管理包括组织机构、网上商店的运营管理、客户关系管理、物流配送管理等几个方面。

一、电子商务企业的组织结构

企业的组织结构涉及机构的设置、管理职能的划分、管理职权的认定和管理幅度、层次的确定等。企业的组织结构是企业正常生产经营活动的基础，由于电子商务企业在市场环境、商务活动的运作过程等方面与传统企业有着显著差异，因此，构建电子商务企业的组织结构需要更多的创新和思考。电子商务企业的组织结构没有统一的形式，但任何电子商务的组织结构形式都必须适应电子商务的这个大环境和大背景。在电子商务的环境下，企业自身的组织结构应该满足有利于信息交流、发挥员工创造力等方面的要求。

1. 有利于信息交流

信息资源是电子商务企业的生存之本，是企业竞争的焦点。电子商务企业对于信息交流主要有两个方面：一方面是企业内部的信息交流和沟通，另一方面是企业对外部信息的获取。因此，电子商务企业的组织结构设计必须要满足这种需要，保证信息交流的顺畅，保持信息的真实性、完整性和及时性。

2. 能发挥员工的创造力

在电子商务环境下，企业的竞争焦点转为企业的创新能力、学习能力以及反应能力。因此，电子商务企业应该要充分发挥每位员工的创造力，在进行组织结构设计时必须要考虑到如何鼓励员工进行创新，如企业要能够满足员工的多层次需求，包括物质利益和精神奖励等，才能促进员工创造力的提高。

3. 能使电子商务企业反应敏捷

电子商务时代，电子商务企业要能够在激烈竞争的市场中立于不败之地，就必须能够对市场的变化做到快速响应，这就要求企业的高层决策人员具有敏锐的市场观察力和迅速调整企业经营战略的能力，同时还要求企业的员工有独立处理事务的能力和权力。因此，电子商务环境下的企业组织结构应该避免出现事事需层层请示才能决策的传统组织管理方法。

4. 能使电子商务企业提供个性化产品

电子商务企业直接面对消费者，根据消费者的需求下订单，从而进行个性化生产，这对企业组织结构的要求很高，要求其不仅能为消费者提供多种选择，还要能根据消费者的个性化需求快速组织生产。

电子商务环境中信息交流的快速性、交易的复杂性等都要求企业必须要建立一个较为发达并有效的层级结构。与传统企业的组织结构相比，电子商务企业的组织结构有组织管理虚拟化、柔性化，以及组织结构扁平化、组织决策分散化和网络化等特点。电子商务企业的组织结构应该是网络型的大森林组织结构。

所谓网络型的大森林组织结构指的是网络体系管理层次少、控制幅度大、同层组织之间平等互利、控制幅度以目标需求为限、纵横联系密切，像一棵棵大树组成大森林那样的纵横交织。

网络型的大森林组织结构主要有：
① 分厂制代替总厂制；
② 分层决策制代替集中决策制；
③ 事业部代替职能管理制；
④ 利润中心代替集中利润制；
⑤ 研究开发人员的平等制代替森严的等级制。

常见的 B2C 类型的电子商务企业的组织一般可以分为客户服务部、市场部、供应链部、技术部和网站运营部等。

① 客户服务部的职能就是客户服务、客户咨询、客服培训和客服考核等，通过各种方式提高用户满意度、订单转化率和平均订单金额。

② 市场部负责互联网和其他媒体推广、品牌宣传和公关、网站合作、支付合作、网站策划、CRM 营销等工作。

③ 技术部负责企业电子商务系统的建设工作，包括网站建设、采购系统、仓储系统、CRM 系统等。

④ 供应链部负责商品的供应链策略、商品采购、仓存和物流的管理，供应链部门主要负责销售后端的采购、物流方面的工作。

⑤ 网站运营部的工作包括以下几个方面。

- 产品定价。
- 策划并设计产品文案，拍摄并处理产品图片。
- 制订采购名单。
- 优化购物流程，提高用户的购物体验。
- 策划和编辑网站中各频道专题和内容。
- 根据销售状况制定促销方案，并配合市场部完成对外推广的促销宣传。

二、网上商店的运营管理

网上商店是企业电子商务系统中与客户交流的平台，其运营管理的好坏直接决定了电子商务系统的运行结果，也影响着企业开展电子商务的战略目标。网上商店的运营管理包括网上商店运营机制、经营产品、品牌策略等几个方面。

1. 确定网上商店运营机制

要保证网上商店运营成功，首先要建立一套切实有效的工作流程和运营机制，以明确分工和确定岗位职责。

2. 确定网上经营的商品

并不是所有的商品都适合在网上销售，企业应根据自己的资源条件和销售特长选择上网商品种类，如雅戈尔通过电子商务网上定制西服。另外，要考虑商品组合及其深度、广度，如凡客诚品开始主要销售男士衬衫，后来发展到销售各类服装及相关产品。

3. 创立品牌

树立良好的网上形象是创造企业网上商店的品牌效应并成功经营的关键。网上商店的品牌形象取决于以下几个方面：

① 企业本身的品牌效应，如服装著名品牌李宁、报喜鸟等；

② 网上商品本身的质量；

③ 网上商品和服务的特色，包括商品种类、网站的使用、网上支付手段、物流、售后服务等，如凡客诚品推出的试穿不合适可以退货的特色服务；

④ 网上商店的宣传推广。

三、开展客户关系管理

客户关系管理的重心是企业向客户提供迅速、简洁、可靠并有价值的服务。一个企业要做好客户关系管理，并长期保持着这种竞争优势，就是要通过与客户之间的持续交流，搜集客户意见、要求和建议，并通过数据挖掘技术进行分析，给客户提供完善的个性化服务。

客户关系管理的内容可以分为以下几个部分。

1. 客户管理

主要功能有：

① 管理客户基本信息。

② 与客户相关的基本活动和活动历史。

③ 联系人的选择。

④ 订单的输入和跟踪。

⑤ 销售合同的生成。

2. 联系人管理

主要功能包括：

① 联系人基本情况管理。

② 跟踪同客户的联系并可以把相关的文件作附件。

③ 客户的内部机构的设置情况。

3. 时间管理

主要功能有：

① 约会、活动计划。

② 进行时间安排。

③ 建立备忘录。

④ 下达任务表，把活动安排通知相关人员。

⑤ 对活动相关人员进行预告和提示。

4. 潜在客户管理

主要功能包括：

① 业务线索的记录、升级和分配。

② 销售机会的升级和分配。

③ 潜在客户的跟踪。

5. 销售管理

主要功能包括：

① 组织和浏览销售信息。

② 销售业务的阶段报告，并给出业务进展所处阶段、尚需的时间、成功的可能性、历史销售状况评价等信息。

③ 销售业务的支持。

④ 对地域（省市、邮编、地区、行业、相关客户、联系人等）进行维护。

⑤ 销售费用管理等。

6. 电话营销和电话销售

主要功能包括：

① 生成电话列表，并把它们与客户、联系人和业务建立关联。

② 电话号码分配到销售员。

③ 记录电话细节，进行电话录音，并安排回电。

④ 提供电话营销内容草稿模板。

⑤ 电话统计和报告等。

7. 营销管理

主要功能包括：

① 产品和价格的配置。

② 在进行营销活动（如广告、邮件、研讨会、网站、展览会等）时，能获得预先定制的信息支持。

③ 把营销活动与业务、客户、联系人建立关联。

④ 显示任务完成进度。

⑤ 提供类似公告板的功能，可张贴、查找、更新营销资料，从而实现营销文件的分析；跟踪特定事件；安排新事件，如研讨会、会议等，并加入报告等的共享；客户和销售代表等信息；信函书写、批量邮件发送；接收邮件的管理。

8. 客户服务

主要功能包括：

① 服务项目的管理。

② 搜索和跟踪某一业务相关的事件。

③ 生成事件报告。

④ 服务协议和合同。

企业构建客户关系管理系统时可以选择现有的系统，目前在纺织服装行业中应用比较广的是瑞典英泰峡（Intentia）公司的 Movex 系统，该系统是服装行业信息系统软件市场中最先进的产品之一，在服装行业中受到众多企业的青睐，如雅戈尔、鲁泰等大型纺织与服装企业。客户关系管理系统是 Movex 系统的一个模块，其主要功能模块分为销售管理、服务管理和市场管理三个功能模块。

四、物流配送管理

物流管理是电子商务管理中很重要的一个环节，是整个电子商务运行畅通的基本保证。服装企业在开展电子商务的过程中，只有很好地解决物流配送问题，才能使电子商务向更广的领域、更大的空间发展。

思考与讨论

1. 服装企业准备实施电子商务之前应该做哪些工作？
2. 服装企业电子商务系统的建设原则是什么？
3. 服装企业电子商务系统的构建过程是什么？
4. 电子商务战略规划的内容和步骤是什么？
5. 电子商务系统规划的内容和步骤是什么？
6. 服装电子商务系统规划报告主要内容包括哪些？
7. 讨论不同规模的服装企业在实施电子商务时的重点内容。
8. 讨论不同电子商务的开发方法的优缺点。
9. 服装企业电子商务的管理内容有哪些？

实践

1. 通过 Internet，选择 2～3 家服装电子商务网站，对比分析他们的电子商务战略、销售的产品及平台功能。

2. 现有一家中型服装企业,想通过第三方平台开展 B2C 电子商务,请你帮他选择并说明理由。

3. 选择目前国内几家著名的服装电子商务企业,对比分析他们的电子商务管理方面的情况。

第七章

服装电子商务物流管理

学习目标
- 了解服装电子商务物流的特点。
- 了解熟悉物流系统在服装电子商务方面的应用。
- 理解并掌握供应链及供应链管理的相关知识。
- 理解并掌握服装供应链、物流管理的内容。

引例 ▶▶

供应链管理落后服装企业为"快"所累

ZARA 创造的"快时尚"模式,是中国服装公司在过去几年最热衷学习的方向。但多家服装企业如美特斯邦威、海澜之家及凡客诚品都有高库存的困惑,发现自己正为"快"所累,因"快"变慢。

但长期研究我国服装行业的正略钧策管理咨询高级顾问张大志仍向《第一财经日报》记者推荐 ZARA 的成功模式。ZARA 既是服装品牌,也是专营 ZARA 品牌服装的连锁零售品牌。1975 年创于西班牙,是全球排名第三、西班牙排名第一的服装商,在世界各地超过 56 个国家设立 2000 多家服装连锁店。"国内很多企业对于 ZARA 的学习只停留在某一方面,比如它的买手模式,但对于其他的管理模式却一知半解。"张大志告诉记者。

美特斯邦威,曾被视为中国最接近 ZARA 管理模式的公司。与大多以工厂起家的服装品牌不同,创始人周成建依靠生产外包创立了"虚拟经营"模式,以摆脱掉自有工厂的桎梏。为了了解 ZARA 的运作模式,周成建还专门把一些订单交给 ZARA 在中国的代工厂,并自己到这些工厂详细了解整个运营过程。

另一个公开学习 ZARA 的是电商企业凡客诚品。一位了解该企业的人士向本报记者透露,凡客一直在学习 ZARA 等快时尚品牌的买手模式,所谓买手模式,就是收集流行信息和对零售市场中消费者需求的理解,以最快的反应紧跟时尚。凡客将市场上的流行服饰和元素收集起来,加上设计师小小的改动,然后快速将设计样板拿到工厂去加工。

任何一家 ZARA 模仿者都会被告知,在快速供应链下保持低库存是快时尚模式盈利的基础。但由于大部分中国企业尚处于飞速扩张的阶段,对于他们而言,更多的产量就意味着扩张。

"买手模式让 ZARA 的模仿者们广泛学习，但相关的供应链时间管理和库存管理却很少有人学习。"张大志表示。在服装行业里，这些衣服在仓库里每滞留一天都意味着贬值。美特斯邦威的净资产约为 32 亿元，而仓库里那些过季衣服已占其净资产的近一半。

资料来源：《第一财经日报》（2012-04-06）报道整理

第一节　服装电子商务物流管理的基本内容

一、物流与物流系统

1. 物流的概念

物流的概念最早是在美国形成的，当时被称为 Physical Distribution（PD）。当时对物流的定义是"在连接生产和消费之间对物资履行保管、运输、装卸、包装、加工等功能，以及支持控制这些功能的信息功能，并在物资销售中起到桥梁作用"。

20 世纪 80 年代，"物流"概念传到我国，此时的物流翻译为 Logistics。Logistics 的原意为"后勤"，是第二次世界大战期间军队在运输武器、弹药和粮食等给养时使用的一个名词。它是为维持战争需要的一种后勤保障系统。后来 Logistics 一词转用于物资的流通，这时，物流已不仅仅是考虑从生产者到消费者的货物配送，还要考虑从供应商到生产者对原材料的采购，以及生产者本身在产品制造过程中的运输、保管和信息等各个方面，全面、综合性地提高经济效益和效率的问题。因此，现代物流是以满足消费者的需求为目标，把制造、运输、销售等市场情况统一起来考虑的一种战略措施。这与传统物流把仅将其看作是"后勤保障系统"和"销售活动中起桥梁作用"的概念相比，在深度和广度上又有了进一步的含义。因此，现代的物流是指物质资料从供给者到需求者的物理性运动，主要创造时间价值和场所价值，有时也创造一定的加工价值。

2. 物流系统

用系统的观点来研究物流活动，是现代物流科学的核心问题。"系统"一词来源于古希腊语"System"，有"共同"和"给以位置"的含义。虽然系统思想源远流长，但是随着科学技术的发展和不同学科的分类，有关专家对系统的定义很不统一，而且对其定义的角度也有所不同，我国系统科学界对其通用的定义是：系统是由相互作用和相互依赖的若干组成部分（要素）结合而成的，是具有特定功能的有机整体。

因此物流系统是指由两个或两个以上的物流功能单元构成，以完成物流服务为目的的有机集合体。作为物流系统的"输入"就是采购、运输、储存、流通加工、装卸、搬运、包装、销售、物流信息处理等环节的劳务、设备、材料、资源等，是由外部环境向系统提供的过程。所谓物流系统是指在一定的时间和空间里，由所需输送的物料和包括有关设备、输送工具、仓储设备、人员以及通信联系等若干相互制约的动态要素构成的具有特定功能的有机整体。

物流系统的目的是实现物资的空间效益和时间效益，在保证社会再生产的前提条件下，实现各种物流环节的合理衔接，并取得最佳的经济效益。

二、电子商务对物流系统的影响

电子商务对传统物流的影响主要体现在以下方面。

1. 电子商务改变传统的物流观念

电子商务作为一种新兴的商务活动，它为物流创造了一个虚拟的运行空间。在电子商务状态下，人们在进行物流活动时，物流的各种职能及功能可以通过虚拟化的方式表现出来，在这种虚拟化的过程中，人们可以通过各种组合方式寻求物流的合理化，使商品实体在实际的运动过程中效率最高、费用最省、距离最短、用时最少。

2. 电子商务改变物流的运作方式

（1）电子商务可以利用网络的实时控制对物流进行高效的管理

传统的物流活动在其运作过程中，不管是以生产为中心，还是以成本或利润为中心，都从属于商流活动，是伴随着商流运动的。而在电子商务下，物流的运作是以信息为中心的，信息不仅决定着物流的运动方向，而且也决定着物流的运作方式。在实际运作过程中，通过网络上的信息传递，可以有效地实现对物流的实时控制，实现物流的合理化。

（2）网络对物流的实时控制是以整体物流来进行的

在传统的物流活动中，虽然也有依靠计算机对物流进行实时控制的，但这种控制都是以单个的运作方式来进行的。比如，在实施计算机管理的物流中心或仓储企业中，所实施的计算机管理信息系统大都是以企业自身为中心来管理物流的。而在电子商务时代，网络全球化的特点可在全球范围内对物流实施整体的实时控制。

3. 电子商务改变物流企业的经营形态

电子商务将改变物流企业对物流的组织和管理。在传统经济条件下，物流往往是从某一企业的角度来进行组织和管理的，而电子商务则要求物流从社会的角度来实行系统的组织和管理，以打破传统物流的分散状态。这就要求企业在组织物流的过程中，不仅要考虑本企业的物流组织和管理，更重要的是要考虑全社会的整体系统。

电子商务也将改变物流企业的竞争状态。在传统经济活动中，物流企业之间存在激烈的竞争，这种竞争往往是依靠本企业提供优质服务、降低物流费用等方式来进行的。在电子商务时代，这些竞争内容虽然依然存在，但有效性却大大降低了。原因在于电子商务需要一个全球性的物流系统来保证商品实体的合理流动，对于一个企业来说，即使它的规模再大，也是难以达到这一要求的。这就要求物流企业应相互联合起来，在竞争中形成一种协同竞争的状态，以实现物流高效化、合理化、系统化。

4. 电子商务促进物流基础设施的改善和物流技术与物流管理水平的提高

（1）电子商务将促进物流基础设施的改善

电子商务高效率和全球性的特点，要求物流也必须达到这一目标。而物流要达到这一目标，良好的交通运输网络、通信网络等基础设施则是最基本的保证。

（2）电子商务将促进物流技术的进步

物流技术主要包括物流硬技术和软技术。物流硬技术是指在组织物流过程中所需的各种材料、机械和设施等；物流软技术是指组织高效率的物流所需的计划、管理、评价等方面的技术和管理方法。从物流环节来考察，物流技术包括运输技术、保管技术、装卸技术、包装技术等。物流技术水平的高低是决定物流效率高低的一个重要因素。要建立一个适应电子商务运作的高效率的物流系统，必须尽快提高物流的技术水平。

（3）电子商务将促进物流管理水平的提高

物流管理水平的高低直接决定和影响着物流效率的高低，也影响着电子商务高效率优势的实现。只有提高物流的管理水平，建立科学合理的管理制度，将科学的管理手段和方法应用于物流管理当中，才能确保物流的畅通，实现物流的合理化和高效化，促进电子商务的发展。

5. 电子商务对物流人才提出了更高的要求

电子商务不仅要求物流管理人员具有较高的物流管理水平，也要求物流管理人员具有较高的电子商务知识，并在实际的运作过程中，能够有效地将二者有机地结合在一起。

三、服装电子商务对物流系统的要求

根据服装自身及电子商务物流系统的特点，服装电子商务物流系统应满足以下几点要求。

1. 市场快速反应机制的要求

服装本身具有强烈的季节性和短暂的流行周期，如果市场反应速度慢，在激烈的市场竞争中，将付出惨重的代价。

2. 单品管理的要求

在这种复杂的经营管理中，物流操作中精确的分拣工作显的尤其重要。

3. 多品种、小批量趋势的要求

如何满足服装产品的这种多品种、小批量的发展趋势，需要服装企业、第三方物流服务商共同努力，建设快速配送系统，通过配送中心的现代物流思想和设施来实现。

4. 合理库存预警的要求

现代物流的一个根本理念就是要尽量降低库存，直至零库存。但是，没有库存对于正常运作的服装企业来说是根本不可能的。对服装企业来说，库存控制的目标不是消灭库存，而是如何合理控制库存。

5. 提供以先进的信息技术为基础的物流信息系统的要求

信息技术的高速发展，使得物流过程中库存积压、送货延时、运输不可控等危险大大降低。它可以帮助物流公司及时跟踪货物的运输过程，掌握库存的准确信息，从而合理调配和使用车辆、库房和人员等各种资源。

四、服装电子商务的物流实现方法

1. 服装企业自设物流中心

这种方式的物流成本高，但物流速度快、灵活性大、效率高，能充分发挥物流中心的及时性与快速性特点。许多以加工为主的中小型服装企业或以批发为主的中小型服装企业，受订单客户或批发客户因素影响而导致生产物流很不稳定，只有通过自设物流中心才能为客户提供高速、及时的物流服务，并构成争取客户的重要竞争优势。一些大型自营连锁服装企业，由于存在大量的生产、供应、销售物流，通过自设物流中心，既能发挥物流中心的及时性与快速性优势，又能发挥物流中心的规模效率，为企业建立快速市场反应能力提供物流基础数据。

2. 利用第三方物流（Third Party Logistics 即 3PL）

这种方式指由物流服务的供方、需方之外的第三方去完成物流服务的物流运作方式。实际上就是物流的供方与需方将物流的部分职能发包给第三方物流企业，物流企业以其专业的运作方式，与航运或航空运输、铁路或公路运输等企业，共同完成实物的交接、空间转移、信息传递等部分物流职能，第三方物流是物流进一步专业化发展的结果。随着第三方物流的成本降低，诚信与效率提高，许多服装企业开始乐意选用第三方物流实现其销售物流或采购物流。

3. 利用第四方物流（Fourth Party Logistics 即 4PL）

这种方式实际上是第三方物流的集成商，在全球性供应链管理需求条件下，第三方物流受到规模、业务、实力等方面的限制，已经不具备对物流资源的组织、整合，速度及有效性也不能满足需求。于是，可以将第三方物流整合起来，纳入到第四方物流，形成更加高效运作的物流模式。第四方物流作为集成商，通过对第三方物流的资源、能力和技术整合，优势互补，利用分包商来控制与管理客户与供应商之间点到点的供应链运作，为客户提供最佳的供应链综合解决方案。

第二节　服装物流管理的信息化建设

一、物流管理信息化建设的意义

随着电子商务的迅速发展和经济全球化的逐步深入，现代物流业已经逐步成为国民经济的基础产业并且作为不同产业之间的联系纽带进行着资源的优化配置。改革开放以来，我国的物流业也取得了一定的发展。随着物流业的发展，物流信息化的概念越来越为人所重视。

物流信息化主要是指物流企业运用现代信息技术对物流过程中产生的全部或部分信息进行采集、分类、传递、汇总、识别、跟踪、查询等一系列处理活动，以实现对货物流动过程的控制，从而降低成本、提高效益的管理活动。

这是狭义的物流信息化的定义，而广义的物流信息化不仅仅是指物流企业内部对于信息技术的运用和发展，更包括企业与企业之间、物流企业与物流企业之间、甚至供应链与供应链之间的信息的共享，以实现整体物流成本最小的目的。

物流信息化的提出和发展，主要基于以下三个方面因素：

① 信息技术、网络技术的普及和发展，特别是互联网技术解决了信息共享、信息传输的标准问题和成本问题，使得信息更广泛地成为控制、决策的依据和基础；

② 企业在利益机制的驱动下，不断追求降低成本和加快资金周转，将系统论和优化技术用于物流的流程设计和改造，融入新的管理制度之中，以实现在规定的流程中提供优化的操作方案；

③ 物流管理是供应链管理的重要组成部分，企业要提高整个供应链的效率和竞争力，主要是通过对上下游企业的信息反馈服务来提高供应链的协调性和整体效益。因此，物流信息系统不仅是供应链的血液循环系统，更是其中枢神经系统。

21世纪，人类社会已经进入了信息化时代，信息化之于任何一个行业都具有决定性的战略意义。信息化更是物流业的基础，是发展现代物流业的必然要求。物流信息化建设的意义主要体现在以下几点。

① 有利于实现商流、资金流和现金流的沟通和实现。在商品流通的过程中，商流、资金流和现金流的完成都要依靠信息流的传递。

② 有利于工商企业节约经营成本和物流企业实现更大的利润。通过第三方物流，工商企业可以集中自己的优势产品和服务，提高自身的核心竞争力。而信息化的实现对于物流企业来说，也具有重要的意义。它可以帮助物流企业实现物品流通过程的高效化，节约一切可以节约的成本，实现其利润的最大化。

③ 有利于进一步提高顾客的服务质量。物流信息化的实现，有利于物品从供应商更快地运输到需求方，实现顾客的快速响应，以提高服务质量。

④ 有利于加强供应链之间、各企业之间的合作伙伴关系，以实现整个供应链的价值最

大化。企业之间以及供应链之间的物流信息化有利于进一步降低商品流通过程中的多余成本，实现整体效益的最大化。

总之，物流信息化的实现有利于实现货主企业物流成本的降低、物流效率的提高和物流过程的安全；有利于实现物流企业商业机会的增加、资金周转迅速和服务能力提升；有利于实现物流产业经营运作的规范、行业环境诚信度、提高信息化水平；有利于实现社会总体流通成本的降低、经济效益的提高和产业结构优化。

二、服装物流管理信息化系统的构建

对物流企业而言，电子商务物流信息系统应具备一些基本的功能，以满足企业的管理需求，并大幅度提高管理水平。一般而言，电子商务物流信息系统主要由以下几个部分构成：仓储管理以及仓储作业管理、运输及配载管理、财务管理、人力资源管理等。

1. 仓储管理以及仓储作业管理

仓储管理以及仓储作业管理系统一般统称为仓储管理系统（WMS，Warehouse Management System）。随着企业规模扩大，产品结构越来越复杂，且整个市场对产品的个性化要求也日益提高，随之而来的问题是如何存储这些产品，如何在需要这些产品的时候迅速地找到他们，如何采用有限的仓储面积存储更多的物品以及如何合理配置产品品项以最低的品项数和库存数满足市场的需要，如何安排仓库门口的装卸作业，使该作业能够迅速、准确地被完成。

为了能够达到上述要求，先进的仓储系统在系统内设计了一个先进的计划系统，该系统对于现场的作业状态非常敏感，他可以根据现场情况变化而实时调整作业计划，使整个作业计划安排能够达到最佳。在计划自动生成的时候，所考虑的因素主要有品项特性（是否对存储和搬运有特殊要求）、储位分布以及储位分配情况、仓储作业面积、操作人员数量以及操作人员的训练程度、作业允许的时间以及客户给定的服务时间和仓储设备的运行状况等等。另外，某些 WMS 系统采用了 Rule-base 或 Knowledge Base 技术，将人们在实际仓储作业中的优秀经验整合到系统作业管理中，使系统能够充分整合现有的仓储资源而达到作业效率的最佳化，另外，仓储作业管理系统还要支持仓储内所有的自动化设备。

仓储作业的具体功能包括如下设计。

(1) 物料管理

包括物料的属性与分类管理及物料的存储描述。

(2) 仓储配置管理

物料的存储条件需要进行配置，先进的仓储管理系统能够通过对仓库实体参数配置，实现对仓储资源的识别和管理，需要配置的信息主要有仓储编号、仓储面积、储位编号、储位面积以及储位存储规则等。通过仓储配置，可以根据实际作业需求制订优化的仓储作业计划，实现对仓储环境的高效利用，即以有限的面积存放更多的货品，以有限的资源得到更大的仓储吞吐量，以有限的人力、物力获得更高的作业效率和速度。

(3) 仓储作业计划

通过采集、收发货品订单以及根据系统中的仓储配置数据，并结合在系统中已经设定的作业规则，在规定的时间内完成的作业计划。

(4) 仓储作业执行控制

仓储作业计划生成以后，需要得到完美执行，仓储管理系统一般都会结合硬件设备和条码设备辅助完成仓储作业计划，因此仓储作业系统不仅仅是一个计划管理系统，更是一个业务执行管理系统。在作业执行方面，许多WMS产品都有比较先进的解决方案和相应的产品，如EXE的Exceed、ES/1AWM等系统，其中ES/1AWM还提供了基于打印工作命令的执行管理系统以适应自动化水平较低的仓储作业环境。

(5) 仓储资源管理

仓储管理系统中另一个重要管理对象是仓储资源管理，仓储资源除了仓储本身还包括了仓储结构、仓储设备以及仓储作业人员等资源的管理。主要功能体现在仓储设备的合理调配，并通过设备检修计划提高设备完好率；合理配置仓储结构，提高场地利用率；合理组织仓储作业人员，使仓储作业效率能够得到最大化。

(6) 异常处理

现实作业中，仓储管理是非常复杂的，在仓储管理中，会遇到各种突发事件以及其他异常交易作业，因此要求一个优秀的WMS系统能够妥善地处理这些异常情况。

(7) 作业成本管理

仓储作业管理的优化将最终体现在仓储成本的降低和作业效率的提高，而成本控制是应用仓储管理系统的一个主要目的之一。然而，与ERP系统不同，ERP系统所描述的成本控制大多以物料成本为中心展开，而WMS系统的成本，必须以作业成本为中心，因为WMS系统的主要管理对象虽然是物料，但管理的主体确是作业，因此，作业成本的可控以及优化是WMS系统比较重要的环节。

长期以来，仓储作业是企业内部的成本中心，长期困扰企业管理者的问题是仓储作业成本比较难于核算和控制。随着企业生产逐步由大而全走向分工合作、专业化方向，企业的仓储将不会只对企业的一个部门或几个部门提供服务，将会逐步走向集团企业内仓储中心或以第三方物流服务的形式出现。仓储作业将会从成本中心走向费用中心，最终走向新的利润中心。因此，先进的WMS系统都会提供基于作业的成本管理系统，帮助仓储作业管理人员精确地核算仓储作业成本，为进一步优化仓储管理，提高仓储效率奠定基础。

2. 运输及配载管理

运输管理是物流中另一个主要子系统，运输管理的主要管理对象是运输工具管理（车、船、飞机等）、运输环境管理（运输线路、站点和地图）、人员管理（驾驶员、装载人员以及管理人员等）、运单管理（运单、运输计划排程等）、运输成本核算（人员成本、运输资源成本（工具成本和人员成本）、能源消耗核算控制等、优化管理（路径优化、运输能力优化以及服务优化等）、客户管理（客户订单服务、查询等）、跟踪管理（包括采用GPS和SMS等系统实现的运输跟踪管理）。

运输管理的主要功能模块设计包括：运输设备资源管理、运输线路管理、人员管理、客户管理、运输订单管理、成本核算、作业跟踪模块等。

3. 财务管理

财务电算化已经在我国发展了十多年，但大多数财务软件只是手工作业的模拟，并没有在企业管理上加强控制，而物流系统的财务管理，恰恰突出了财务的管理功能，其中集中体现在应收应付管理。

传统财务系统的数据来源是凭证，而从管理角度上讲，凭证并不是原始数据，由于历史的原因，凭证成为财务数据的基础，对物流企业来说，由于业务峰值的因素，所有业务如果都要通过凭证进入财务系统的话，将造成系统数据急剧膨胀，浪费数据存储资源。因此，为适应物流管理系统的需要，财务管理系统在数据的采集上必须直接对应作业原始单据，如订单数据等。

许多企业存在三角债务，其最主要的原因是无法提供精确有效的数据（债权凭证），因此应收应付是财务管理中相当重要的环节，物流系统面对的是直接客户，因此应收应付管理就显得尤为重要。

4. 人力资源管理

和 ERP 的人力资源管理不同，物流系统所赋予的人力资源管理主要是针对作业人员的管理。它包括了人员属性记录，工作经验记录以及岗位经验记录和奖惩记录。在我国物流企业中，除了管理人员以外，大多数作业人员来源于劳务市场和外来打工人员，这些人员流动性较大，且目前劳务市场对这些人员的管理水平较低，因此物流管理系统必须提供基于物流运作需求的人力资源管理，建立人力资源数据库。

人力资源流动性大带来的结果之一就是无法稳定地提高作业规范化水平，无法长期培训，使劳务人员逐步成长为专业操作人员。因此，必须通过人力资源数据库对所有参加过本企业工作的人员加以记录，特别是其技能记录和通讯方式记录。形成基于本企业需求的劳务市场，从而使基于本企业的劳动力技能得到继承和提高。

另外，还需要设计人员的 KPI（绩效指标，key performance Index）表和月度/季度/年度/业绩评估表，从而能够全面地评价作业人员的状况。

另外，必须以投资的眼光看待人力资源，引进一批作业人员，就要开始核算在这些人员上的投入，包括工资、税费以及保险等，同时还要通过 KPI 来评估其产出，人力资源是最有潜力可挖的。

物流企业的信息化建设历经十几年的发展，现在已经相对成熟。未来物流企业，应发展以需求对象为主题的专业物流管理信息平台；基于"物联网"新时代的来临，建立可视化的监控物流管理系统；逐步推进跨平台的数据交互。

服装企业物流管理信息平台的重点在两个方面，分别是以采购为主体的供应物流和以分销为主体的成品分销物流。部分企业物流已经建立了自身的 WMS、TMS（运输管理系统，Transportation Management System）、进销存等平台，或者将服务分包给具有以上平台功能的服务商。但是在可用数据采集的实时性、准确性方面存在着巨大的漏洞，协同能力较弱。特别是在不同经营体制下的企业，在这方面表现得尤为突出。

从企业物流信息化的角度看，将建设如下平台：以集中采购管理为主体的采购物流信息平台；以企业内部供应链计划管理的信息化平台；跨企业的供应链可视化协同平台；以物联网为核心的数据信息识别与信息平台。

第三节 服装供应链管理

一、供应链的概念及分类

（一）供应链的概念

所谓供应链（supply Chain）是指从物料获取并加工成中间件或成品，再将成品送到用户手中的一些企业和部门的业务活动及其相互关系构成的网络，它包括物料来源、产品生产、运输管理、仓库管理甚至需求管理，通过这些功能的集成把产品和服务提供给最终用户。供应链实际上是由产品生产和流通过程中所涉及的原材料供应商、生产商、运输商、批发商、零售商以及最终消费者组成的供需网络系统，每一条供应链中包含的供应商、生产商、配送中心、运输商、零售商及消费者之间是一种相互依存的互利关系。

供应链是社会化大生产的产物，是重要的流通组织形式和市场营销方式。它以市场组织化程度高、规模化经营的优势，有机地联结生产和消费，对生产和流通有着直接的导向作用。

现代意义上的供应链对于传统意义上的供应链或单个企业来说，具有以下的特点。

1. 复杂性

供应链是一个复杂的网络，这个网络是由具有不同运营范围和目标的成员和组织构成的。这意味着要为某个特定企业寻找最佳的供应链战略时，会面临着巨大的挑战。供应链节点企业组成的跨度（层次）不同，有生产型的、有加工型的、有服务型的等；有上游的、有下游的，有核心层的、有非核心层的，即供应链往往由多个、多类型甚至多国企业构成，所以供应链结构模式比一般单个企业的结构模式更为复杂。

2. 动态性

由于市场的变化难以预测，因此供应链的重要特征之一就是供需过程不断重构的动态性。现代供应链的出现就是因为企业战略适应市场需求变化的需要，无论是供应链结构，还是其中节点企业都需要动态地更新，这就使得供应链具有明显的动态性。

3. 服务性

供应链的形成、存在、重构，都是基于最终用户需求，并且在供应链的运作过程中，用户的需求是供应链拉动信息流、物流、资金流运作的驱动源。

4. 交叉性

供应链节点企业既可以是这个供应链的成员，同时又是另一个供应链的成员。众多的供应链形成交叉结构，增加了协调管理的难度。

5. 波动性、延迟性和放大性

波动性是指市场的需求量和计划量之间存在差异，在需求量一定的情况下，计划量随着市场的需求量上下波动。延迟性指客户的订货量波动反映到供应商那里需要一定的时间。放大性指从客户、分销商、批发商、制造商一直到供应商实际需求量和计划量之间的波动是逐级放大的，就像一条鞭子一样，手部轻轻抖动皮鞭，抖动就会逐级放大。我们姑且把这种特征称为"长鞭效应"。例如，鞋店一般每月的订货量为 100 双，有一个月该店向分销商订了 200 双，分销商根据订货量，通过一些供应链管理软件，预测出需求增加了，并估计其他的鞋店也会增加订货量，因此向上一级批发商订货 250 双，批发商同样认为分销商的需求增加了，于是向上一级的批发商或者制造商订货 500 双，由此我们可以看出，供应链已经不再是一个线性的了，而是变成了一个网状的供应链，这个网络上的节点就是各供应商、分销商、批发商、制造商、客户。

（二）供应链的分类

由于供应链是一个复杂的系统，存在产品、功能、驱动力、驱动模式、生产组织形式和稳定性方面的差异，各种供应链的存在形式差别很大，可以采用多个角度进行深入分析。

开展供应链的分类分析，其目的是为了更好地对供应链各种特点进行识别，目前供应链的分类主要有以下几种。

1. 根据供应链管理的研究对象及其范围划分

（1）企业供应链

企业供应链是就单个公司所提出的含有多个产品的供应链管理，该公司在整个供应链中处于主导者地位，不仅考虑与供应链上其他成员合作，也较多地关注企业多种产品在原料购买、生产、分销、运输等技术资源的优化配置问题,并且拥有主导权,如沃尔玛(WAL.MART)公司的供应链。在这样的供应链中,必须明晰主导者的主导权,如果主导权模糊不清,不仅无助于供应链计划、供应链设计和供应链管理的实施,而且也无法维系整个供应链建立起强有力的组织和有效的运作。

在企业供应链中,主导权是能否成为统一整个供应链理念的关键要素。供应链的概念更加注重围绕核心企业的网链关系,如核心企业与供应商、供应商的供应商乃至一切向前的关系,与用户、用户的用户乃至一切向后的关系。这里的单个公司通常指供应链中的核心企业,是对整个供应链起关键作用的企业。

从核心企业来看,供应链包括其上游的供应商及其下游的分销渠道,包括对信息系统、采购、生产调度、订单处理、库存管理、仓储管理、客户服务、包装物及废料的回收处理等一系列的管理活动。供应商网络包括所有为核心企业直接或间接提供投入的企业。

(2) 产品供应链

产品供应链是与某一特定产品或项目相关的供应链,如某品牌服装的供应链。例如,一个生产西装的公司的供应商网络包括很多家企业,为其供应从面料、辅料等原材料到设备配件、包装材料等多样的产品。基于产品供应链的供应链管理,是对由特定产品的顾客需求所拉动的、整个产品供应链运作的全过程的系统管理。采用信息技术是提高产品供应链的运作绩效、新产品开发以及完善产品质量的有效手段之一。在产品供应链上,系统的广告效应和行业的发展会引导对该产品的需求。而仅仅在物流运输、分销领域进行供应链管理的改进是收效甚微的。比如,衬衣制造商是供应链的一部分,它的上游是化纤厂和织布厂,下游是分销商和零售商,最后到最终消费者。按定义,这条供应链的所有企业都是相互依存的,但实际上它们却彼此并没有太多的协作,要关注的是围绕衬衣所连接的供应链链节及其管理。

(3) 基于供应链合作伙伴关系的供应链

供应链合作伙伴关系主要是针对职能成员间的合作进行管理。供应链管理是对由供应商、制造商、分销商、顾客等组成的网络中的物流、信息流、资金流(成本流)进行管理的过程。供应链的成员可以定义为广义的买方和卖方,只有当买卖双方组成的节点间产生正常的交易时,才发生物流、信息流、资金流(成本流)的流动和交换。表达这种流动和交换的方式之一就是契约关系,供应链上的成员通过建立契约关系来协调买方和卖方的利益。另一种形式是供应链合作伙伴关系建立在与竞争对手结成的战略合作基础上的供应链。

以上3种供应链管理对象的区分是彼此相关的,虽然某些方面他们可能会相互重叠,但是这对于考察供应链和研究不同的供应链管理方法具有一定的帮助。

2. 以供应链的网状结构划分

以网状结构来划分,供应链包括发散型的供应链网即"V"型供应链、会聚型的供应链网即"A"型供应链和介于上述两种模式之间的供应链网即"T"型供应链三种。图7-1为三种供应链的模型图。

(1) "V"型供应链

"V"型供应链是供应链网状结构中最基础的结构。物料是以大批量的方式存在,经过企业加工转换为中间产品,如石油、化工、造纸和纺织企业,提供给其他企业作为它们的原材料。对于生产中间产品的企业来说,客户往往要多于供应商,呈发散状。

这类供应链在产品生产过程中的每个阶段都有控制问题。在这些发散网络上,企业生产大量的多品种产品使其业务非常复杂。为了满足客户服务需求,需要库存作为缓冲,这样就会占用大量的资金。这种供应链常常出现在本地业务而不是为了全球战略。对这些"V"型

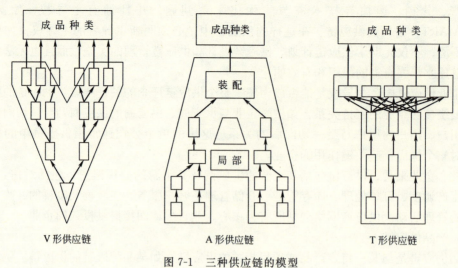

图 7-1 三种供应链的模型

结构的成功计划和调度主要依赖于对关键性的内部能力瓶颈的合理安排,它需要供应链成员制订统一、详细的高层计划。

(2)"A"型供应链

当核心企业为供应链网络上最终用户服务时,它的业务本质上是由订单和客户驱动的。在制造、组装和总装时,它们遇到一个与"V"型结构供应链相反的问题,即为了满足相对少数的客户需求和客户订单时,需要从大量的供应商手中采购大量的物料。这是一种典型的会聚型的供应链网,即形成"A"字形状。

像航空工业、汽车工业等企业,是受服务驱动的,它们集中精力放在重要装配点上的物流同步。物料需求计划成了这些企业进一步发展的阶梯。来自市场缩短交货期的压力,迫使这些组织寻求更先进的计划系统来解决物料同步问题。它们拥有策略性的、由需求量预测决定的公用件、标准件仓库。

这种结构的供应链在接受订单时要考虑供应提前期,并且能保证按期完成,因此关键之处在于精确地计划、分配满足该订单生产所需的物料和能力,还要考虑工厂真实可用的能力、所有未分配的零件和半成品、原材料和库中短缺的关键性物料以及供应的时间。另外,需要辨别关键性的路径。所有的供应链节点都必须在供应链系统中有同样的详细考虑,这就需要关键路径的供应链成员紧密联系和合作。

(3)"T"型供应链

介于上述两种模式之间的许多企业通常结成的是"T"形供应链。

这种"T"型的企业根据现存的订单确定通用件,并通过对通用件的标准化制造来减少复杂程度。这种情形在接近最终用户的行业中普遍存在,如医药保健品、汽车备件、电子产品、食品和饮料等行业;在那些为总装配提供零部件的公司也同样存在,如为汽车、电子器械和飞机主机厂商提供零部件的企业。这样的公司从与它们的情形相似的供应商公司采购大量的物料,同时给大量的最终用户和合作伙伴提供构件和套件。

"T"型供应链是供应链管理中最为复杂的,因为这类企业往往投入大量的资金用于供应链的解决方案,需要尽可能限制提前期来稳定生产而无须保有大量库存。这种网络将在现在和将来的供应链中面临最复杂的挑战,预测和需求管理总是此种供应链成员考虑的一个重点。

显然,与前两类结构不同的是,这种供应链的多点控制因素变得很重要,例如,在哪里生产最好、在哪里开展促销活动、采取什么能影响分销成本等。从控制的角度来说，按相似产品系列进行汇集的办法常是最成功的。处理这种组织的最好方法是减少产品品种和运用先进方法，或是利用先进的计划工具来维护和加强供应链控制水平。

3. 以供应链的功能划分

根据供应链的功能可以把供应链划分为有效性供应链和市场反应性供应链两种。

（1）有效性供应链

有效性供应链以实现供应链的物理性能为主要目标，主要体现供应链的物料转换功能，即以最低的成本将原材料转化成零部件、半成品和产品，并最终运送到消费者的手中。有效性供应链，面对实际的市场需求、提供的产品和相关技术具有相对稳定性，因此，供应链的各类企业可以关注于获取规模经济效益，提高设备利用率，以有效降低产品成本。

（2）反应性供应链

反应性供应链以实现供应链的市场功能为主要目标，主要体现供应链对市场需求的反应功能，即把产品分配到满足用户需求的市场，对未预知的需求做出快速反应等。这类供应链所提供的产品，其市场需求有很大的不确定性，或者产品技术发展很快，产品生命周期较短，或者产品价格随季节的不同而有很大变化。对于这类供应链，需要保持较高的市场应变能力，实现柔性生产，从而减少产品过时和失效的风险。

4. 以供应链的分布范围划分

供应链的分布范围可分为公司内部供应链、集团供应链、扩张的供应链和全球网络供应链。

（1）公司内部供应链

在每个公司里，不同的部门在物流中都参与了增值活动。如采购部门能资源的来源部门，制造部门能直接增加产品价值，管理客户订单和送货的是配送部门。一般产品的设计和个性化产品的设计是由工程设计部门完成的，它们也参与了增值活动。这些部门被视作供应链业务流程中的内部顾客和供应商。公司内部供应链管理主要是控制和协调物流中部门之间的业务流程和活动。

（2）集团供应链

一个集团可以在不同的地点进行制造并且对过程实现集中控制，并通过自有的区域和本地仓库网络配送产品。由于业务活动涉及许多企业或部门，这种情况成为一种形式上的集团供应链。在供应链中每个公司都有自己的位置。一个公司有一个物流流向下游的客户供给链和从上游流下的供应商的供应链。大量的信息需要快速地传递，供应链上的业务流程也必须集成管理。

目前，企业要更有效地运作和保持竞争力，就必须有效地管理集团内公司及其供应商和客户，增强通过信息技术与它的客户和供应商沟通的能力。

（3）扩展的供应链

扩展的供应链表现为参与从原材料到最终用户的物流活动的公司日益增多，这种趋势在生产最终产品的公司的供应和配送活动中尤为明显；复杂的网络包含着几层供应商结点，这些供应商在供应链中从事着增值活动。

同样，分销商网络能够把产品带到更远的消费者手中。随着供应链的延伸，供应商和最终用户之间的距离在拉大，产品和制造的个性化以及供应商与客户关系却更加紧密。

供应商和客户之间交易成本的增加是供应链管理的主要压力，而交易成本增加的主要原因是供应链过于分散和冗长。过去在一个公司里，业务流程通常在销售、设计、制造和采购等部门进行,而它们之间却缺乏及时沟通,这样一来产生的沟通障碍在业务流程中造成不必要的延迟和成本的上升,这种沟通障碍也使公司很难对客户的需求和市场变化做出快速反应。

而扩展的供应链正是在个性化生产、提前期的缩短和业务量的增加等因素影响下,迫使公司实现物流同步,成为一个联结着供应商和分销商的复杂供应链。

(4)全球网络供应链

因特网的应用以及电子商务的出现,彻底改变了商业方式,也改变了现有供应链结构。传统意义的经销商将消失,其功能将被全球网络电子商务所取代。传统的多层供应链将转变为基于互联网的开放式的全球网络供应链,见图7-2。它转换、削减、调换在传统销售、交易方面投资的实体资产;通过省略销售过程的中间商来压缩供应链的长度;创建在电子化市场上运作的扩张性企业、联合制造业和跨部门集团;在贸易伙伴间进行实时数据存取、传递。

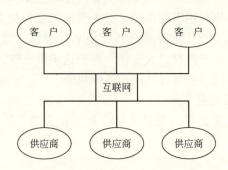

图7-2 基于互联网的全球网络供应链

在网络上的企业都具有两重身份,既是客户又同时是供应商,它不仅要上网交易,更重要的是构成该供应链的一个元素。在这种新的商业环境下,所有的企业将面临更为严峻的挑战,它们必须在提高客户服务水平的同时,努力降低运营成本;必须在提高市场反应速度的同时,给客户以更多的选择。同时,因特网和电子商务也将使供应商与客户的关系发生重大改变,其关系将不再仅仅局限于产品的销售,更多的将是以服务的方式满足客户的需求来替代将产品卖给客户。

越来越多的客户不仅以购买产品的方式来实现其需求,而且更看重未来应用的规划与实施、系统的运行维护等,本质上讲它们需要的是某种效用或能力,而不是产品本身,这将极大地改变了供应商与客户的关系。企业必须更加细致、深入地了解每一个客户的特殊要求,才能巩固其与客户的关系,这是一种长期的有偿服务,而不是产品时代的一次或多次性的购买。

在全球网络供应链中,企业的形态和边界将产生根本性的改变,整个供应链的协同运作将取代传统的电子订单,供应商与客户间信息交流层次的沟通与协调将是一种交互式的协同工作。此时,有可能会出现新的组织模式,即虚拟企业。也就是说,若干成员企业为共同获得某个市场机会的优势而组成的暂时的经营实体,是企业之间的动态联盟,机会一旦消失,虚拟企业即告解散。它不是一个具有独立法人资格的企业,而是各成员企业的全部或部分资源动态组合而成的一种组织,是企业之间的动态联盟,是全球网络供应链资源整合的一种形式。成员企业可以集中精力发展其关键资源、核心能力,成员间优势互补、风险共担、成果共享,并且可以根据市场机会,借助全球网络供应链迅速实现企业资源的重组,创造出具有高弹性的竞争优势。这不仅有利于企业的发展,而且增强了市场竞争的理性,减少了由于盲目性导致稀缺资源的浪费，促进了整个社会资源的优化配置。

在虚拟企业中，传统的企业隔离墙被打破，计算机网络使各成员企业获得市场机会信息，做出快速反应，并形成企业间相互联系、紧密合作的主要技术手段。虚拟企业是网络经济时代的一大创新。一些新型的、有益于供应链的代理服务商将替代传统的经销商，并成为新兴业务，如交易代理、信息检索服务等，将会有更多的商业机会等待人们去发现。

香港利丰集团是全球供应链管理中的创新者。它地处香港，为全世界约26个国家（以美国和欧洲为主）的350个经销商生产制造各种服装。但说起"生产制造"，它却没有一个车间和生产工人。但它在很多国家和地区（主要是中国、韩国、马来西亚等）拥有7500个各种类型的生产厂家（如原材料生产运输、生产毛线、织染、缝纫等），并与它们保持非常密切的联系。该公司最重要的核心能力之一，就是它在长期的经营过程中所掌握的、对其所有供应厂家的制造资源进行统一集成和协调的技术，它对各生产厂家的管理控制就像管理自家内部的各部门一样熟练自如。

二、供应链管理的概念

1. 供应链管理的定义

供应链管理作为管理学的一个新概念，已经成为管理哲学中的一个新元素。但在相关文献中，并没有关于供应链管理的明确定义或有关活动的清晰描述。

一般认为，供应链管理的广义定义，包含了整个价值链，即从原材料开采到使用结束的整个过程中的采购与供应流程管理。巴茨（Bartz）进一步将供应链管理扩展到物资的再生或再利用过程。供应链管理主要集中在如何使企业利用供应商的工艺流程、技术和能力来提高他们的竞争力，在组织内实现产品设计、生产制造、物流和采购管理功能的协作。当价值链中的所有战略组织集成为一个统一的知识实体，并贯穿整个供应链网络时，企业运作的效率将会进一步提高。

由于广义供应链管理描述的价值链非常复杂，企业无法获得供应链管理提供的全部利益，因此产生了相对狭义的供应链管理定义：在一个组织内集成不同功能领域的物流，加强直接战略供应商、生产制造商、分销商和最终消费者的联系。利用直接战略供应商的能力与技术，尤其是供应商在产品设计阶段的早期参与，已经成为提高生产制造商效率和竞争力的有效手段。

此外，在研究批发商和零售商中的运输及物流文献中还出现了第三种供应链管理的定义。它强调地理分布与物流集成的重要性。毫无疑问，物流是商业活动中一个重要的功能，而且它已经发展成为供应链管理的一部分。产品的运输和库存是供应链管理最原始的应用场所，但不是供应链管理定义中至关重要的组成部分。

2001年，我国发布实施的国家标准《物流术语》（GB/T 18354—2001）将供应链管理定义为："利用计算机网络技术全面规划供应链中的商流、物流、信息流和资金流等，并进行组织、协调与控制。"

总部设于美国俄亥俄州立大学的全球供应链论坛将供应链管理定义为："为消费者带来有价值的产品、服务以及信息的，从源头供应商到最终消费者的集成业务流程。"

2. 供应链管理的特点

供应链管理是一种新型的管理模式，具有以下特点。

（1）以客户为中心

在供应链管理中，顾客服务目标的设定优先于其他目标，它以顾客满意为最高目标。供应链管理从本质上说是为了满足顾客需求,它通过降低供应链成本的战略,实现对顾客的快速反应,以此提高顾客满意度,获取竞争优势。

(2) 跨企业贸易伙伴之间的密切合作、共享利益和共担风险

供应链管理超越了组织机构的界限,改变了传统的经营意识,建立起新型的客户关系。企业意识到不能仅仅依靠自己的资源来参与市场竞争,提高经营效率,而要通过与供应链参与各方进行跨部门、跨职能和跨企业的合作,建立共同利益的合作伙伴关系,追求共同的利益,发展企业之间稳定的、良好的、共存共荣的互助合作关系,建立一种双赢或多赢关系。

(3) 集成化管理

供应链管理应用网络技术和信息技术,重新组织和安排业务流程,实现集成化管理。离开信息及网络技术的支撑,供应链管理就会丧失应有的价值。可见,信息已经成为供应链管理的核心要素。通过应用现代信息技术,如商品条码技术、物流条码技术、电子订货系统、销售点数据读取系统、预先发货清单技术、电子支付系统等,使供应链成员不仅能及时有效地获得其客户的需求信息,并且能对信息作出及时响应,满足客户的需求。信息技术能缩短从订货到交货的时间间隔,提高企业的服务水平。信息技术的应用提高了事务处理的准确性和速度,减少了人员,简化了作业过程,提高了效率。

(4) 供应链管理是对物流的一体化管理

物流一体化是指不同职能部门之间或不同企业之间通过物流合作,达到提高物流效率、降低物流成本的目的。供应链管理的实质是通过物流将企业内部各部门及供应链各节点企业连接起来,改变交易双方利益对立的传统观念,在整个供应链范围内建立起共同利益的协作伙伴关系。供应链管理把从供应商开始到最终消费者的物流活动作为一个整体进行统一管理,始终从整体和全局上把握物流的各项活动,使整个供应链的库存水平最低,实现供应链整体物流最优化。在供应链管理模式下,库存变成了一种平衡机制,供应链管理更强调零库存。供应链管理使供应链成员结成了战略同盟,它们之间进行信息交换与共享,使得供应链的库存总量大幅降低,减少了资金占用和库存维持成本,还避免了缺货的发生。

总之,供应链管理可以使企业更好地了解客户,向客户提供个性化的产品和服务,使资源在供应链上合理流动,缩短物流周期,降低库存,降低物流费用,提高物流效率,从而提高企业的竞争力。

3. 供应链管理和物流管理的关系

(1) 从管理目标的角度

从管理目标上来看,现代物流管理是指为了满足顾客需要所发生的从生产地到销售地的产品、服务和信息的流动过程,以及为使管理能有效、低成本进行而从事的计划、实施和控制行为。而供应链管理则是在提供产品、服务和信息的过程中,从对终点用户到原始供应商之间关键商业流程进行集成,从而为客户和其他所有流程参与者增值。由此可见,物流管理与供应链管理在为顾客服务的目标上是一致的。

尽管二者的管理目标是一致的,但这并不能代表二者的工作性质也是相同的。供应链工作的性质突出了处理和协调供应商、制造商、分销商、零售商,直到最终用户间存在的各种关系,而物流工作的性质则重点表现的是具有一定物流生产技能的物流工作者,运用物流设施、物流机械等劳动手段,作用于物流对象的生产活动。

(2) 从管理内容的角度

从管理内容上来看,物流管理的内容包括物流活动以及与物流活动直接相关的其他活动,它包括从原材料的供应到产品的销售的全部物流活动。而供应链管理所涉及的内容要庞

大的多。供应链管理是通过前馈的信息流和反馈的物料流及信息流,将供应商、制造商、分销商、零售商,直到最终用户连成一个整体的模式。供应链管理既包括商流、信息流、资金流、增值流的管理,也包括物流的管理。由此可见,物流管理属于供应链管理的一部分。

与此同时,物流管理与供应链管理二者之间还存在着大量的不同内容。比如物流中还包括城市物流、区域物流和国际物流等,而这些在供应链管理中显然是不作为研究对象的。当然,供应链研究中涉及的产品设计与制造管理、生产集成化计划的跟踪与控制以及企业之间的资金流管理等,物流管理也同样不作为研究对象。即使将管理的范围限定在企业管理上,物流管理和供应链管理的内容也存在着明显的不同。供应链管理是企业的生产和营销组织方式,而物流管理则为企业的生产和营销提供完成实物流的服务活动。物流服务所表现的第二性特征在任何时候、任何场合、任何状态下都是不会改变的。

(3) 从管理手段的角度

从管理手段上来看,供应链管理是基于因特网的供应链交互的信息管理,这是以电子商务为基础的运作方式。商流、信息流、资金流在电子工具和网络通讯技术的支持下,可以通过网上传输轻松实现。而物流,即物质资料的空间位移,具体的运输、储存、装卸、配送等活动是不可能直接通过网上传输的方式来完成的。虽然,现代物流是离不开物流管理信息的,也要使用因特网技术。但是因特网显然不构成物流管理的必需手段。也就是说,物流在非因特网技术条件下,也一样能够运行。

识别物流管理和供应链管理对于企业清晰管理组织设置和管理权限划分也具有重要意义。进入 20 世纪 90 年代以后,经济社会向国际化、信息化、多元化的趋势发展,带动了生产方式的巨大变革,多品种和小批量的生产方式、准时生产制、柔性化生产、拉动式生产管理、看板管理、"零缺陷"服务等,都充分体现了以顾客满意为第一的观念。现代管理的目标已经开始从企业为核心转向以顾客为中心,企业要根据自身的发展需要建立具有自身特色的管理组织形式的同时,还必须考虑市场和用户的要求。设置不同的管理组织,明确各自的管理范围,确定相应的管理目标,采取合理的管理方法和手段是管理工作有效性的前提条件。供应链管理和物流管理的范畴和内容是不同的,各自运行的规律也有很大差别,如果再将运行中的技术和手段考虑进去,那么清晰管理组织的职责和管理任务非常重要。一般而言,供应链管理是协调企业间的跨职能的决策,属于战略性的管理;而企业物流管理大多数属于对具体运作业务活动的管理,属于战术性管理。当然,在供应链管理、物流管理下还会设置下一层的管理部门,以便将管理的目标和内容进一步划分。分清供应链管理和物流管理的一致性和差异性,可以让我们更加清晰明确相应的管理组织的职能。

4. 供应链管理的目标

供应链管理的目标是通过调和总成本最低化、客户服务最优化、总库存最少化、总周期时间最短化以及物流质量最优化等目标之间的冲突,以实现供应链绩效最大化。

(1) 总成本最低化

众所周知,采购成本、运输成本、库存成本、制造成本以及供应链物流的其他成本费用都是相互联系的。因此,为了实现有效的供应链管理,必须将供应链各成员企业作为一个有机整体来考虑,并使实体供应物流、制造装配物流与实体分销物流之间达到高度均衡。从这一意义出发,总成本最低化的目标并不是指运输费用或库存成本,或其他任何单项活动的成本最小,而是指整个供应链运作与管理的所有成本的总和最低。

(2) 客户服务最优化

在激烈的市场竞争时代,当许多企业都能在价格、特色和质量等方面提供相类似的产品时，差异化的客户服务能带给企业以独特的竞争优势。纵观当前的每一个行业领域，从计算机、服装到汽车，消费者都有广泛而多样化的选择余地。企业提供的客户服务水平，直接影响到它的市场份额、物流总成本，并且最终影响其整体利润。供应链管理的实施目标之一，就是通过上下游企业协调一致的运作，保证达到客户满意的服务水平，吸引并留住客户，以便最终实现企业的价值最大化。

(3) 总库存成本最小化

传统的管理思想认为，库存是维系生产与销售的必要措施，因而企业与其上下游企业之间的活动只是实现了库存的转移，整个社会库存总量并未减少。按照准时制（Just In Time，JIT）管理思想，库存是不确定性的产物，任何库存都是浪费。因此，在实现供应链管理目标的同时，要使整个供应链的库存控制在最低的程度。"零库存"反映的即是这一目标的理想状态。所以，总库存最小化目标的达成，有赖于实现对整个供应链的库存水平与库存变化的最优控制，而不只是单个成员企业库存水平的最低。

(4) 总周期最短化

在当今的市场竞争中，时间已成为竞争成功最重要的要素之一。当今的市场竞争不再是单个企业之间的竞争，而是供应链与供应链之间的竞争。从某种意义上说，供应链之间的竞争实质上是时间竞争，即必须实现快速有效的反应，最大限度地缩短从客户发出订单到获取满意交货的总周期。

(5) 物流质量最优化

企业产品或服务质量的好坏直接关系到企业的成败。同样，供应链的企业间的服务质量的好坏直接关系到供应链的存亡。如果在所有业务过程完成以后，发现提供给最终客户的产品或服务存在质量缺陷，就意味着所有成本的付出将不会得到任何价值补偿，供应链物流的所有业务活动都会变为非增值活动，从而导致整个供应链的价值无法实现。因此，保证服务质量与保持服务水平，也是供应链管理的重要目标。而这一目标的实现，必须从原材料、零部件供应的零缺陷开始，直至供应链管理全过程、全方位质量的最优化。

相对于传统的管理思想而言，上述目标之间呈现出互斥性：客户服务水平的提高、总周期的缩短、交货品质的改善，必然以库存、成本的增加为前提，因而无法同时达到物流质量最优化。而运用集成化管理思想，从系统的观点出发，改进服务、缩短时间、提高品质、减少库存与降低成本是可以兼得的。因为只要供应链的基本工作流程得到改进，就能够提高工作效率、消除重复与浪费、缩减员工数量、减少客户抱怨、提高客户忠诚度、降低库存总水平、减少总成本支出。

三、服装供应链管理的内容

(一) 采购管理

采购管理是服装供应链管理的重点内容之一。它在供应链企业之间原材料和半成品生产合作的交流方面架起一座桥梁，沟通生产需求与物资供应之间的相互协调。为使供应链系统能够实现无缝连接，并提高供应链企业的同步化运作效率，就必须加强采购管理。在供应链管理模式下，采购工作要做到5个恰当：恰当的数量、恰当的时间、恰当的地点、恰当的价格、恰当的来源。

1. 供应链管理环境下的采购管理的特点

在供应链管理的环境下，企业的采购方式和传统的采购方式有所不同，主要体现在如下几个方面。

(1) 从为库存采购转变成为订单而采购

在传统的采购模式中，采购的目的很简单，就是为了补充库存，即为库存而采购。采购部门并不关心企业的生产过程，不了解生产的进度和产品需求的变化，因此，采购过程缺乏主动性，采购部门制订的采购计划很难适应制造需求的变化。在供应链管理模式下，采购活动是以订单驱动为前提的，制造订单的产生是在用户需求订单的驱动下产生的，之后，制造订单驱动采购订单，采购订单再驱动供应商。这种准时化的订单驱动模式，使供应链系统得以准时响应用户的需求，从而降低了库存成本，提高了物流的速度和库存周转率。

(2) 从采购管理转变为外部资源管理

外部资源管理就是将采购活动渗透到供应商的产品设计和产品质量控制过程当中。要实现有效的外部资源管理，必须做到以下几点：

① 制造商要和供应商建立一种长期的、互惠互利的合作关系。

② 通过提供信息反馈和教育培训支持，在供应商之间促进质量改善和质量保证。

③ 参与供应商的产品设计和产品质量控制过程。

④ 协调供应商的计划。

⑤ 建立一种新的、有不同层次的供应商网络，并通过逐步减少供应商的数量，致力于与供应商建立合作伙伴关系。

当然，外部资源管理并不是仅仅依靠采购一方（下游企业）的单方面努力就能取得成效，而是需要供应商的配合和支持。为此，供应商应该从以下几个方面提供协作：

① 帮助拓展用户（下游企业）的多种战略。

② 保证高质量的售后服务。

③ 对下游企业的问题做出快速反应。

④ 及时报告所发现的可能影响用户服务的内部问题。

⑤ 基于用户的需求，不断改进产品和服务质量。

⑥ 在满足自己的能力需求的前提下提供一部分能力给下游企业——能力外援。

(3) 从一般买卖关系转变为战略协作伙伴关系

在传统的采购模式中，供应商与需求企业之间是一种简单的买卖关系，因此无法解决一些涉及全局性、战略性的供应链问题，而基于战略伙伴关系的采购方式为解决这些问题创造了条件。主要问题体现在以下几个方面。

① 库存问题。在传统的采购模式下，供应链的各级企业都无法共享库存信息，各级节点企业都独立地采用订货点技术进行库存决策，不可避免地产生需求信息的扭曲现象，因此供应链的整体效率得不到充分提高。但在供应链管理模式下，通过双方的合作伙伴关系，供应与需求双方可以共享库存数据，因此采购的决策过程变得比较透明，减少了需求信息的失真现象。

② 风险问题。供需双方通过战略性合作关系，可以降低由于不可预测的需求变化带来的风险，比如运输过程的风险、信用的风险、产品质量的风险等。

③ 通过合作伙伴关系，可以为双方共同解决问题提供便利的条件。与此同时，双方可以为制订战略性的采购供应计划共同协商，不必要为日常琐事消耗时间与精力。

④ 降低采购成本问题。通过合作伙伴关系，供需双方都从降低交易成本中获得好处。由于避免了许多不必要的手续和谈判过程，信息的共享避免了由于信息不对称而造成的决策失误，以及由此可能造成的成本损失。

⑤ 战略性的伙伴关系消除了供应过程的组织障碍，为实现准时化采购创造了条件。

2. 准时化采购策略

准时化采购也叫 JIT（Just In Time）采购法，是一种先进的采购模式。其基本思想是：在恰当的时间、恰当的地点，以恰当的数量、恰当的质量提供恰当的物品，更好地满足用户的需要。它是从准时制生产发展而来的，是为了消除库存和不必要的浪费而进行持续性的改进。要进行准时制生产必须有准时的供应，因此准时化采购是准时制生产管理模式的必然要求。它和传统的采购方法在质量控制、供需关系、供应商的数目、交货期的管理等方面有许多不同，其中关于供应商的选择（数量与关系）、质量控制是其核心内容。

准时化采购对于供应链管理思想的贯彻实施有着非常重要的意义。供应链环境下的采购模式和传统的采购模式的不同之处在于采用订单驱动的方式。订单驱动使供应与需求双方都围绕订单运作，也就实现了准时化、同步化运作。要实现同步化运作，采购方式就必须是并行的，当采购部门产生一个订单时，供应商开始着手物品的准备工作。与此同时，采购部门编制详细采购计划，制造部门也进行生产的准备过程，当采购部门把详细的采购单提供给供应商时，供应商就能很快地将物资在较短的时间内交给用户。当用户需求发生改变时，制造订单又驱动采购订单发生改变，这样就能形成一个快速的改变过程。如果没有准时的采购方法，供应链企业很难适应这种多变的市场需求，因此，准时化采购增加了供应链的柔性和敏捷性。

开展准时化采购同其他工作一样，需遵循计划、实施、检查、总结提高的基本思路，具体而言包括以下步骤。

（1）创建准时化采购班组

世界一流企业的专业采购人员具有三个责任：寻找货源、商定价格、发展与供应商的协作关系并不断改进。因此，专业化的高素质采购队伍对实施准时化采购至关重要。为此，首先应成立两个班组，一个是专门处理供应商事务的班组，该班组的任务是认定和评估供应商的信誉、能力，或与供应商谈判签订准时化订货合同，向供应商发放免检签证等，同时要负责供应商的培训与教育。另外一个班组是专门从事消除采购过程中浪费的班组。这些班组人员对准时化采购的方法应有充分的了解和认识，必要时要进行培训，如果这些人员本身对准时化采购的认识和了解都不彻底，就不可能指望供应商的合作了。

（2）制订计划，确保准时化采购策略有计划、有步骤地实施

在这个过程中，要制订采购策略，改进当前的采购方式，减少供应商的数量、正确评价供应商、向供应商发放签证等内容。要与供应商一起商定准时化采购的目标和有关措施，保持经常性的信息沟通。

（3）精选少数供应商，建立伙伴关系

选择供应商应从这几个方面考虑：产品质量、供货情况、应变能力、地理位置、企业规模、财务状况、技术能力、价格、与其他供应商的可替代性等。

（4）进行试点工作

先从某种产品或某条生产线试点开始，进行零部件或原材料的准时化供应试点。在试点过程中，取得企业各个部门的支持是很重要的，特别是生产部门的支持。通过试点，总结经验，为正式实施准时化采购打下基础。

（5）搞好供应商的培训，确定共同目标

准时化采购是供需双方共同的业务活动，单靠采购部门的努力是不够的，需要供应商的配合。只有供应商也对准时化采购的策略和运作方法有了认识和理解，才能获得供应商的支

持和配合,因此,需要对供应商进行教育培训。通过培训,大家取得一致的目标,相互之间就能够很好地协调,做好采购的准时化工作。

(6) 向供应商颁发产品免检合格证书

准时化采购和传统的采购方式的不同之处在于买方不需要对采购产品进行比较多的检验手续。要做到这一点,需要供应商做到提供百分之百的合格产品,当其达到这一要求时,即发给免检手续的免检证书。

(7) 实现配合准时制生产的交货方式

准时化采购的最终目标是实现企业的生产准时化,为此,要实现从预测的交货方式向准时化适时交货方式转变。

(8) 继续改进,扩大成果

准时化采购是一个不断完善和改进的过程,需要在实施过程中不断总结经验教训,从降低运输成本、提高交货的准确性和产品的质量、降低供应商库存等各个方面进行改进,不断提高准时化采购的运作绩效。

3. 服装企业原材料的供应商管理

供应商管理是供应链采购管理中一个很重要的问题,它在实现准时化采购中有很重要的作用。从供应商与客户关系的特征来看,传统企业的关系表现为竞争性关系、合同性关系(法律关系)、合作性关系三种,而且企业之间的竞争多于合作,是非合作性的竞争。而在供应链管理环境下的供应商和客户是一种战略性合作关系,提倡双赢的机制。从传统的非合作竞争走向合作性竞争、合作与竞争并存是当今企业关系发展的一个趋势。

在服装企业中,原材料的采购是非常重要的部分,所以在此主要探讨服装企业原材料供应商的管理。选择供应商时考虑的因素包括产品质量、供货能力(产量、运输)、供应能力、企业信誉及历来表现、质量保证及赔偿政策、产品价格、技术力量、财务状况、供应商的内部组织和管理、供应商地理位置、售后服务等几个方面。

在供应链环境下,供应商选择与评估程序主要包括以下步骤:首先,要对它的质量体系进行全面、深入、认真地调研,因为质量体系是质量稳定的保障。其次,按照企业的发展状况,初步评审质量体系。评审完后,对合格品可进行样品评估。如果产品不合格,则中断合作;如果产品合格,则进行品质确认,并给予产品一个确认书。品质确认在实践操作中要特别注意封样制度,在封口上还可以用签名制度。接下来要到厂家进行技术调研,确认待查样品是不是供应商生产出来的,重点考察其工艺是否可靠。在此基础上,就可以询价议价了。询价议价要掌握一定的技巧,首先要了解市场的平均价格,还要了解其成本组成、大概毛利是多少,按照其工人的工资、现有的设备状况、工厂的销售规模、生产能力,可以大概知道其利润空间的多少。当价格谈妥之后,便进入采购合同阶段。合同最好是中英文两份,内容要详尽,条目不能过于简单,必要的时候可以添加附件。合同一旦签订,就要建立档案,并实行专门保管。对于档案,ISO9000 和 2000 年版档案管理都有严格的规定,必须保存 5~10 年。而且还必须有文字档案,进行定期考核,并装入档案。考核完后,还要进行动态分类。因为一次考核只是某个时间点的静态结果,随着时间的变化,供应商的情况会发生变化,所以要连续考核,并动态分类。动态分类的结果也有两种,即继续合作还是中断合作。

从服装企业的角度来看,对于重要供应商,可以采用如下步骤进行选择。

(1) 成立供应商评估与选择小组

供应商选择不仅是采购部门的事情,而且还是整个企业都需关注的重要决策,需要企业各部门有关人员共同参与讨论、参与决策,包括采购部门的决策者和其他部门的决策影响者。供应商的选择涉及企业的生产、技术、计划、财务、人事、物流、市场部门等。

（2）确定全部的供应商名单

通过供应商信息数据库、采购人员、销售人员或行业杂志、网站等媒介渠道，了解市场上能提供所需物品的供应商。当然，以前合作的供应商也在选择范围之内。

（3）列出评估指标并确定权重

确定判断供应商服务水平的有关因素，据此提出评估指标。评估指标和权重对于不同产品的供应商是不尽相同的。

（4）逐项评估每个供应商的履约能力

（5）综合评分并确定供应商

在综合考虑多方面的重要因素之后，就可以给每个供应商打出综合评分，选择出合格的供应商。

（二）库存管理

库存也称存货，是指处于储存状态的物品，主要是作为以后按规定目的使用而处于闲置或非生产状态的物料。广义的库存还包括处于制造加工状态和运输状态的物品。在纺织服装制造企业，库存一般包括纤维、棉花、布料等原材料，以及在制品、半成品、产成品、备件、低值易耗品等。

库存是一种闲置资源，不仅不会在生产经营中创造价值，反而还会占用资金而增加企业的成本。但是，在实际的经营过程中，库存又是不可避免的，有时还是十分必要的。库存管理的核心问题就是如何在满足对库存需要的前提下，保持合理的库存水平。在企业的总资产中，库存资产一般要占到20%～40%，库存管理不当会造成大量资金的沉淀，影响到资金的正常周转，同时还会因库存过多增加市场风险，给企业经营带来负面影响。因此，必须对服装企业的库存进行有效的管理，消除不必要的库存，提高库存的周转率。

库存管理就是对库存物资的管理。为了保证生产的连续性以及满足顾客的需求、避免发生缺货，必须保持一定的库存。但是库存商品要占用资金，发生维持费用并存在因库存积压而发生损失的可能。库存管理不当会造成大量资金沉淀，影响资金的正常周转，同时还会因库存过多增加市场风险，降低获利能力。而且，用于库存的资金也可用于别的营利事业，即库存成本还包含着很高的机会成本。但是，在企业实际生产经营中，存货又是不可避免的，有时还是十分重要的。这就要求企业采取各种技术和手段，做好预测和管理工作，既要防止缺货避免库存不足，又要防止因库存过量而发生大量不必要的库存费用，做到在满足对库存需要的前提下，保持合理的库存水平。

库存管理的目的主要有两个：保障供应（即服务水平）和保持低成本。

首先是保障供应，防止缺货。持有存货的主要目的就是要满足需求。在生产企业，仓库是为生产服务的。生产线一开始运作就需要原材料、零部件、设备和工具等。如果没有物资供应，企业就要停产，这不但会给企业造成巨大的利润损失，而且还可能因成品供应中断导致延误发货造成信誉损失。信誉损失虽然无法准确估计，但常常也是致命的损失。因此，库存管理首先要保障供应，尽量避免发生缺货现象。

要保障供应，最简单的方法就是保持高库存水平，这样一般不会发生缺货现象。但是如前面提到的库存要占用资金、会发生维护等相关的费用，高库存水平会给企业造成巨大的负担。因此，库存管理又要尽量降低库存成本。我们可以通过采取一系列的技术方法来平衡服务水平和库存之间的关系，做到保障供应又降低成本。

1. 传统库存管理模式存在的问题

库存管理的目的是在满足顾客服务要求的前提下,通过对企业的库存进行控制,力求尽可能降低库存水平,提高物流系统的效率,以强化企业的竞争能力。而传统的企业库存管理侧重于优化单一的库存成本,从存储成本和订货成本出发确定经济订货量和订货点。因此传统的库存管理模式存在以下问题。

(1) 企业内部库存管理部门与其他部门的目标存在冲突

在企业经营过程的各个环节中都存在库存,也就是说,在采购、生产、销售的不断循环的过程中,库存使各个环节相对独立的经济活动成为可能。同时,库存可以调节各个环节之间由于供求品种及数量的不一致而发生的变化,将采购、生产和销售等企业经管的各个环节连接起来,起到润滑剂的作用。对于库存在企业中的角色,不同部门持不同的看法。例如,库存管理部门力求保持量低的库存水平以减少资金占用,节约成本;销售部门愿意维持较高的库存水平和尽可能多的商品品种以避免发生缺货现象,提高顾客满意度;采购部门为了降低单位购买价格往往利用数量折扣的优惠,通过一次采购大量的物资来实现较低的单位购买价格,而这样不可避免地会增大库存;制造部门愿意对同一产品进行长时间地大量生产,这样可以降低单位产品的固定费用,然而这样又往往会提高库存水平;运输部门倾向于大批量运送,运用运量折扣来降低单位运输成本,这样会提高每次运输过程中的库存水平。总之,库存管理部门和其他部门的目标存在冲突,如图 7-3 所示。

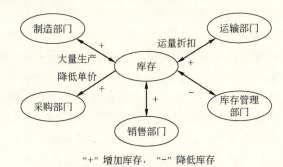

"+" 增加库存, "−" 降低库存

图 7-3 库存管理部门和其他部门的冲突

在这种情况下,为了实现最佳的库存管理,需要协调和整合各个部门的活动,使每个部门不仅是以有效实现本部门的功能为目标,更要以实现企业的整体效益为目标。

(2) 需求信息存在扭曲

在传统的库存管理模式下,需求信息是沿着供应链逐级向上传递的。各个节点企业确定库存持有的依据仅仅是其下游企业的订货单,各个企业之间并无沟通协调机制,仅根据订单来决策库存的持有量,信息的获取渠道狭小且不充分。各个节点企业都为实现本企业库存管理最优而努力,因此很容易产生"牛鞭效应",使需求变异扩大,造成企业成本的增加。

(3) 基于订单驱动的静态单级库存管理模式

在传统的库存管理模式下,供应链上各节点企业的库存管理是孤立的、各自为政的。供应链上的每一个节点,企业都拥有自己的库存并各自管理自有库存,都有自己的库存控制策略和库存管理模式,而且相互封闭。供应链中传统库存管理模式是基于交易层次之上的、由订单驱动的静态单级管理库存的方式。库存的控制决策并没有与供应商联系起来,无法利用供应链上的资源。

由以上分析可以看出,在传统库存管理模式中,作为管理实体的各节点企业独立管理自有库存,协作信任程度较弱,对待风险态度比较保守。通常通过确定独立需求库存、设置订货库存策略、设定自有安全库存量和按安全库存量补充库存等策略寻求降低自身的缺货、需求不确定等风险的方法。这虽然可以降低缺货、需求不确定性等风险以及对外部交易商的依赖，但由于库存管理各自为政、缺乏协调沟通，因此必然存在库存量过高和严重的牛鞭效应。此时，高的顾客满意度和低的库存投资似乎是一对相冲突的目标，不可能同时实现。

2. 供应链环境下对库存管理的要求

供应链管理强调企业间的协作与系统优化。在供应链管理环境下，供应链的各个环节的活动都应该是同步进行的，要取得供应链运作效果的整体最优，就必须通过企业合作实现供应链上、下游企业的物流活动的统一，从而形成整条供应链上一系列物流活动的有序安排。基于这种思想，供应链环境下的库存控制模式应该是建立在企业协作和统一决策基础之上，通过系统集成的方法而形成产销一体化的大联合。它能够将传统模式下相互独立、彼此分离的流通领域和生产领域结合起来，实现产销一体化。一方面，企业在做库存决策时，将不再仅仅依靠其相邻企业传递的信息，同时还可以从供应链中的其他企业获得共享信息。信息共享的实现，有效地增加了供应链的透明度，提高了需求预测的准确性。这就意味着供应链中的任何一个企业，都可以快速、准确地掌握最终用户的需求信息。另一方面，通过供应链成员在整体运作效果最优的思想指导下，可以进行企业之间的有效协调运作，实现统一决策、统一运作，供应链的库存管理活动趋于一致化、整体化，克服以前各自为政情况下的次优化问题。一体化的库存控制模式可以从根本上消除"牛鞭效应"带来的负面影响，大大降低供应链的库存水平、改善库存控制状况。

3. 服装供应链的库存管理方法

根据供应链中库存管理主体及内涵的不同，主要存在以下 4 种方法。

（1）自动库存补给法

这种库存管理方法主要用于制造业和工程中的有多种用途、低价值的商品。它的目的是在订货和补给流程中增加效率，并给供应商更多的自由空间去直接对采购商的要求做出反应。双方要对特殊商品的配送数量、固定的仓库地点达成一致。所有包装袋中每一个都装有要配送的一定数量的商品，并被存放在仓库的箱子中。当生产需要更多的商品时，就使用其中的袋子。供应商经常检查采购商的仓库，补充袋子，实行电子化处理开票手续。箱子一经补充，这个仓库就成为采购商的财产了。

许多企业经常使用这种方法，这种方法需要双方具有很高的相互信任程度。其中要处理好的问题是在采购商的控制、有效性和供应商的自由行动之间如何获得较好的平衡。

（2）供应商管理库存法（Vendor Management Inventory，缩写为 VMI）

要在供应链上消除"长鞭效应"，必须将传统企业间的竞争、利润瓜分的关系转变为共同发展的新型合作伙伴关系，在竞争中寻求合作，在协作中求发展，供应商管理库存就是基于这种理念的库存管理方法。VMI 库存管理系统就能够突破传统的条块分割的库存管理模式，以系统的、集成的管理思想进行库存管理，使供应链系统能够获得同步化的运作。

供应商管理库存模式是一种供应商与其下游节点企业之间在充分沟通协调的基础上，具有合作性的库存管理策略。其主要思想是供应商在用户的允许下设立库存，确定库存水平和补给策略，拥有库存控制权。所以，从这点上来看，供应商管理库存模式是一种代理决策模式。

精心设计与开发的供应商管理库存系统，不仅可以降低供应链的库存水平，降低成本，而且，用户还可获得高水平的服务，改善资金流，与供应商共享需求变化的透明性和获得更高的用户信任度。

供应商管理库存法有着相当大的优越性，特别是在第一层的供应商、零售商的分销商之间，它打破了传统的各自为政的库存管理模式，体现了供应链的集成化管理思想，适应市场变化的要求，是一种新型的、有代表性的库存管理思想。

（3）制造商管理库存法

制造商管理库存法是指零售商将自己的物流中心或仓库的管理权由制造商代为实施，但所有权仍为零售商，这样，零售商可以不从事具体的物流活动，并且由于双方不用就每笔交易的条件（如配送、价格问题等）进行谈判，从而大大缩短了商品的订货、进货、检验、保管、分拣、备货到销售整个业务流程的时间。

制造商管理库存法成功实施的例子是宝洁公司与沃尔玛之间的库存管理合作。宝洁公司可以调用沃尔玛的销售和库存数据，并以此为依据制订出有效率的生产和出货计划。不仅仅是单纯的财务管理，而是通过利用新型的信息技术对整个业务活动实行全方位的管理，进而使双方的合作进入到一种新的境地。作为实施合作的主要组织机构，宝洁公司和沃尔玛双方组成了包括财务、流通、生产和其他各职能部门在内的约70人的专门合作团队，派往沃尔玛实行协作管理。根据专门合作团队的策划，沃尔玛于1989年开始对宝洁公司的纸尿裤产品实行供应链管理，即构筑准时自动订货发货系统。其具体的形式是双方企业通过 EDI 和卫星通讯实现联网，借助于这种信息系统，宝洁公司除了迅速知晓沃尔玛物流中心的纸尿裤库存情况外，还能及时了解纸尿裤在沃尔玛各店铺的销售量、库存量、价格等数据，这样不仅使宝洁公司能及时制订出符合市场需要的生产和研发计划，同时也能对沃尔玛的库存实行单品管理，做到连续补货，防止出现商品结构性的机会成本（即滞销品库存过多，畅销品断货）。而沃尔玛则从原来繁重的物流作业中解放出来，专心于经营活动，同时，在通过 EDI 电子数据交换，Electronic Data Interchange 从宝洁公司获得信息的基础上，及时决策商品的货架和进货数量，并由制造商管理库存系统实行自动进货。

具体作业流程是：沃尔玛的各店铺都制订了一个安全库存水平，一旦现有库存低于这种水平，设在沃尔玛的计算机通过通讯卫星自动向宝洁公司的订购纸尿裤。宝洁公司在接到订货后，将订购商品配送到各店铺，并实施在库管理，与整个商品前置时间缩短相适应。两个企业之间的结算系统也采用了 EFT（电子资金划拨 Electronic Funds Transfer）系统。通过这种系统，企业之间的财务结算就不需要传统的支票等物质形式来进行了，而是通过计算机、终端等电子设备来完成。显然，电子资金划拨系统的导入不仅提高了企业之间的结算效率，而且大大降低了两个企业的间接成本。因为对于宝洁公司来讲，电子资金划拨加速了资金的回笼，提高了资金周转率；对于沃尔玛来讲，由于及时化的商品管理制度，保证了货款的交付在商品完成销售以后进行，因此，也加速了它的资金周转，提高了资金效率。

（4）联合库存管理法（Joint Managed Inventory，JMI）

联合库存管理模式是一种在供应商管理库存模式的基础上发展而来的新型库存管理模式，它改变了供应商库存管理模式下供应商握有库存管理权的情况，平衡了上游企业和下游企业的权利、责任，共担了风险。

联合库存管理是为克服供应链系统中，由于各节点企业的相互独立库存运作模式导致的需求放大现象，是提高供应链同步化程度的一种有效方法。在联合管理库存这种方式的安排下，仓库应由供应商所有，但建在采购商使用的地点。预测需求和补充存货的合适水平取决于供应商。这一由供应商和采购商共同形成的系统要求双方相互开放、共享资源。

联合库存管理体现了战略供应商联盟的新型企业合作关系。联合库存管理和供应商管理的用户库存不同，它强调双方同时参与，共同制订库存计划，使供应链过程中的每个库存管理者(供应商、制造商、分销商)都从相互之间的协调性考虑,保持供应链相邻的两个节点之间的库存管理者对需求的预期保持一致,从而消除了"牛鞭效应"。任何相邻节点需求的确定都是供需双方协调的结果,库存管理不再是各自为政的独立运作过程,而是供需连接的纽带和协调中心。最明显的效益就是整合制造和配送过程,将预测和补货整合进入商品供应策略后,交易伙伴可以共同决定如何适时、适量地将商品送达客户手中。例如,可以由制造工厂直接配送至客户的配送中心,或由工厂直接配送至零售店,或通过接驳转运方式,或经由工厂配送至行销中心等。应用于下游的零售点时,补货的资料会从零售点的销售管理资料取得,使得补货更具有效率,因为自动补货是根据消费者的实际消费得来的,而零售点的销售资料则可以借助销售点管理系统取得。

图 7-4 为传统供应链活动过程及模型,图 7-5 为基于协调中心联合管理库存的供应链系统模型。通过比较可以得到,基于协调中心的联合库存管理和传统的库存管理模式相比,有如下几个方面的优点。

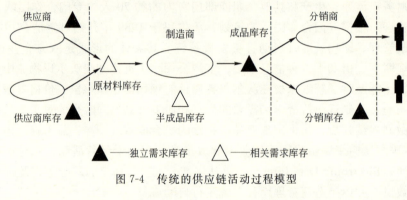

图 7-4 传统的供应链活动过程模型

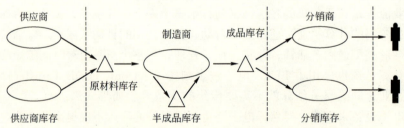

图 7-5 基于协调中心联合库存管理的供应链系统模型

① 为实现供应链的同步化运作提供了条件和保证。
② 减少了供应链中的需求扭曲现象,降低了库存的不确定性,提高了供应链的稳定性。
③ 库存作为供需双方的信息交流和协调纽带,可以暴露供应链管理中的缺陷,为改进供应链管理水平提供依据。
④ 为实现零库存管理、准时采购以及精细供应链管理创造了条件。
⑤ 进一步体现了供应链管理的资源共享和风险分担的原则。

联合库存管理系统把供应链系统管理进一步集成为上游和下游两个协调管理中心,从而部分消除了由于供应链环节之间的不确定性和需求信息扭曲现象而导致的供应链的库存波动。通过协调管理中心,供需双方共享需求信息,因而起到了提高供应链的运作稳定性作用。这一系统为企业提供了三种优势:一是保持较低的存货水平;二是可以减少缺货的风险;三是必须增加支付方式。供应商通过与采购商联合,在生产中负有责任,并能直接与消费者接触,了解消费者信息,从而获得利益。

联合库存管理的实施步骤如下。

① 供需双方本着互惠互利原则，通过协商形成共同的合作目标，例如，费用下降、风险下降、利润共同增长、客户满意度提高。

② 确定库存优化的方法，例如，库存周转时间的确定，库存如何在多个供应商或多个需求商之间调节与分配，库存的最大量和最低库存水平的确定，安全库存的确定，需求的预测。

③ 建立信息沟通的渠道或系统，以保证需求信息在供应链中准确传递、畅通无阻。要将 EDI 技术、条码技术、光电扫描读取、POS 系统等集成起来，并充分利用互联网的优势。

④ 建立利益的分配和激励机制，并形成供应链协议文本，并以此作为供应链运作的重要规则和条款。

综上所述，以上提到的几种服装供应链的库存管理方法，都需要有功能强大的 IT 系统来支持。这也是现代供应链管理最根本的特征之一，是整个供应链管理业务的神经系统。供应链管理通过因特网作为技术支撑，使企业能够实时获取并处理各种外部信息与内部信息，提高整个企业客户的需求，形成快速有效的反应能力，实现即时采购、即时制造、即时出售、即时供应。也就是说，通过优化组合，使需求信息获取与随后做出的反应尽量接近实时及最终客户，将客户需求的提前期减少到最低限度，从而获取市场竞争的时间与空间优势，创造企业利润。通过建立共享的电子数据交换系统，能够将供应商与零售商之间的销售业务流程，包括电子订单、订单响应、订单签收、退货单等，全面实现电子化管理，可以有效地减少因信息不充分带来的重复与浪费，为供应商企业加强对销售流程的监控和管理提供了技术上的可能性，有效抑制"牛鞭效应"。

第四节　服装供应链物流管理的应用举例

一、ZARA 的极速供应链分析

1. ZARA 简介

犹如思科总裁约翰·钱伯斯所说，"在新经济当中，不是大鱼吃小鱼，而是快鱼吃慢鱼。"如今已经进入一个瞬息万变的时代，顾客的需求在不断发生变化，追求个性化，偏好生命周期短的时尚产品，要应对这种改变，唯一的策略就是极速反应。

ZARA 是 Inditex 集团旗下的一个子公司，Inditex 集团是西班牙排名第一，且超越了美国的 GAP、瑞典的 H&M，成为全球排名第一的服装零售集团。1975 年，Inditex 集团的创办人奥特加为了清理掉由于客户临时取消订单而积压的女性睡衣库存，在西班牙西北部的偏远市镇开设了一个叫 ZARA 的小服装店，而如今，昔日名不见经传的 ZARA 已经成长为全球时尚服装的领先品牌，身影遍布全球 60 多个国家和地区，门店数已达 1000 余家。

ZARA 的发展，得益于它快速、少量、多款的全新营销模式，这种策略与传统服装零售商大不相同，传统零售商一般会把精力集中于对流行趋势提前做出判断，从一个服装概念出现，到最后挂到零售店里，这个过程大概花费半年的工夫，而 ZARA 集中于对已存在的时尚潮流的快速反应上。要知道时装最紧要的就是紧跟时尚，卖时尚就像卖蔬菜、卖面包，只有刚上市的时候才能吸引消费者的眼球。ZARA 的首席执行官凯斯特拉诺就曾经说过："在时装界，库存就像是食品，很快就会变质。我们所做的一切就是减少反应时间。"

2. ZARA 的极速供应链

ZARA 的极速反应，无论是采取快速、少量、多款的营销模式，还是努力减少反应时间，都离不开其高效整合的供应链，没有这样的供应链，也造就不了 ZARA。ZARA 的供应链包含了服装设计、原料采购与服装生产、服装的物流配送和服装销售与信息管理，如图 7-6 所示。

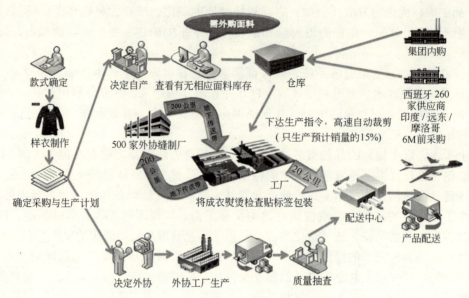

图 7-6　ZARA 的急速供应链示意图

(1) 服装设计

ZARA 的服装设计师基本上都是二十五六岁的年轻人，不能与高档品牌时装公司的世界顶级设计师相提并论。但是 ZARA 就很好地避免了这一点，他们的服装设计是基于模仿而不是多数服装企业热衷的原创性设计，所以设计师的任务不是进行原创的设计，而是捕捉当下最为流行的时尚元素，用自己的方法来诠释这些元素，再重新组合成 ZARA 自己的产品主题系列。

一个远在西班牙的服装公司，为什么能够这么迅速地捕捉到世界各地的流行信息呢？原因是 ZARA 有一个特殊的团队，被称之为"Cool Hunter"，就是酷猎手。传统的世界服装行业，高档品牌时装公司，每年都会在巴黎、米兰、东京等时尚中心开时装发布会，酷猎手们就会混在 T 台边的观众中，从这些顶级设计师和顶级品牌的设计师中汲取灵感，同时，他们会将这些时尚元素通过 E-mail 反馈给 ZARA 的设计师们；不仅如此，酷猎手还负责搜集交易会、酒吧、餐厅、街头行人、时尚杂志、影视明星、大学校园等地方和场所的流行元素，并且在第一时间发回 ZARA 的总部；并且，ZARA 的各门店通过信息系统把销售的库存信息反馈给总部，总部根据这些信息可以分析得出畅销或滞销的产品款式特征，以便完善老款式或为设计新款提供参考。这样一来，设计团队就可以迅速、准确地做出设计和决策了，然后再重新组合成 ZARA 自己的产品的主题系列，这里流行款式从设计到上架平均只需要 10 天到 15 天，而传统服装业一般为 120 天。

(2) 原料采购与服装生产

在服装界，大家几乎都是采用在第一世界国家设计服装，在第三世界国家的工厂里生产，也就是在 A 国采购布料，B 国印染，C 国再来一道精雕细绣，最终在 D 国产生一条裙子，这样做的最大优势是成本低，缺点是速度慢，为了规避由于速度慢而产生的库存积压，ZARA 的做法就非常独特。

与其他服装公司做法不同的是，ZARA 把采购和生产大部分都安排在欧洲进行，而且相当一部分都是在西班牙总部周围一个非常小的辐射范围内,缩短空间距离。花巨资自己设立了 20 个高度自动化的染色剪裁中心,把人力密集型的工作外包给周边的 400 家工厂,甚至交给家庭作坊来做,方圆 200 英里的生产基地的地下都被挖空,架设地下传送带网络。

当设计方案确定并决定投产后,设计师利用 ZARA 仓库备有的面料以及装饰品辅料制作样品,把设计好的样品通过信息系统发给附近的工厂,工厂立即安排剪裁、加工,一周之内生产完毕,通过检验标签后马上传送到配送中心,然后服装产品通过配送中心被迅速分发到全国甚至世界各地的专卖店。

(3) 服装的物流配送

ZARA 原先在总部拉科鲁尼亚,拥有一个建筑面积超过 5 万平方米的配送中心,而且这个配送中心的实际利用率也只有 50% 左右。并且在 2001 年 10 月,ZARA 又花了一亿欧元在西班牙首都马德里的东北的萨拉戈萨市,建立了一个物流中心。新建配送中心,就是为了要扩大配送范围,提高自己的配送速度。不但如此,ZARA 还建了两个空运基地,一个在拉科鲁尼亚,另外一个在智利的圣地亚哥,ZARA 就可以保证所有的欧洲的连锁店在 1 天之内收到货物,美国 2 天就可以到达,再远一点的中国、日本控制在 3 天之内,ZARA 的营销费用几乎全部投入于物流系统的扩充和改善。在这里,"速度"虽然是 ZARA 占领市场的法宝,但"速度"的背后却是 ZARA 集约式的高效管理与有力的 IT 支撑。高科技支持下的信息手段对企业突破传统商业模式的壁垒起到巨大的推动作用。除了西班牙的 ZARA,瑞典的 H&M 也在以信息化的管理手段演绎着另一段传奇。对于 ZARA 和 H&M 而言,速度快、款式多、批量少、迅速而准确地占有信息资源,有效地减少库存是它们取得成功的共同特征。

生产好的服装成品,将通过地下传送带网络运送到配送中心。为确保每一笔订单能够准时、准确地到达目的地,采取每小时能挑选并分拣超过 80000 件衣服而出错率不到 0.5% 的激光条形码读取工具对服装成品记性分拣。

根据各门店下达的订单进行配送,通常订单收到后 8 小时内货物就可以被运走,每周给门店配货两次。在欧洲的各门店由物流中心用卡车直接运送;利用两个空运基地运送到美国和亚洲,再用第三方物流运送到门店;有时也会利用轮船来运输,再结合第三方物流。

(4) 服装销售与信息管理

① 快速、少量、多款的营销模式。ZARA 一年大概推出 12000 种时装,每种款式只供应 20 到 30 万件。当一款时装被售完后,不再补货,这样做的目的就是要把库存量降到最低,产品积压少,资金周转就快,风险相对就小。并且,像时装这样的流行事物,越不容易得到,顾客就越发得向往,这种人为造成的"缺货",极大地增强了由于商品紧俏而引发的购买欲。

② 滞销产品的处理。尽管使用上述营销模式,还是有积压,在 ZARA 连锁店里,如果有产品超过两周没有配送出去,他就会被配送到所在国其他连锁店里集中打折出售,通常这样的产品数目被控制在总数的 110% 以下。这样一来连锁店里的产品更新速度相当快,对顾客的吸引也就越大,款式存货相当低,打折产品也就比较少,而且即使打折销售行业内的平均水平是 6~7 折。ZARA 一般控制在 8.5 折之内。

③ 用店铺打广告。虽然说 ZARA 这个品牌定位于中端,但是基本选在最好的城市,最繁华的地段开专卖店,比如说巴黎的香榭丽舍大街,纽约的第五大道,上海的南京路,还有北京的世贸天阶、西单大悦城等等,这都是黄金地段,在它周围都是世界顶级名牌。ZARA 专卖店的外观非常豪华,面积也大,动辄 1000 多平方米,有的甚至是 5000 到 15000 平方米的大店铺,店铺是 ZARA 最好的活广告,所以 ZARA 很少利用其他媒介打广告,省下了不

少费用,更多地依靠优越的地理位置,把顾客吸引到店里来。

④ 及时的信息反馈管理。ZARA 的各门店每天都会把销售信息发回总部,并根据当前库存和销售状况每周向总部发两次补货订单。总部拿到各门店的信息后,分析判断各种产品是畅销还是滞销。如果产品滞销则取消原定生产计划;如果产品畅销且总部存有相应面料,则之前留出的冗余产能可以迅速追加生产、快速补货以抓住销售机会,如果没有相应面料则停产或利用现有面料生产与畅销品相似的产品,一般畅销品最多也只补货两次。

3. 结论与思考

有人总结 ZARA 定位是"一流的形象、二流的设计、三流的价格"。顾名思义,样式时尚,生产不求形似,只求神似,再加上便宜的价格,这三个元素加到一块,就引发了快速时尚的迅速蔓延。ZARA 的极速供应链,拥有强有力的生产策略和极速的营销模式,完全不同业界其他服装企业。ZARA 作为快速时尚模式的领导品牌,声名显赫,利润丰厚,真可谓是"名利双收",ZARA 显然成为赢利性品牌的典范。ZARA 品牌在时尚服饰业界正以惊人的速度崛起,2005 年闪电般地跻身全球 100 个最具价值品牌榜,并将 ARMANI 等大牌甩在身后。

如今,许多企业将创新视之为自己的立身之本,为此做出了很多的努力。例如,利用规模经济,不断地提升产品的工业设计,采用先进管理方法降低各类成本,将仓储、运输外包给第三方物流,采用更加有效的营销策略等等,但是这些企业似乎只着眼于对供应链单个方面进行优化改善,更加注重成本的管理,如何有效地降低成本,并没有从企业战略、定位的角度去考虑分析问题,从而提高企业的效益。反观 ZARA 的供应链,从各个环节看,没有什么特别的地方,创新的地方就在于其高效地整合了整个供应链,大大缩短了生产到零售终端之间的距离,为其企业的战略以及定位服务,创造了最大的价值。这一点值得中国的服装企业借鉴思考。

二、美特斯邦威供应链分析

1. 美特斯邦威集团有限公司简介

1995 年 4 月 22 日,第一家"美特斯邦威"专卖店开设于浙江省温州市,至 2006 年实现全系统零售额突破 40 亿元,创造了业界发展的奇迹。目前全国设有专卖店 1800 家,拥有上海、温州、北京、杭州、重庆、成都、广州、沈阳、西安、天津、济南、昆明、福州、哈尔滨、宁波、南昌、中山 17 家分公司,成为中国休闲服饰行业的龙头企业。集团于 1998 年开始逐步把经营管理中心、研发中心移到上海。2005 年 12 月 10 日,集团上海总部正式启用,标志着集团进入二次创业阶段。借助上海这个时尚之都和经济中心的区位优势和有利平台,充分整合配置资源,从业务模式创新转向管理模式创新,利用信息化平台整合社会资源,构建服装产业上下游生态链,加快物流、信息流、资金流的循环。集团从创立之日起,就始终把诚信经营作为企业发展的基石,赢得了消费者的信赖和行业的好评,独具特色的经营管理理念和品牌文化内涵,引起了业内和各界的广泛关注。集团已连续 6 年跻身中国服装行业百强企业,连续 3 年被全国工商联评为"上规模民营企业 500 强"。面对未来,美特斯邦威集团公司将抓住机遇,加快发展,立志实现"百亿企业,百年品牌"的战略目标,实现"年轻活力的领导品牌,流行时尚的产品,大众化的价格"这一愿景,力争把"美特斯邦威"打造成世界服装行业的一个知名品牌。

2. 美特斯邦威的供应链结构

行业竞争的日益激烈和消费者对服装时尚要求的日益提高,对国际休闲服零售业的供应链管理能力带来了更大的考验,对休闲服零售商的快速响应能力提出了更高的要求。

为打造高效的供应链,行业内的知名品牌无一不在供应链的组织和管理上精心构思,在仓储、物流和信息管理系统上重点研究并大量投入,通过硬件和软件两个层面使供应链具备高时效、低成本和快速反应的特征。供应链管理能力因此成为衡量休闲服零售商核心竞争力的重要指标之一。而为了提升这一核心竞争力,美特斯邦威的供应链结构可以用一句话来概括:去掉两头,只留品牌,其结构如图7-7所示。

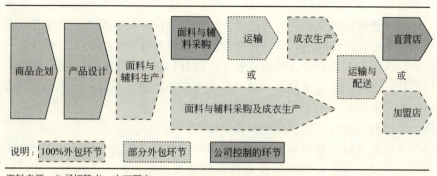

图 7-7 美特斯邦威供应链模式

美特斯邦威真正拿在自己手里的只有四个部分:商品企划、产品设计、部分原料采购和少量直营店。而这其中的商品企划、产品设计、直营店以及加盟销售额的75%,正是处在供应链"微笑曲线"的两端,是属于附加值最高的部分,美特斯邦威把"微笑曲线"的中端也就是成衣制造100%外包出去,同时它也避开了成本巨大且自己所不擅长的物流业务。美特斯邦威清楚地知道自己在整个生产经营链中处于中枢位置,大量的信息数据由自己掌握。该和哪个供应商下多少的订单,该往哪个地区调送多少的产品,全部都由自己统筹监控。因此美特斯邦威极为重视信息系统的升级和开发。

产品设计开发上,建立并培育了一支具有国际水准的设计师队伍,与法国、意大利、香港等地的知名设计师开展长期合作,每年设计服装新款式3000多种。其次,生产采购上,突破了传统模式,充分整合利用社会资源和国内闲置的生产能力,走社会化大生产、专业化分工协作的路子。在广东、上海、江苏等地300多家生产厂家为公司定牌生产,形成年产系列休闲服近5000万件(套)的强大生产基地,专业的品检师对每一道生产工序实施严格的品质检验,严把质量关。第三,销售渠道上利用品牌效应,吸引加盟商加盟,拓展连锁专卖网络,并对专卖店实行包括物流配送、信息咨询、员工培训在内的各种服务与管理,与加盟商共担风险,共同发展,实现双赢;实施忠诚客户服务工程,不断提升服务质量。

综上,可以看出美特斯邦威的供应链主要体现对市场需求的响应功能,即把产品分配到满足用户需求的市场,对未知的需求做出快速反应,这种供应链属于响应型供应链。

3. 美特斯邦威的供应链特点

美特斯邦威的休闲时装行业背景基本上决定了其供应链上各环节的特点。

(1) 注重品牌建设、品牌推广和市场营销

美特斯邦威认为品牌建设与推广是国际知名休闲服零售企业实施差异化竞争策略,保持消费者忠诚度的重要手段。休闲服的主要消费群体是年轻消费者。休闲服零售企业通过多种手段推广其品牌的"时尚""新潮""休闲""个性"和"活力"等品牌个性,满足消费群体对于潮流追求、个性表达和群体认同等的心理需求,使其休闲服产品成为消费群体平日着装

中不可缺少的组成部分。品牌建设与推广因此成为国际休闲服零售企业树立行业地位和打造竞争优势的重心之一。当然,对于美特斯邦威也不例外。

(2) 营销网络建设成为重中之重

以直营店和加盟店所组成的营销网络构成了国际休闲服品牌面向目标客户群的最直接窗口。对于讲求品牌影响力的国际休闲服零售业而言,营销网络是品牌推广的最有力武器。西班牙著名的休闲服品牌 ZARA 甚至不依赖广告,而是通过门店这一最直接的渠道激发目标客户群的消费欲望。对于产品日益时尚化、个性化的国际休闲服零售业而言,营销网络也是最快感知市场和消费者需求变化的有效途径。对于企业快速反应能力的重要性日益凸现的国际休闲服零售业而言,营销网络同样是企业构建市场快速反应能力的重要组成部分。在竞争日益激烈的国际休闲服零售业中,只有具备了广阔且扩张迅速的营销网络,才能有效地巩固并提高市场份额,迅速地发现并触及竞争对手尚未占领的潜在市场。在销售渠道方面,被称为中国 ZARA 的美特斯邦威自然是非常重视营销网络的建设。

(3) 着力于打造符合行业特征的产品设计能力

优秀的产品设计是服装业的生命线。为保持休闲服产品的大众价格,国际休闲服装零售业的设计能力更多地体现在对国际时尚潮流的把握和追随上,而不完全是在对时尚潮流独立、前卫的创造上。因此,行业巨头一般不依赖于个别明星级设计师,而更多地通过组建来自企业内部不同部门、相互协作的设计团队,

对国际时尚潮流进行全面地追踪和吸收,对市场情况进行全面地把握和分析,并依此创造出属于自己的流行概念。"规模庞大"、"背景多元"和"反应灵敏"的产品设计团队正是休闲服零售业所需要的。国际知名的休闲品牌通过大量的人力、物力投入和精心的产品设计流程规划,打造出了符合以上三大特征的强大设计团队,成为其征战全球市场的有力武器。美特斯·邦威在向国际知名休闲品牌迈进的路上,打造符合行业特征的产品设计能力成为其努力的方向。

(4) 坚持生产和物流运输环节外包

大部分国际知名休闲服零售商均部分或者全部外包生产和物流环节。外包模式的盛行主要基于以下原因。

① 在企业外部存在着相当数量的、各种类型的供应商和第三方物流企业。

② 企业通过外包可以借力供应商和第三方物流企业专业的生产和服务经验,并享受其规模经济效应所带来的成本优势。

③ 建设一家覆盖休闲服零售业供应链所有环节的全能型企业需要大量的资金投入,而这在供应链组成日趋多样化和国际化的背景下并不必要。

④ 将企业所不擅长的、对打造核心竞争力作用有限的环节予以外包,有利于企业集中精力在最能产生附加价值并提升核心竞争力的环节之上。

基于以上 4 点理由,美特斯邦威根据自身特点和周边地区的资源禀赋情况,因地制宜地采用了适合其发展的外包模式。产品的设计和销售环节被保留在美特斯邦威可掌控的范围之内,而生产和运输环节都不同程度地外包于第三方。

4. 美特斯邦威供应链管理问题

(1) 服装供应链运作效率低下

美特斯邦威供应链各流程单元间和各流程单元内部不平衡,供应和需求出现不匹配和不平衡,整个供应链流程很难达到在合适的时间,以合适的质量、合适的数量,运送客户所需的产品到合适的地点这样一个理想的水平。供应链各流程单元的需求信息都直接从下游传递

上来，而不是根据最终顾客需求制订计划，这使得需求预测的扩大化更加加剧。结果是，供应链上各流程单元无法同步响应市场需求变化，而是各自朝着不同的方向运作，同时各成员企业的库存也围绕着期望库存水平上下波动，严重影响了美特斯邦威供应链的运作效率。

（2）信息资源缺少共享，信息反馈速度慢

从面辅料供应商、服装品牌经营者、服装制造商、服装零售商到最终消费者之间的信息资源缺少共享，信息反馈速度慢。供应链中的不同环节因信息的不对称与传递交流不及时，往往只能采用通过库存来保证供应链中各环节的物流需求，通常依赖库存缓冲环节来维持、保证面辅料或商品供应过程的物流通畅，并对变化的消费需求做出快速反应。各环节中所需的关键数据只有部分地集成和共享，故而使供应部门、生产部门无法充分地获取来自市场的反馈信息。因此，供应、生产和需求缺乏必要的沟通，企业内部与外部之间的信息共享不够，难以真正按市场需求安排生产。因此，不仅增加了库存成本，也不能满足消费者的需求。

（3）服装业供应链各节点未形成真正的合作伙伴关系

美特斯邦威供应链某些节点企业为了自身利益的最大化而损害其他节点企业的利益，严重影响了各节点之间的长期合作关系。例如，在面料流行趋势、面辅料设计等方面，面辅料供应商很少听从设计师或销售人员的意见，而设计师们往往只好先挑选面料，根据面料来设计符合其品牌风格的服装，设计创造力受到很大制约，进而影响市场销售状况。美特斯邦威服装品牌经营者与品牌代理商之间，抗争多于合作。品牌经营者往往将自己的成本降低或利润增加建立在损害代理商的利益基础之上，最终导致将成本转嫁到消费者头上，削弱产品的竞争力，将会严重影响产品在市场上的占有率。

（4）服装分销网络不健全

美特斯邦威具有一定量的分销渠道但比较分散，相互之间并没有形成网络，信息沟通不透明；或者自建销售网点太多，由于规划不合理而造成浪费；或是网点太少而影响最终的销售量和经济效益。

5. 美特斯邦威供应链问题的解决措施分析

根据以上对美特斯邦威供应链的分析可以看出，该公司的供应链还是存在较大、较严重的问题，虽然目前来看表现还不明显，但是假以时日必然会给整个供应链乃至整个公司的运作带来不利的影响。因此，针对这些问题，有以下几点可行的解决措施。

① 针对美特斯邦威供应链运作效率低下这一问题，主要的解决对策主要是简化流程，实现 QR（Quick Response），即实现快速反应。高库存直接影响企业的资金流，甚至会导致企业资金链断裂。服装具有强烈的季节性和短暂的流行周期，在短时间内要完成包装、运输、库存、配送和退货等物流环节的大量工作，时间压力非常大。如果市场反应速度慢，服装企业将付出惨重的代价。同时，供应链上企业多、产业链长，上下游的企业群体较难控制管理，并且资金链长、回收期慢，在成本、风险控制等方面提出更高的要求。

所以，为实现供应链的快速反应，必须简化原有的供应链，建立新的供应链。例如，当进行初步的预测及计划并进入运营之后，各个节点要根据市场实际需求与预测及计划的偏差不断地进行调整，以便能够快速适应市场变化，以防预测及计划偏离实际需求导致产品滞销或者是脱销。当预测和计划于实际需求一致或者接近实际需求时，便能实现供应链总成本的降低，并最大可能提高消费者的满意度。而美特斯邦威如今的库存成本过高，出现"牛鞭效应"，而且库存结构也是不正常的，从这个角度来看，美特斯邦威现有的供应链没有实现快速响应市场的需求，导致库存过高。

②为实现资源共享，加快资源的反应速度，可建立"一对多"或者 VMI（Vendor Managed Inventory）的库存管理方式。供应链共享信息包括有产品、订单、销售、需求、库存等信息，美特斯邦威供应链中，IT 技术在供应链上下游之间还未形成真正链接，信息共享不完全，以致产品的销售情况没有实时传到各个节点，产品库存超过安全库存，形成库存成本过高这一现象，根本没有达成现实的销售，库存和现金流问题严重制约了企业发展。

因此，美特斯邦威可以建立"一对多"的采购——供应平台，在该平台加盟店、直营店与企业可以直接交流，实现真正的信息共享。或者美特斯·邦威可采用供应商管理库存（VMI）的库存管理策略，这一策略主要也是要实现信息共享，让供应商实时掌握销售商的库存状况，以缓解美特斯邦威的库存危机。

③供应链的良好运作是以供应链成员企业相互间充分信任和相互合作为基础的。而很明显美特斯邦威供应链的问题主要在于销售这个环节。主要是没有处理好与直营店和加盟店的关系。

④对于分销网络不健全这个问题美特斯邦威可以合理地扩大销售路线，设置合理的配送中心，使资源相对集中，能够快速响应各个销售点的需求，减低库存。设立合理的配送中心，可以及时调剂、提高存货利用率。

思考与讨论　▶▶

1. 什么是物流和物流系统？
2. 服装物流系统可以分为哪几类？各有什么特点？
3. 什么是供应链？有何特点？可以分为哪几类？
4. 什么是供应链管理？有何特点？
5. 服装供应链物流管理包括哪些内容？

实践　▶▶

1. 以某服装企业为例，了解该企业供应链物流管理的方式和内容。
2. 通过网络了解国内外服装企业供应链物流管理的实施情况。

第八章
服装网络市场调研与消费者分析

学习目标
- 了解服装网络市场调研的目的、意义、特点与优势。
- 掌握服装网络市场调研的步骤。
- 理解并掌握服装网络市场调研的方法。
- 掌握服装网络在线调查问卷的设计方法。
- 理解并掌握服装网络消费者的类型。
- 理解并掌握服装网络消费者的需求特征。
- 理解并掌握服装网络消费者的购物决策过程。

 引例

精准定位消费者需求　彬伊奴启动年度休闲服装调研

在快节奏的现代社会里,休闲的概念会在我们的生活中占据着越来越重要的地位,展现了人们对自由生活的追求和渴望。而近年来,随着休闲服饰市场的突然放大,衍生出了更多的休闲服饰品牌。但是在众多品牌激烈的竞争中,如何能够引领休闲服饰走向时尚的前沿,获得消费者青睐,就成为了品牌的新课题。作为国内著名休闲装品牌、中国驰名商标以及国家免检产品等多项荣誉的拥有者,彬伊奴一向注重消费者的需求与体验。

2012年7月,国内知名休闲服装品牌彬伊奴公司官方网站悄然出现了调查问卷栏目,据悉这是彬伊奴在为年度品牌休闲服装消费调研做准备,这在当前休闲服装市场缺乏特色、大打价格战、面临高库存等问题的乱象中,无疑是一步理性的举措。本次彬伊奴年度品牌休闲服装消费调研计划将在互联网线上以及线下的国内重点消费城市展开,调查内容将涉及消费者偏好、品牌形象、产品设计、面料选择、产品价格等诸多方面,相信可以对国内休闲服装消费进行较为全面和深入的解析。因此,在加大宣传打造良好品牌形象的同时,彬伊奴一直注重研发生产环节的产品设计和质量把关,针对消费者喜好推出真正符合消费者需求的产品,不断提升顾客的消费体验,这才是品牌立足之本。

资料来源:慧聪服装网(www.cloth.hc360.com)

第一节　服装网络市场调研

一、服装网络市场调研概述

服装企业要想有效实施电子商务，那么进行前期市场调研是必需的，没有市场调研，就把握不了市场。市场调研通过有目的地收集、整理、分析和研究所有与市场有关的信息，把握市场现状和发展态势，从而有针对性地制定营销策略。随着电子商务和网络营销的发展，一种新型的市场调研方法——网络市场调研，随之产生。Internet 上的海量信息对传统市场调研和营销策略产生很大的影响，它大大丰富了市场调研的资料来源，扩展了传统的市场调研方法。那么什么是服装网络市场调研呢？

网络市场调研就是利用 Internet 发掘和了解顾客需要、市场机会、竞争对手、行业潮流、分销渠道以及战略合作伙伴等方面的情况。服装网络市场调研属于网络市场调研的一个实际应用，简单地讲就是利用 Internet 进行服装市场的调研。它有两种方式，一种是利用互联网直接进行问卷调研等方式收集一手资料，被称为网上直接调研；另一种方式，是利用互联网的媒体功能，从互联网收集二手资料，一般称为网上间接调研。

网络市场调研可以充分利用 Internet 作为信息沟通渠道的开放性、平等性、广泛性和直接性等特性，使得网络市场调研具有传统的一些市场调研手段和方法所不具备的一些独特优势。网络市场调研与传统调研的比较见下表。与传统的市场调研相比，利用互联网进行市场调研与预测有很多优点，主要表现在缩短调研周期、节约费用、不受地理区域限制等方面。

网络市场调研与传统市场调研的比较

项目	网络市场调研	传统市场调研
调研费用	费用较低，主要是设计费和数据处理费	费用较贵，包括问卷设计、印刷、发放、回收、聘请和培训访问员、录入调研结果、由专业公司针对问卷进行统计分析等多方面的费用
调研范围	全国乃至全世界，样本数量庞大	调研地区和样本的数量均有限
运作速度	速度很快，几天就可能得出有意义的结论	慢，至少需要 2~6 个月才能得出结论
调研的时效性	全天候进行，没有时间限制。	被访问者有时间的要求
被访问者的便利性	被访问者可自由决定时间、地点回答问卷，方便操作	不太方便，受到空间的限制
适用性	适合长期的大样本调研，适合要迅速得出结论的情况	适合面对面地深度访谈，食品类等需要对受访者进行感官测试

从表中可以看出，网络市场调研具有如下几个特点。

1. 跨越时空

网上市场调研可以突破传统市场调研的时间和空间界限，跨越时空的特点使网上调研能获得更多的信息，以达到广泛调研的目的。Internet 全天候工作，调研人员可在任何时候在网上收集信息。Internet 是全球性的沟通平台，调研人员通过网络实现异地信息收集而无需面对面地访谈。

2. 便捷性和低费用

网上市场调研可节省传统的市场调研中所耗费的大量人力和物力。Internet 是一种良好的、开放的互动沟通媒体，使网上问卷的发布和回收变得非常快捷、简便，同时还可以利用软件实现数据的自动汇总、统计和分析工作。

3. 交互性和充分性

交互性是 Internet 网络的最大优势之一，这种优势在网络市场调研中也体现得很明显，具体表现为两个方面：

① 网上调研时，被访问者可以及时就问卷相关的问题提出自己的看法和建议，可减少因问卷设计不合理而导致的调研结论出现偏差等问题；

② 被访问者可以自由地在网上发表自己的看法，同时没有时间的限制，而传统的市场调研是不可能做到这些的。

4. 调研结果的可靠性和客观性

由于电子商务网站的访问者一般都对产品有一定的兴趣，所以这种基于顾客和潜在顾客的市场调研结果是客观和真实的，它在很大程度上反映了消费者的消费心态和市场发展的趋势。

二、服装网络调研的步骤

网络市场调研与传统市场调研一样，应遵循一定的方法与步骤，以保证调研过程的质量。网络市场调研的一般步骤包括，明确调研目的与内容、制订调研计划、收集信息、分析信息、提交报告等步骤。

1. 明确调研内容与目的

服装网络市场调研的第一步是明确调研内容与目的，这是整个调研活动的基础。服装网络市场调研的内容包括市场特性不可控营销因素调研、市场结构不可控因素调研和企业内部可控营销因素调研三方面。

市场特性不可控营销因素主要有国家的政治法律因素、社会经济因素、纺织服装方面的技术因素、社会文化因素以及消费者和消费者行为等因素；市场结构不可控因素包括竞争对手和竞争产品两个方面；企业内部可控营销因素包括产品、价格、分销渠道及促销四个方面的因素。

明确了调研内容还需要明确调研目的，这样才可以在海量的网络数据中找到自己真正需要的数据。一般服装网络市场调研的问题有调查顾客购买行为、预测某个服装产品的流行与需求、消费者对网站的整体满意度等。

2. 制订调研计划

该步骤主要工作是确定资料来源、调研方法、抽样方案和联系方法。

(1) 资料来源

确定收集的是二手资料还是一手资料（原始资料）。一般可以根据调研内容来决定，如果是调研政治法律因素、社会经济因素、竞争对手等内容时可选择二手资料，而调研消费者的行为常用一手资料。

(2) 调研方法

网络服装市场调研方法有直接调研法和间接调研法。

(3) 抽样方案

要确定抽样单位、样本规模和抽样程序等。

(4) 联系方法

采取网上交流的形式。如 E-Mail 传输问卷、参加网上论坛等。

3. 收集信息

Internet 和通信技术的突飞猛进使得资料收集方法迅速发展，收集信息的方法也很简单，直接在网上递交或下载。

4. 分析信息

收集信息后要做的是分析信息，这一步非常关键。调研人员如何从数据中提炼出与调研目标相关的信息，直接影响到最终的结果。常用的分析方法有描述性分析、方差分析、因子分析和聚类分析等统计方法。另外，还可以采用数据发掘等先进数据处理方法分析海量数据，从中获取有用的信息。

5. 提交报告

调研报告不是数据和资料的简单组合，应采用调研报告所应具备的正规写作格式，调研人员通过前面的信息分析把与市场营销关键决策有关的主要调研结果清楚地表达出来。调研报告的一般格式如下：

① 封面：团队名称、团队成员、时间、所属部门等。

② 目录。

③ 概要：主要说明调查目的、调研的对象、内容、调研方法、调研结论等。篇幅要短，用语精炼。

④ 正文（主体部分）：市场调研报告应包括整个市场调查的详细内容，包含调查方法、调查程序、调查结果。对调查方法的描述应尽量讲清是使用何种方法，并简述选择此种方法的原因。在文本中，相当一部分内容应是数字、表格，以及对此的解释、分析，要用最准确、恰当的语句对分析做出描述。结构要严谨，推理要有逻辑性。在文本部分，一要对自己在调查中出现的不足之处说明清楚，不能含糊其辞。必要的情况下，还要将不足之处对调查报告的准确性有多大影响分析清楚，以确保整个市场调查报告的可信度。

⑤ 结论和建议：应根据调查结果得出结论，并结合企业或客户情况提出其所面临的优势与困难，提出解决问题的方法和建议。对建议要做出简要说明，使读者可以参考本文中的相关信息，并独立地对建议进行判断、评价。

⑥ 附件：附件包括一些复杂的、专业性的内容。通常将调查问卷、抽样名单、地址表作为附件。

三、网络市场调研的方法

根据收集数据的性质不同，网络市场调研分为直接调研和间接调研。网络市场直接调研是指为当前特定的目的在互联网上收集和分析一手资料或称原始资料的过程。网络市场间接调研就是收集和分析网上二手资料的过程。

（一）网络市场直接调研

服装网络市场直接调研的方法主要有在线观察法、在线专题小组访谈法、在线实验法和在线问卷法四种。

1. 在线观察法

在线观察法是通过互联网对消费者在聊天室、公告板、论坛或邮件列表中的闲聊和邮件发送行为进行观察，或者通过对网站日志的分析，能够得出用户上网的时间、次数、用户访问网站内容等的基本情况。通过上述的在线观察法，服装网络营销人员可以了解服装品牌的知名度、美誉度和品牌忠诚度等。

2. 在线专题小组访谈法

该方法通常的做法是由一名组织者邀请与专题小组访谈问题相关的重要的消费者，通过网络，自然、无拘束地讨论访谈问题。如，一名服装设计师，邀请多名客户进行在线专题小组访谈，邀请大家对某款新设计服装的款式、面料、色彩等设计提意见和建议。

3. 在线实验法

在线实验法是指选择多个可比的主体组，分别赋予不同的实验方案，控制外部变量，并检查所观察到的差异是否具有显著性。这种方法与传统的实验法原理一致，只是工具和手段上的差异。

服装电子商务管理人员在网上可以比较容易地测试备选网页、展示广告，或者进行促销活动。例如，某服装品牌将某款产品在网络店铺做促销，有两套定价方案，为测试哪个定价方案具有更好的促销效果，公司将两套不同的定价方案以电子邮件的形式发给客户数据库中各占一半的客户，在两套不同定价方案中还各自包含了一个链接，通过链接分别链接到公司网站上的两个不同网页，网络营销人员可以根据这两个网页的点击率来快速判断哪种定价方案更有促销拉动力。

4. 在线问卷法

在线问卷法是将调查问卷发布在网上，被调查对象通过网络完成问卷调查。一份完整的网上调研问卷通常包括如下几个部分：卷首语、问题指导语、问卷主体以及结束语。

（1）卷首语

说明由谁执行此项调研、调研目的和意义何在。其主要作用是使被调研者感到正在进行的调研项目是合理、合法的，是值得他们花些时间和精力来认真填写的。为了消除顾虑、取得被调研者的信任，一定要注上明确的单位名称、地址、联系电话和网址。

（2）问题指导语

问题指导语可以认为是填表说明，向被调研者解释以及如何正确地填写问卷。

（3）问卷的主体

问卷主体包括问题和备选答案，是问卷的核心部分。问题的类型可以分为开放型和封闭型。封闭型问卷的优势非常明显，时间节省、回收率较高、资料便于统计处理和进行定量的分析。网络市场调研中有的在线问卷特别是 E-Mail 问卷多采用封闭型问卷。

在设计问题及答案时应该注意以下几个问题：

■ 考虑被调研者的特征及心理特点，设计较为满意的问题，可以使被调研者有兴趣和愿意回答提问。

■ 问题应简单易懂，定义清楚，所提问题不应有偏见或误导，避免使用晦涩、纯商业以及幽默等容易引起人们误解或有歧义的语言。

■ 敏感性的问题应婉转迂回地提出，尽量不用第二人称"问"，不要让被调研者产生厌烦甚至反感情绪。

■ 要注意一个问题中只包含一项内容，不能有双重主题。

■ 问题的顺序要做到先易后难，先封闭后开放以及同类问题放在一起的原则。

■ 问题的数量也是保证问卷调研成功的关键因素，一般人们往往不愿意接受一份繁杂冗长的问卷，所以一般问题不要超过 20 个，封闭问题给出备选答案，开放问题不要超过 3 个，并放在最后。

（4）结束语

一般再次向填写者表示感谢和致意。

（二）网络市场间接调研

1. 网上间接信息源

间接信息源包括企业内部信息源和企业外部信息源两个方面。企业内部信息源主要是企业自己搜集、整理的市场信息，企业产品在市场销售的各种记录、档案材料和历史资料。企业外部的市场信息源则范围极广，服装企业可以从国内外相关的公共机构、行业组织或企业网站等获取信息。

(1) 政府机构公共数据

政府有关部门、国际贸易研究机构以及设在各国的办事机构，通常较全面地搜集世界或所在国的市场信息资料。如中华人民共和国国家统计局（www.stats.gov.cn）、中国产业经济信息网（www.cinic.org.cn）、中国纺织经济信息网（www.ctei.gov.cn）等。

(2) 国际组织

与国际市场信息有关的国际组织主要有：

■ 联合国（WWW.UN.org），提供有关国际贸易、工业和其他经济方面的统计资料以及与市场发展问题有关的资料。

■ 国际贸易中心（WWW.ITC.org），提供特种产品的研究、各国市场介绍资料，还设有答复咨询的服务机构，专门提供由电子计算机处理的国际市场贸易方面的全面、完整、系统的资料。

■ 国际货币基金组织（WWW.IMF.org），主要提供相关国家和国际市场的外汇管理、贸易关系、贸易壁垒、各国对外贸易和财政经济发展情况等资料；

■ 世界贸易组织（WWW.WTO.org），建立一个完整的，更具活力的和永久性的多边贸易体制。

(3) 行业协会公共数据

行业协会或专业协会网站上一般都会提供相关行业的信息。纺织与服装相关协会主要包括中国纺织工业联合会（WWW.oa.cntac.org.cn）、中国流行色协会（www.fashioncolor.org.cn）、中国服装协会（www.cnga.org.cn）、中国针织工业协会（www.cnknit.org）、中国棉纺织行业协会（www.ccta.org.cn）、中国毛纺织行业协会（www.cwta.org.cn）、中国麻纺织行业协会（www.cblfta.org.cn）和中国丝绸协会（www.silk-e.org）。

(4) 相关企业

现在很多纺织与服装企业都建有网站，通过网站来宣传自己或从事服装产品的销售工作，这些网站都是很好的二手资料的来源，包括服装产品信息、公司的发展动态、新产品发布等信息。

2. 网络市场间接调研的方法

网络市场间接调研一般通过搜索引擎检索有关站点的网址，然后访问想查找信息的网站或网页。

(1) 网上信息的收集与整理

Internet为我们收集各种市场信息提供了十分便利快捷的手段。市场调研人员利用搜索引擎和一些相关的网站资源分布，就可以在Internet上查找到大量有价值的商业原始数据或市场信息。

Internet上有很多优秀的国内外搜索引擎，搜索引擎提供了一种快速、准确地获取有价值信息的解决方案。在互联网上查找商务信息，既可以用综合类搜索引擎，也可以用各种专题搜索引擎。对不同的信息，可以用中文搜索引擎查找，也可以用英文搜索引擎查找。

查找国外商务信息可以使用AltaVista（www.altavista.com），该引擎是世界上最著名的搜索引擎之一，AltaVista是一个对网络营销特别有价值的快速搜索引擎。对网上市场调研者来说，AltaVista的"商业检索""产品检索"和"专题讨论组"三个专题检索特别有用。

"商业检索"（Business Search）可以搜索 AltaVista 的网站索引以及一个专门的有 180 万个公司事实记录的数据库。可通过公司信息、简要象征描述、域名三个途径检索信息。"产品检索"（Web-world Product Search）可提供网上购物和网上拍卖的检索，检索提问可以是产品名称、价格范围，也可以是你要寻找的东西的几个关键词。"专题讨论组"检索（Discussion Groups）可以检索 Internet 网络专题论坛中所有新闻组的内容，约 30000 多个讨论组。市场调研人员建立新的话题，让所有感兴趣的用户参与讨论。查找国内或亚洲地区的商务信息，使用中文搜索引擎比较方便，例如可用百度、搜狐等。

除了利用搜索引擎查找商业信息外，还可以利用网上商业资源站点查找商务信息。Internet 上拥有大量的商业资源站点，集中了大量的商务信息，而且绝大部分是供用户免费使用的。其中与网络市场调研有关的资源站点有很多，如商业门户网站、专业资源网站、专业调研网站、传统商业媒体转型的网站、电子商务网站、工商企业网站等，市场调研人员通过它们可获得许多有价值的商务信息。

（2）网络竞争对手信息

在 Internet 上收集竞争者信息的途径有多种，包括访问竞争者网站、收集竞争者网上发布的各种信息、收集其他网上媒体摘取的竞争者的信息、从有关新闻组和 BBS 贴中获取竞争者信息。

（3）网络市场行情信息

所谓市场行情信息，主要指产品价格变动、供求变化等信息。目前，互联网上有许多站点提供这些信息，如阿里巴巴、慧聪网等商业门户网站。

（4）网络市场环境信息

了解当地的政治、法律、人文、地理环境等信息，有利于企业从全局高度综合考虑市场变化，寻求市场商机。可以从一些政府网站上收集政治信息。而法律、人文和地理环境等信息专业且知识性强，可直接去图书馆查阅，或查阅图书馆站点上的电子资源，也可以直接通过搜索引擎在网上查找。

第二节　服装网络消费者分析

一、服装网络消费者的现状分析

1. 我国网络用户的规模及结构

从网络营销的角度来看，网络市场是由具有现实和潜在需求，且有支付能力的消费群体组成，其构成要素是人口、需求和购买能力。网络人口的数量与增长速度将影响企业网络市场的规模，网络人口的结构决定了企业在网络市场中应提供的产品或服务。中国互联网信息中心（简称 CNNIC）提供了大量关于我国上网人数、用户分析等方面的统计信息，这有助于企业动态掌握我国互联网的发展情况，为企业制定合理的网络营销策略提供可靠的决策依据。

最新的中国互联网信息中心《报告》显示，截至 2012 年 12 月底，我国网民规模达 5.64 亿，全年共计新增网民 5090 万人。互联网普及率为 42.1%，较 2011 年底提升 3.8 个百分点，普及率的增长幅度相比上年继续缩小。截至 2012 年 12 月底，我国手机网民规模为 4.2 亿，较上年底增加约 6440 万人，网民中使用手机上网的人群占比由上年底的 69.3% 提升至 74.5%，移动互联网展示了巨大的发展潜力。

CNNIC 最新发布的调研结果显示，我国网民的主体是 35 岁以下的年轻人以及未婚者，大学本科以下文化程度的人以及低收入者占据大多数，学生、专业技术人员比其他职业人员要多。从性别上看，男性网民仍然占有主导地位，我国网民中男女比例为55.8：44.2，与2011年情况基本保持一致。网民在收入结构上也将趋于合理，网民中月收入在3000元以上的人群占比继续提升，达28.8%，相比2011年底提升了6.5个百分点。尽管我国网民结构不是很合理，随着互联网技术的发展和普及，我国网民的结构正日益朝着合理的方向发展。

2. 服装网络消费者消费行为特征

随着服装电子商务的发展，服装已经成为国内网购的第一大品类，服装已成为众多消费者网购的目标，消费者网购服装时在电商的选择、价格等方面都表现出一些共性，概括起来主要表现为以下几点。

(1) 购物时选择知名网站

消费者购买服装时，淘宝网、淘宝商城、凡客诚品、京东等知名购物网站常常是首选。网络购物市场主要分为C2C和B2C两种类型。C2C市场中，淘宝网依然呈现一家独大，占据C2C市场交易金额的九成左右。B2C网购用户主要集中在在淘宝商城、凡客诚品、QQ商城、麦考林、当当网和卓越网等网站。最多的B2C购物网站是天猫（原淘宝商城），用户渗透率达到35%。

(2) 消费者网购服装的消费额偏低

CNNIC报告显示，2010年网购用户人均年网购消费金额3259元，而服装网购用户年平均花费1122元（包括在B2C和C2C网站上购买）。2011年，我国网购用户人均年网购消费金额达到3901元，服装网购用户全年网上采购服装平均消费金额为1635元。所购服装品牌多样、品类丰富，价格低廉的服装为服装网络消费者所青睐。

(3) 服装网络消费者网络购物频率高

普华永道最新的全球多渠道零售调查报告显示，我国消费者最爱网上购物，其网购频率是欧洲消费者的近4倍、美国和英国消费者的近2倍，其中购买服装、鞋类等商品的比例约为60%～65%。

(4) 服装网络消费者角色多元化

Internet的开放性和交互性赋予了网络消费者新的角色，网络消费者不仅仅是被动的购物者，在购买服装的商业活动中可以利用各种网络交互工具发布与消费相关的各种信息，如所购服装的穿着感受、面料质感、色牢度、保养便捷性、购物体验、商家的服务等，从而消费者也可以积极参与到商业活动中，且对商家能够产生很大的影响。

3. 服装网络消费者的类型

根据服装网络消费者的购买行为，可以把服装网络消费者分为简单型、冲浪型、接触型、议价型、定期型5类，企业应将注意力集中在其中一两种群体身上，这样才能达到比较理想的营销效果。

简单型的消费者需要的是方便快捷的网上购物。他们购物的目的性很强，每个月只会花少量的时间上网，但是他们进行的网上交易却几乎占了一半。网络购物平台必须为这一类人提供真正的便利，让他们觉得在网络上购物真正会节省更多的时间。

冲浪型的消费者没有明确的目标，常常会花很多时间在网上浏览，浏览内容也很广泛，包括流行资讯、娱乐新闻、服装购物网站等。该类型的消费者对常更新、具有设计特征和最新流行服装的服装购物网站很感兴趣。

接触型消费者是网络购物新手，他们刚刚接触网上购物，缺少网上购买服装的经验，对网上购买服装存在一定疑虑或怀疑，他们更愿意相信生活中的服装品牌。我国每年都有很多新的网民，这些网民都有可能成为接触型的服装消费者，因此，那些有着著名的传统品牌的服装公司应对这类人群保持足够的认识。

议价型消费者他们有一种趋向购买便宜商品的本能，他们喜欢货比三家，讨价还价，购买相对便宜的服装。

定期型服装网络消费者通常都是为网站的内容所吸引，对感兴趣的网站会定期访问，如新闻、商务等网站。该类消费者的网上购物行为具有一定的规律性，具有可预测性，从而使得网络营销人员可以提前做出相应的营销策略。

二、服装网络消费者的需求特性

基于 Internet 的电子商务的出现，使消费者的消费观念、消费方式和消费者的地位正在发生着重要的变化。电子商务的发展提高了消费者的主权地位。开放和共享的电子商务平台具有巨大的信息处理能力，为消费者挑选商品提供了前所未有的选择空间，使消费者的购买行为更加理性化。服装网络消费者的需求具有以下几方面的特征。

1. 消费者需求的个性回归

工业化和标准化生产方式的发展，使得大量低成本、标准化的产品淹没了消费者的个性。随着电子商务的发展，消费者可以在全球范围内选择商品，消费者开始制定自己的消费准则，整个市场营销又回到了个性化的基础之上。服装作为一种时尚、流行性很强的商品，消费者对服装的个性化需求更为强烈。

2. 消费需求的差异性

消费者需求的差异性主要表现在两个方面：

① 消费者的个性化消费使网络消费需求呈现出差异化；

② 因其所处环境不同，不同的网络消费者，也会产生不同的需求；不同的网络消费者，即便在同一个需求层次上，他们的需求也会有所不同，从而产生需求的差异性。

3. 消费者的主动性增强

消费者对消费的风险感随着选择的增多而上升，如服装销售网站和店铺为消费者提供了众多的服装挑选空间。在许多大额或高档的服装消费中，消费者往往会主动通过各种可能的渠道获取与商品有关的信息并进行分析和比较，以减轻风险或减少购买后的后悔感，增加对产品的信任程度和心理上的满足感。

4. 消费者可直接参与服装设计和生产过程

在传统服装销售过程中，消费者不能直接向生产商表达自己的消费需求。而在服装电子商务中，服装生产者直接面对消费者，消费者可以与生产商相互交流，可直接参与到服装设计和生产过程。目前已有很多服装品牌正在尝试网上定制服装，如型牌网上男装定制和 Burberry。Burberry 推出网上定制服务，顾客可以在线上自己设计大衣。他们能够混合多种款式，选择颜色，还可以在衣服上添加一些细节设计，比如加个按钮、螺柱或者是英文缩写等。

5. 购买服装的个性化体验

传统服装购买过程中，消费者通过人体多种感觉器官体验服装的各项物理性能。通过触觉感受服装面料的光滑程度、纹理、蓬松性、柔软性等力学性能，通过视觉感受服装面料的色彩、质地、花纹和光泽；用嗅觉体验服装是否带有异味。另外，购买服装还有一件非常重要的体验工作就是试穿，通过试穿服装来看服装的款式、颜色等是否和穿着者相配。这些不同的体验过程对服装购买者而言是非常重要的，这也是服装有别于其他商品的特点之一。由于网络环境是虚拟的，上述的这些体验是无法实现的，这也是制约服装电子商务发展的一个重要原因之一。为此，需要新的技术来弥补这方面的缺陷，目前三维虚拟试衣就是一个很好的想法和技术，可以提高网上购买服装的体验感。

6. 消费过程的便利性和购物乐趣并存

现代人工作压力大，生活节奏快，在购物时追求快捷方便，购物时在时间和劳动成本上追求节省。网络购物与传统购物比较最大的好处之一便是便利性，可以很好地满足现代人的快速需要。但另一方面，网络购物是在虚拟环境下进行，它必然会失去传统购物所表现出来的乐趣，这是相互矛盾。因此，对于服装电子商务而言，要发展新技术和营销策略，力求在保证便利的同时能够提高消费者网购服装时的乐趣。

三、服装网络消费者的购买决策过程

消费者的购买决策过程，是消费者需求、购买动机、购买活动和买后使用感受的综合与统一。消费者通过虚拟的购物环境，浏览、搜索相关商品信息，然后结合自己的实际需要做出购买决策。对于消费者购买过程的分析有助于企业更好地了解消费者的需求，从而为企业进行网络营销提供必要的支持。

网络消费者的购买过程可分为确认需求、信息收集、比较选择、购买决策、购后评价五个阶段。

1. 确认需求

网络购买过程的起点是消费者的需求。消费者的需求是在内外因素的刺激下产生的，内因是自我的需要，如季节的变更需要购买当季服装，外因是广告等营销方式诱导消费者产生购物的欲望，当消费者对市场中出现的某种商品或某种服务发生兴趣后，才可能产生购买欲望。这就要求服装网络营销人员注意了解自己所销售服装的假定客户的实际需求和潜在需求，了解这些需求在不同时间的变化和诱发需求的刺激因素，进而设计巧妙的促销手段去吸引更多的消费者访问网站，诱导他们的需求欲望。

2. 信息的收集

消费者有购买服装的需求后，就会花费一定的时间和精力，通过不同渠道收集符合自己需求的服装的相关信息，如价格、品牌、面料等。信息搜集的渠道主要有两个方面：内部渠道和外部渠道。内部渠道是指消费者本人所拥有的关于服装方面的信息，包括购买服装的实际经验、对市场的观察以及个人购买活动的记忆等；外部渠道则是指消费者可以从外界收集信息的渠道，外部渠道主要有个人渠道、商业渠道和公共渠道。个人渠道是指消费者通过亲戚、朋友和同事等获取相关服装的购买信息和体会，另外通过网络获取其他消费者购买服装的评价也是一个很重要的收集服装信息的个人渠道。这种信息和体会在某种情况下对购买者的购买决策起着决定性的作用，网络营销决不可忽视这一渠道的作用。商业渠道主要是通过商家有意识的活动把商品信息传播给消费者，网络营销的信息传递主要依靠网络广告和营销平台中的产品介绍。

消费者收集服装信息时首先在自己的记忆中搜寻可能与所需服装相关的信息，如果信息量不足，他就会选择外部渠道搜索相关信息。根据消费者对信息需求的范围和对需求信息的努力程度不同，可分为以下三种模式。

(1) 广泛的问题解决模式

该类型的消费者尚未建立评判特定服装或特定品牌的标准，也不存在对特定服装或品牌的购买倾向，而是很广泛地收集某种服装的信息。

（2）有限的问题解决模式

有限的问题解决模式的消费者已建立了对特定服装的评判标准，但尚未建立对特定品牌的倾向。这时，消费者会针对性地收集特定服装或品牌的信息。

（3）常规的问题解决模式

在这种模式中，消费者对将来购买的服装或品牌已有足够的经验和购买倾向，它的购买决策需要的信息较少。

3. 比较与选择

消费者通过各种渠道收集足够的服装信息后，根据产品的功能、可靠性、性能、模式、价格和售后服务等内容，对信息进行分析、比较、研究，从中选择一种自认为"足够好"或"满意"的产品。

网络购物环境中消费者不可能直接接触服装实物，消费者只能通过页面内容了解服装，因此，网络营销商就需要对自己的服装进行充分的文字和图片描述，如细节放大的技术，以吸引更多的顾客，但也不能对产品进行虚假的宣传，否则可能会永久地失去顾客。

4. 购买决策

网络购买决策是指网络消费者在购买动机的支配下，从多件商品中选择一件满意商品的过程。网络消费者在决策购买某商品时，一般会考虑生产厂家的信誉度、网上支付的安全性等因素。购买决策是网络消费者购买过程中最重要的组成部分，它基本反映了网络消费者的购买行为。

相对传统购买方式，网络购买者在购买决策时有三个显著特点：第一，网络购买者的动机以理智动机为主，感情动机所占比例较小；第二，网络购买决策受外界影响较小；第三，网上购物的决策行为比传统购买决策速度快。

5. 购买后的评价

消费者购买商品后，往往都会对自己的购买选择进行评价，该评价通常能够决定消费者以后的购买动向，同时也能起到广告的作用，网络购物环境中顾客的评价对其他想购物的消费者具有显著影响。利用 Web 的交互性强的特点，现在几乎所有的网络购物平台都提供消费者购后评价功能，如直接填写评价、电子邮件等方式，商家收集到这些评价之后，通过分析和归纳，及时了解消费者的意见和建议，发现产品和服务中的缺陷和不足，制定相应对策。

思考与讨论 ▶▶▶

1. 服装网络市场调研的目的和意义是什么？
2. 服装网络市场调研与传统服装市场调研相比具有什么优势？
3. 服装网络市场调研的具体步骤是什么？
4. 服装网络市场调研报告的内容包括哪些内容？
5. 服装网络市场调研的方法有哪两种？
6. 如何利用搜索引擎收集市场信息？
7. 如何收集竞争对手的信息？
8. 如何设计服装在线调查问卷？
9. 服装网络消费者的类型有哪几种？
10. 服装网络消费者的需求特性有哪些？

11. 讨论如何根据不同的消费者类型制定网络营销策略？
12. 针对不同服装网络消费者的需求特点，而做出的相应的服装网络营销对策是什么？

实践 ▶▶

针对某个问题如大学生服装网络消费行为，设计一个在线调查问卷，并通过问卷星等在线调研网站进行实际操作，分析调查数据并撰写调查报告。

参 考 文 献

[1] 汪泓,汪明艳. 电子商务—理论与实践[M]. 北京:清华大学出版社,2010.
[2] 劳顿,特拉弗. 电子商务:商业、技术和社会(第5版)[M]. 北京:清华大学出版社,2010.
[3] 方建生等. 电子商务[M]. 厦门:厦门大学出版社,2012.
[4] 樊世清. 电子商务[M]. 北京:清华大学出版社,2012.
[5] 施内德. 电子商务(英文精编版·第9版)[M]. 北京:机械工业出版社,2011.
[6] 赵冬梅. 电子商务[M]. 北京:机械工业出版社,2012.
[7] 胡松筠,屈莉莉. 电子商务[M]. 长春:东北财经大学出版社,2013.
[8] 任科社. 电子商务[M]. 北京:人民交通出版社,2007.
[9] 杜敏. 电子商务[M]. 北京:对外经济贸易大学出版社,2010.
[10] 芮廷先. 电子商务[M]. 北京:北京大学出版社,2010.
[11] 谈晓勇,汪斌. 电子商务[M]. 北京:机械工业出版社,2011.
[12] 张润彤. 电子商务[M]. 北京:科学出版社,2009.
[13] 蒋文杰. 电子商务教程—理论与实务[M]. 杭州:浙江大学出版社,2011.
[14] 吴春胜,戴宏钦. 服装网络营销教程[M]. 上海:东华大学出版社,2013.
[15] 陈柏良. 电子商务[M]. 北京:北京理工大学出版社,2011.
[16] 孙义,方真. 电子商务[M]. 北京:北京大学出版社,2011.
[17] 周曙东. 电子商务概论(第三版)[M]. 南京:东南大学出版社,2011.
[18] 特伯恩. 电子商务导论(第2版)[M]. 北京:中国人民大学出版社,2011.
[19] 汤兵勇. 电子商务原理[M]. 北京:化学工业出版社,2013.
[20] 张晓倩,徐园园,顾新建. 服装电子商务[M]. 杭州:浙江大学出版社,2007.
[21] 李晓慧等. 服装网络营销[M]. 北京:中国纺织出版社,2004.
[22] 欧阳峰. 电子商务解决方案[M]. 北京:清华大学出版社,2006.
[23] 卢湘鸿. 电子商务技术基础[M]. 北京:清华大学出版社,2007.
[24] 刘英卓. 电子商务安全与网上支付[M]. 北京:电子工业出版社,2010.
[25] 方磊. 电子商务物流管理[M]. 北京:清华大学出版社,2011.
[26] 杨兴凯. 电子商务战略与解决方案[M]. 北京:机械工业出版社,2011.
[27] 邓汝春. 服装业供应链管理——服装企业实务宝典[M]. 北京:中国纺织出版社,2005.
[28] 梁建芳. 服装物流与供应链管理[M]. 上海:东华大学出版社,2009.
[29] 柯新生. 电子商务—运作与实例[M]. 北京:清华大学出版社,2007.
[30] 孙建红. 电子商务案例分析[M]. 北京:对外经济贸易大学出版社,2008.
[31] 宁俊. 服装企业生产现场管理[M]. 北京:中国纺织出版社,2008.
[32] 刘小红. 服装市场营销[M]. 北京:中国纺织出版社,1998.
[33] 宁俊. 服装生产经营管理[M]. 北京:中国纺织出版社,2001.
[34] 王毅. 纺织企业管理基础[M]. 北京:中国纺织出版社,2008.
[35] 杨以雄. 服装市场营销[M]. 上海:东华大学出版社,2004.
[36] 李元虹,李兴刚. 我国服装企业实施电子商务的现状及新模式探讨[J]. 国际纺织导报,2002(1).
[37] 王悦. 基于协同电子商务的ERP、CRM与SCM的集成[J]. 中国管理信息化,2006(9).
[38] 董华英. 基于男装直销品牌PPG的营销策略研究[J]. 商场现代化,2008(1).
[39] 魏兵,韩玉启. 电子商务环境下ERP和SCM、CRM的集成[J]. 市场周刊,2004(1).
[40] 杨坤,郭大宁,谢珉. ERP、SCM及电子商务关系研究[J]. 东华大学学报(自然科学版),2006(1).
[41] 2012年度中国服装电子商务运行报告[R]. 中国电子商务研究中心.
[42] 宋和生. 服装电子商务B2B2C模式分析[J]. 山东纺织经济,2010(5).
[43] 刘锐. "轻公司"运营模式下凡客诚品的B2C取胜之道[M]. 辽宁工业大学学报(社会科学版),2012(6).
[44] 郭燕. 国际快时尚品牌ZARA在线网购销售策略分析[J]. 山东纺织经济,2012(12).
[45] 中国互联网络信息中心第32次中国互联网络发展状况调查统计报告[R/OL]. http://tech.163.com/special/cnnic32/.

[46] 叶新梅. 服装企业电子商务运营模式研究 [D]. 南昌大学, 2013.
[47] 李爱花. 我国服装电子商务的应用研究 [D]. 天津工业大学, 2004.
[48] 杨柳. 基于电子商务的服装虚拟经营研究—以 PPG 为案例 [D]. 天津工业大学, 2008.
[49] 孙磊. 服装企业网络销售渠道与传统销售渠道冲突与管理初探 [D]. 西南财经大学, 2007.
[50] 李欣. 服装线上线下营销渠道冲突问题研究 [D]. 浙江理工大学, 2013.